河北金融学院学术著作出版基金资助项目

2017年河北省社科基金项目：新常态下地方政府债务融资问题化解路径研究（HB17YJ050）

主权债务危机
经济新常态与新型贫困

SOVEREIGN DEBT CRISIS
The New Normal and theNewly Poor

[美] 迪米特里斯·N.肖拉法◎著

胡恒松 马红 李静◎译

经济管理出版社

ECONOMY & MANAGEMENT PUBLISHING HOUSE

北京市版权局著作权合同登记：图字：01–2017–9119 号

Sovereign Debt Crisis：The New Normal and the Newly Poor

ⓒ 2011 by Dimitris N. Chorafas

First published in English by Palgrave Macmillan, a division of Macmillan Publishers Limited under the title Sovereign Debt Crisis by Dimitris N. Chorafas. This edition has been translated and published under licence from Palgrave Macmillan. The author has asserted his right to be identified as the author of this Work.

Simplified Chinese translation ⓒ 2018 by Economy & Management Publishing House arranged with Palgrave Macmillan.

All rights reserved.

图书在版编目（CIP）数据

主权债务危机/（美）迪米特里斯·N.肖拉法著；胡恒松，马红，李静译. —北京：经济管理出版社，2017.6

ISBN 978–7–5096–5147–6

Ⅰ. ①主… Ⅱ. ①迪… ②胡… ③马… ④李… Ⅲ. ①债务危机—研究 Ⅳ. ①F810.45

中国版本图书馆 CIP 数据核字（2017）第 126716 号

组稿编辑：申桂萍
责任编辑：杨国强 张瑞军
责任印制：黄章平
责任校对：雨 千

出版发行：经济管理出版社
　　　　　（北京市海淀区北蜂窝 8 号中雅大厦 11 层　100038）
网　　址：www. E–mp. com. cn
电　　话：（010）51915602
印　　刷：玉田县昊达印刷有限公司
经　　销：新华书店
开　　本：720mm×1000mm/16
印　　张：17.5
字　　数：275 千字
版　　次：2018 年 1 月第 1 版　　2018 年 1 月第 1 次印刷
书　　号：ISBN 978–7–5096–5147–6
定　　价：78.00 元

序

当前，中国经济已由高速转至中高速增长阶段，结构性减速为转变经济发展方式、调整经济结构带来了新的动力与空间。与此同时，中国宏观经济的发展仍面临诸多问题，其中政府债务乱象尤为突出，亟待改善。胡恒松博士是河北金融学院副教授，中国人民大学经济学院博士后，先后任职于申万宏源、兴业证券等多家金融机构，对于政府债务融资相关领域拥有丰富的理论与实践经验。胡恒松的译著《主权债务危机——经济新常态与新型贫困》即将由经济管理出版社出版，旨在以欧债危机为鉴，为我国防范债务风险、规避金融危机提供参考，可谓是极为必要与及时的。因此，当收到为之题写序言的邀请时，我便欣然命笔。

本书的原著作者迪米特里斯·肖拉法（Dimitris N. Chorafas）是国际知名管理咨询大师、美国天主教大学教员。自1961年开始，他就为金融机构和公司企业提供咨询建议，其著作多达150余本，在世界范围内均广受欢迎。本书的研究围绕欧洲主权债务危机展开，迪米特里斯将希腊危机作为切入点，进一步阐释债务危机的生成机制，同时对欧债危机的根源进行全面分析，进而获得对债务危机理论的有益补充。

世界经济受本次欧债危机的影响是不容小觑的。欧洲国家为了应对债务危机纷纷采取增加税收、缩减支出等财政政策，出口目的国需求的下降直接影响贸易伙伴国经济的发展，进而在全球范围内引发一系列经济后果。本书以时间为轴，将这些后果串联起来，引出"新常态"的概念。同时，作者阐述了"西方社会不再是全球富裕阶层"这一事实，即低迷的经济增长和过高的经济杠杆令西方各国逐渐转变为"新贫困阶层"，而一些发展中经济体却行驶在经济发展的快车道上，有望成为"新富裕阶层"。

全球新常态可以被称为是新平庸或长期停滞，中国经济新常态则并非如此悲观，其与我国经济转型升级的新发展阶段紧密相联，并伴随着经济总体质量和效益向中高端水平的迈进。不可否认的是，中国经济虽然在过去的30年中实现了高增长，但也相应付出了结构失衡、产能过剩、效益低下、环境污染等等不容忽视的代价。因此，中国经济增速下滑的背后，可以说包含着经济朝向形态更高级、分工更细致、结构更合理的阶段演化的积极内容。

值得注意的是，我国经济运行长期以来仍隐藏着一些深层次的矛盾，新常态下这些问题也逐渐凸显，债务风险便是其中之一。自全球金融危机以来，我国非金融部门负债占GDP的比重已攀升了130个百分点，如此快的增速让政策制定者和投资者都深感忧虑。在此情形下，我国债务管控政策相应趋严，《国务院关于加强地方政府性债务管理的意见》(国发〔2014〕43号)、《国务院办公厅发布关于印发〈地方政府性债务风险应急处置预案〉的通知》(国办函〔2016〕88号)、《财政部关于坚决制止地方以政府购买服务名义违法违规融资的通知》(财预〔2017〕87号) 等一系列文件相继发布，这标志着决策层期望通过主动有序去杠杆的举措，力保"不发生系统性金融风险"的底线。

在我国债务形势较为严峻的大背景下，胡恒松博士该译著的出版可谓意义深远。随着经济全球化的逐步深入，经济活动日渐金融化，债务危机构成了经济危机的基本要素。胡恒松博士结合自身工作经验，在编译过程中切实表达出了原书作者的思想与深意。我们通过探究主权债务危机的成因和实质，认真从中汲取经验和教训，这对于我国防范主权债务风险、合理规避经济危机具有重要的现实意义。

我国经济正处于增长速度换档期、结构调整阵痛期、前期刺激政策消化期叠加的重要阶段。值此战略转型的关键点，希望本译著能为政府经济政策的制定贡献新的视角。

是为序。

乔宝云

中央财经大学教授、博士生导师

中央财经大学中国公共财政与政策研究院院长

2017年6月

前　言

经济学和金融学的发展之路充斥着旧有理论的残渣碎片。比如，"新经济理论"（New Economy）曾经被捧上神坛，但"未来经济会带来财富增长和经济繁荣"的承诺却被现实推翻。同样，很多经济学家信服的"成熟的经济理论体系可以预防新的经济危机"，现在看来也只是妄言而已。再比如，经济杠杆曾经被视为激发个人、企业、国家发展的神器，现已被证明是一场无法弥补的灾难。

这本书的主题围绕着主权债务（Sovereign Debt）、财政赤字（Fiscal Deficit）、新贫困阶层（The Newly Poor）、国家超级市场（State Supermarket）及其中的养老保险（Endowments）和终生保障制度（Cradle-to-Grave Care）骗局展开。对于全球化经济中的经济体，尤其是对美国、欧洲、日本来说，现阶段出现的问题与两个因素紧密相关，一是这些国家缺乏社会和政治层面的领导力；二是它们缺乏可行性计划处理大量的主权债务、家庭债务、企业债务（尤其是银行债务）。

读者可以通过本书了解有关巨额主权债务、家庭负债、金融机构杠杆过度使用的种种问题（Financial Institutions Superleverage）。本书目标读者不是经济学家、分析学者，或者"沉闷科学"（凯恩斯语）的拥趸者。本书选用大量实例揭示了西方社会所处的经济困境，同时，书中还提出了如何走出困境的建设性意见：

● 如何维系耗资甚巨的养老保险系统；

● 如何保证政府救助产生效用；

● 如何处理有短期效益却无持续性的大额投资项目。

由于政府管理不当，美国和欧盟面临着严峻考验：人民对经济前景十分悲观、信用破产随处可见、恢复经济秩序遥遥无期。因此，本书从债务讲起，系统全面地指出了当今社会解决经济危机的内在能力。

现阶段，债务总量是资本总量的 4 倍。这么大体量的债务绝不可能凭空消失。如果现行政策不加改变的话，连偿还部分债务都成了奢望。此外，负债还会随着时间而增长。尤其是当公民和企业一再缺乏信心，并把所有希望寄托于国家救助时，负债更会大量增加。

西方国家正在巨额债务的泥潭中苦苦挣扎，由于在恢复经济、偿还债务方面缺乏先例，它们往往忽略了一些处理危机的常识：在这种困难境况下，人们要么继续沉浸于幻想中，要么彻底打破它。

2010 年 10 月 13 日，美国财政部长 Timothy Geithner 在接受彭博社 Charlie Rose 采访时说道："我们现有的资源并不能支撑我们对社会的种种承诺"。Geithner 深谙其中原委，事实上，美联储和美国财政部早已成为了大银行的救生员和世界经济的灭火员。

这种现象不仅仅只在美国上演，全球各地尤其是西方国家，经济衰退形势十分明显。为了救助破产企业，一种激进而烧钱的制度——国家超级市场（State Supermarket）制度诞生了。很明显，这是西方政府领导力匮乏的产物，政客们似乎也不知道，也不在乎如何帮助人民群众了解这些制度。

然而，在民主社会里，公民是有知情权的，他们有权利了解为什么当今金融经济状况如此糟糕，他们有权利理解经济滑坡的元凶是谁，他们有权利知道如何改革制度才能使经济驶上正轨，他们尤其有权利知悉主权债的危险性以及无视这种危险性的严重后果。理解这些，就要明白三个问题：经济环境的"新常态"究竟指的是什么（第一章）；究竟什么人属于"新贫困阶层"（第二章）；如何在经济崩盘前阻止颓势？

这本人手必备的书解答了这些问题，并且进一步解释为什么迄今为止大型银行仍在滥用金融工具，监管人员仍然畏首畏尾，各方利益的冲突仍在扰乱国家经济，经济危机仍在持续的现象没有任何改变。

2010 年 6 月 25 日，金融网站 CNBC 曝光的美国银行的金融衍生品交易总量已经是美国 GDP 总量的 90 倍之多。几周之前，美国参众两院分析衍生品合同后估计，金融衍生品市场的市值约在 1200 万亿美元。

和平年代史无前例的巨额主权债务以及千万亿级别的金融衍生品对于美国、

欧洲、全球经济来说绝对是一个坏消息。曾几何时，强大的金融机构保证了经济的发展。可是现在，机构已经自身难保，政府一直在亡羊补牢，未能根本抑制危机。英格兰银行行长 Montagu Norman 认为，政府正在做着20世纪二三十年代大萧条之前英格兰银行做的事："从穷人那里收钱，再用这些钱打水漂去。"

我们从爱尔兰和"安格鲁—爱尔兰"银行的悲剧中可以看出，信用机构的失职和政府的失职是高度相关的。在机构已经坠入风险深渊的情况下，大规模救助根本就是让聋哑人学说英语——不可能完成的任务。

就像第一次大萧条那样，这场金融经济危机不是凭空出现的。它是政府官员、货币政策制定者、投资家和广大公民决策失误的直接产物。有一些决策可以追溯到20世纪90年代，另一些则出现在21世纪前10年。这些决策失误的人有以下特征：

● 没有能力领导国家/中央银行；

● 缺乏独立决策的能力，必须向各方利益做出妥协；

● 向社会压力屈服，最终使西方经济在高杠杆和高负债的压力下失控。

反常的是，以纳税人的利益为代价，大银行集团（LCBGs）在2008年下半年以来被政府授予不受限的信用额度。可这种做法并不能够弥补高杠杆和决策失误带来的巨大损失。大银行集团用中央政府的拨款继续充实资本而不是放贷。

所以即便有了万亿元的投资，美国、英国、欧陆、日本等经济体仍然未能企稳向好。万亿元投资打水漂的结果无疑是个悲剧。信用是商业活动的氧气，可是政府并没有强制这些吸收公众存款的银行增加信用。没有信用，企业无法运转，家庭也失去了动力。如果银行没能力或没意愿放贷，经济就会出现断崖式下跌。

中央银行不会无休止地囤积无用的抵押品和增发货币。即便美联储、英格兰银行以及欧洲中央银行（ECB）这几年一直在这样做，也不能说明它们会永远这样做下去。比如，在2010年11月中旬，欧洲中央银行出台规定，对爱尔兰银行的短期救助金额下降到ECB向欧元区银行提供的流通量的1/4。这一规定同样适用于葡萄牙银行、西班牙银行及其他银行。

如果考虑到政府与大银行在债务领域的"共生"（Symbiosis）关系，整件事情变得更加复杂棘手了。这对公共金融体系的长期稳定提出了挑战。和政府津贴一样，减少政府债务的方式也是不成熟的。财政紧缩的政策如此不受公众欢迎，政客的政策也只为选票考虑。他们全然忘了当危机持续时需要决断的魄力与能力，也忘了想要执政的党派应该制定创造机遇的政策，把人民从失望和混乱的泥潭中拉出来。

＊　　　＊　　　＊

本书共分为四部分。第一部分介绍了近 30 年来各种金融风险以及它们产生的后果。以时间为轴，笔者将这些金融决策失误联系起来，最终引入"新常态"的概念，以及这个概念对接下来 20 年经济、金融、社会的影响。

文中阐述了"西方社会不再是全球富裕阶层"这一事实。相反，低迷的经济增长和过高的经济杠杆使西方社会逐渐转变成"新贫困阶层"。同时，一些发展中经济体却行驶在经济发展的快车道上，有望成为新"富裕阶层"。

第二部分将重点放在风行欧美的宽松的货币政策上。过去这几十年间，日本最先栽倒在这项政策上。这类政策曾导致日本经济断崖式下跌，几近崩溃边缘。因此，"日本现象"这一说法被用来形容当今美国、英国、欧洲大陆面临的困境。

这一观点被定性、定量研究证据所证明。在此我们有责任提醒读者，引用的数据尽管客观真实，但并不十分精确。有时候为了展现大体经济趋势，我们只取 2~3 位有效数字（视情况而定）。

第三部分是对一些失败经济体的案例分析。我们首先聚焦欧洲金融一体化运动的失败，并寻找其中的原因。我们讨论了为什么希腊会一步步走到今日的境况。紧接着，我们又以德国、法国、英国、爱尔兰和所谓地中海俱乐部（Club Med）为例，生动地讲解了这些国家的政府是如何管理经济的。

作为总结，第四部分分析了"新常态"对西方经济的影响，并重点关注了其对曾经的世界最活跃经济体——美国的影响。有金融分析说，现在希腊就像贝尔斯登（Bear Stearns）银行和雷曼兄弟（Lehman Brother）银行一样破产了。2010年 11 月末，爱尔兰也步入了贝尔斯登后尘。究竟谁会步雷曼后尘呢？有专家说可能是美国或英国。

＊　　　＊　　　＊

以史为鉴，可以知得失。如果我们不理解历史中的成败得失，我们便会在经济、金融、政治、社会领域重蹈覆辙。正确客观地解读历史十分重要，很多决策失误都是因为决策者误读了其他人的说法或做法。

比如左翼经济学家就把凯恩斯理论奉为箴言，以此为依据制订了耗资巨大的国家超级市场战略。先不管凯恩斯的理论正确与否，凯恩斯本人的观点也是相对极端化的。正如他曾经说的："当一个国家进行赌博式的资本发展的时候，各项资本政策的真正效用是值得商榷的。"

*　　　　*　　　　*

在这里我要感谢许多学者和机构，感谢他们为本书出版所做出的努力。同时还要感谢几位官员和专家对本书提出了建设性的批评意见。特别感谢 Heinrich Steinmann 博士以及 Nelson Mohler 博士对本书做出的重要贡献。

借此机会，我还要感谢 Lisa von Fircks 推荐此项目，Renee Takken 在出版过程中的辛苦，以及 Keith Povey 和 Joy Tucker 的编辑工作。感谢 Eva-Maria Binder 整理研究结果，打印文献，订制附录并提出宝贵建议。

迪米特里斯·N.肖拉法

目　录

第一章 世界经济体系的新常态

第一节 新型经济出现的五大原因

在 1994 年债务危机之后的沸腾年代（Go-go Years），时任美联储主席的格林斯潘（Alan Greenspan）发明了"新经济"（New Economy）这个词。他认为新形势会持续创造财富，经济得以永远发展。但我们现在已经看到格林斯潘的这席话是痴人说梦罢了，2000~2007 年经济的高速发展只不过是越吹越大的泡沫而已。泡沫的来源有三个方面：①高度宽松的货币政策；②金融杠杆和其他工具的自由使用；③监管机构对金融系统风险的疏忽。

以上三方面互相促进，最终放大了对金融经济系统的影响。所以从原因来看，这场危机其实是可以预料到的。我们以 2007 年使全球经济遭受重创的金融危机为例。现在很多国家仍没走出它的阴影，但实际上西方国家过高的政府债务早已经预示了它的到来。政府的巨额花销养活了大银行和其他"战略"银行（虽然有的现在变成了僵尸企业）。这些花销掩盖了个人消费缩减的事实。事实上，数百万家庭早已在失业问题上苦苦挣扎，看不见未来的希望[1]。

美国的公共财政赤字在金融危机伊始时（2007 年）只有 2.7%，到了 2009 年

---

[1] 据圣路易斯联邦储备委员会统计，美国超过 95% 的 GDP 增长是由家庭消费以及政府支出贡献的。

这一数字达到了 11.2%。欧洲的政府赤字同样高企：希腊和爱尔兰均在 14% 左右，英国是 11%，法国是 9%，德国是 6%。这些政府官员用借来的钱大肆挥霍，却忘了象牙塔外的民众已经入不敷出，对未来缺乏信心。

正如古希腊雄辩家德摩斯梯尼（Demosthenes）所说："信心是生意的基石。"由此可见，哪怕人们对经济的信心只有一点点下降，对经济系统也会产生影响。在这种经济刚刚起暖回稳的时期更是如此。比如说，消费者一年会购买超过 70% 的工业品，所以消费者信心这一指数对工业产值有很深的影响。

UBS 前副主席海因策·斯特曼（Heinrich Steinmann）也曾说过："真正邪恶的人不是银行业者，而是整个国家系统。"为了尽快走出财政赤字的阴影，英国、法国、德国、意大利、西班牙、希腊等国（不包括美国）都制定了相对紧缩的货币政策。有些经济学家指出，在经济衰退的环境下实施紧缩政策无利于恢复经济秩序，反而会破坏经济复苏脆弱的萌芽（可参考第五章以及第七章）。

与此同时，另一些经济学家则持完全相反的立场。他们认为此次的救市方式在西方经济历史中前所未见。2008~2011 年，人们一直在通过加印货币、输送现金流的方式救市，这种方法一度在雷曼兄弟破产，美国国际集团（AIG）、房利美、房地美破产时几近达到顶峰。可是专家指出，这种方法实际上是在饮鸩止渴（Unsustainable）。他们也强调，如果只是开足马力印钞，不对市场加以管制的话，商业信心会持续下跌，实际上无利于经济向好。

以上两种观点虽然针锋相对，但它们一起展现了一个不争的事实——现阶段还没有经济学家能提出一个完善的理论解释此次经济危机的因果关系（详见第二小节）。究竟什么是这场经济危机的根本原因呢？

（1）是逐渐累加的巨额债务本身？

（2）形成巨额债务的根本原因应该是当前世界金融机构格局吧？

（3）形成当前世界金融格局的根本原因好像是全球化和补贴机制带来的不可持续的经济政策？

（4）根本原因其实是政策层面的监管失位。这种失职最终助长了市场上盲目贪婪的风气？

（5）以上几种原因交织在一起协同作用，最终导致了经济危机？

笔者认为，最有可能导致经济危机的应该是问题（5）。毕竟，问题（5）涉及了很多层面，充分考虑到了经济危机和解决方案的复杂性。可是即便如此，我们还是要逐条分析，这样才能找出病因，最终直达病灶，药到病除。

人们常说见微知著。我们只有抽丝剥茧，厘清每条脉络，才能分析每个原因的危害程度，设置处理它们的优先级，也才有可能认识到这些原因间错综复杂的关系，最终对经济危机形成整体客观的认识（见下文）。此外，就像我们处理繁杂的生活琐事、没完没了的工作一样，我们还应当采取适当的方法厘清这一团经济乱麻。

说到优先级，恐怕我们要最先处理社会上形形色色的各种债务。正因为这种爆炸式增长的债务的确很难对付，本书才要首先解释清楚这个原因。毕竟，债务是资产的 4 倍这种现象真是太反常了。在经济失控之前，我们必须要遏制债务的恶性膨胀。

同时，我们也应该把其他因素考虑进来。如果把前文的 5 个因素倒序来看的话，从根本上似乎 2007 年以来的金融经济危机其实是盲目逐利之风带来的。2010 年 4 月 26 日，在接受彭博社查理·罗斯（Charlie Rose）专访时，著名作家麦克·刘易斯（Michael Lewis）就曾把经济危机归咎于金融工具以及滥用金融工具的金融炒家。他指出：①新金融工具的背后往往藏着一场阴谋（Corruption）；②这种阴谋十分盛行，包括但绝不限于高盛公司意在卖空的放贷证券（Debt-Based Securities）；③金融工具的阴谋往往不能被客户理解或被客户误读，可这种游戏实际上是违反现行法律的。

为了应对以上我们提到的种种国际金融危机和危机后掩藏的原因，二十国集团（以下简称"G20"）召开过多次会议。可是除了到处开会刺激旅游业发展之外，G20 峰会似乎没有形成任何行之有效的方案，所以这本书不会将视角放在G20 集团上。

更糟的是，在司法系统方面，强有力的监管法案也举步维艰。多德—弗兰克法案（Dodd-Frank Act）已经日渐式微（详见第十二章），前美联储主席在国会做听证时曾说，现行监管方案和细则的漏洞正在麻木银行业，使它们失去变革的动力。正因如此，如果银行业中的结构和文化没有改观的话，银行业中的系统风

险仍将长期存在。

虽说有风险才有收益，但我们也不能对风险听之任之，所以对于风险的把控十分关键。一方面，无论是个人还是公司或者国家都要对财产加强管理；另一方面，我们也要管好管制的手，防止家长式（Paternalism）管理出现在本土银行企业的情况。

第二节　经济危机的因和果

罗马诗人维吉尔（Vigil）曾经说过："欲知果，先晓因。"引起 2007~2011 年经济危机究竟是什么原因呢？在笔者的研究中经常会听到这样的答案：宽松的借贷、房地产泡沫或者次贷。这些因素诚然重要，但它们只是这场危机的导火索罢了。真正深层的危机可能是以下几点：

（1）社会中各种各样的债务大量增长；

（2）金融炒家制造的投机风气，许多投机者不理解其中的风险；

（3）影子银行系统（Shadow Banking System）及其中的债务工具、基金风险；

（4）金融工程知识有限以及现有金融模型的错误预测；

（5）对各类金融市场，尤其是金融衍生品交易市场的监管缺位①。

通过操作杠杆及膨胀通货（Funny Money），西方社会的债务大量上涨。在西方文化中，不管是公民、企业还是政府都喜欢"花明天的钱，圆今天的梦"。类似这样的口号随处可见，最终养成了西方借钱消费的生活态度。可是，这种消费习惯在经济危机中已经变成了："今天存点钱，明天饿不死"，"只要人人都存上一点钱，个人和国家才会有美好的明天"这种宣传口号在历史上并不鲜见。1929年 10 月末，摩根大通的 Thomas Lamont 就曾经许诺"未来仍然充满光明"。他还

---

① 高盛 75%的利润来自于交易。

说："现在体系中的一点小瑕疵是技术原因导致的，在短时间内就可以恢复。"①可是没过多久黑色星期二就来了，随之而来则是长达数年的大萧条。

在那时，有一些人则预见了潜在的危险。1930 年，凯恩斯在他的著作《1930 年的大萧条（The Great Slump of 1930）》中指出："我们在脆弱的金融体制内犯了一个又一个错误，我们不知道现在的做法有没有任何意义，总之现在深陷泥潭。"这席话对今日深陷 2008~2011 年债务危机的美联储、英格兰银行同样适用。欧洲中央银行的情况稍有不同，但这句话对它也有借鉴意义。

其他一些有远见的人也提出了对当时经济的警示，可当时并没有人在乎这些看法。比如眼界远超经济层面的恩格斯（1820~1895）曾经在 19 世纪中叶预言当时的社会现象可能造成灾难性的后果，比如：①铺张浪费之风盛行②；②城市化进程过快，产生城市病；③政府大力推行短期政策，没有勇气引领社会变革。

1844 年，恩格斯就写道："大城市的人口聚集效应会产生很多不良后果：腐败的动植物残渣会产生很多有害气体，如果不及时逸散的话，会严重污染大气。"③

城市化使得人口由乡村向城市聚集，很快城市人口在数量上超过了乡村人口。不论是在繁华都市还是偏僻小镇，这些城市人感受到了很大的压力：他们对现实感到焦虑，对未来缺乏信心。这就是社会层面的"新常态"，恩格斯早在 170 年前就预言到了（经济层面的"新常态"会在下一小节详述）。

从因果层面看，社会层面和经济层面的新常态有很多相似之处。具体来说，人们的生活和工作方式可以决定人们的经济行为。不论是买车、买房，还是度假，21 世纪的公民都喜欢用贷款消费来解决。人们都认为杠杆化的后果本该由下一代人承担，但是 2007~2011 年的金融危机已经证明杠杆化事实上并不能延续到下一代，这一代人已经不得不为自己的后果买单了。

对于政客们来说，开空头支票，再让人民买单是提升政绩的一个好方法。小

---

① 资料来源：Liaquad Ahamed. Lords of Finance，Windmill. London，2010.
② 我其实有点费解为什么现在的马克思主义者、社会主义者、绿党人士都不再强调节俭、储蓄以及力避债务，以防止以后饿着。
③ 恩格斯口中的大城市指的是工业化进程中的英国城市。现在，由于人口暴涨，城市病已经开始转移到亚洲、非洲以及拉丁美洲。

布什在 2001 年上台时，发行了非战时期最大体量的国债，并向国民许诺这些钱将用于提升安保水平和国民福利待遇。现在看来，提升安保水平根本就是一句空话，这些国债最终只是养活了新的一批华盛顿的官员而已。

巴拉克·奥巴马也犯了同样的错误。这两位最差劲的美国总统给美国埋下了一颗定时炸弹，"新贫困阶级"会在接下来几十年来持续影响美国经济（见第二章）。

正因为以上原因，在接下来的几年以下两个高风险事件很有可能相继发生：一个是政府、公司、家庭试图重建收支平衡时经济从内部崩塌（Implode），另一个是经济受债务拖累从外部崩塌（Explode）（这两个事件的前因后果会在本书最后一章进行讨论）。

这两个事件可能使本就受债务拖累的国家雪上加霜，从而增加这些国家的经贸伙伴的恐慌。尽管欧洲大陆国家领导层进行了数轮会谈，那些经济表现较好的国家的国民却不愿救助那些在经济上作茧自缚的邻居们。这些国民的想法其实也是情有可原的，毕竟邻国的困难不是他们造成的，既然是他们自己自作自受，我们为什么要帮助他们呢？

2010 年 8 月 8 日，斯洛伐克议会以 69：2 的巨大优势否决了欧盟救助希腊的一揽子计划（见第九章）。这证明了斯洛伐克议会其实并不在意布鲁塞尔的欧盟委员会以及德国政府的立场及看法。

德国总理默克尔的发言人曾经说："所有欧盟成员国都承诺帮助希腊渡过难关。团结使得每个欧盟成员国受益，这种团结应该是互相扶持，而不是一条只索取不付出的单行道。"这句话的确有道理，可是团结应该以每个成员的高度自律为前提，在金融上不自律的国家值不值得救助的确是值得商榷的[1]。

斯洛伐克人坚持认为他们不应该为其他国家举债发展的 21 世纪模式买单。要知道，斯洛伐克的人均 GDP 按购买力平均计算只有 21200 美元，而希腊的人均 GDP 却是斯洛伐克的 1.5 倍，达到了 32000 美元。即便如此，欧盟还是要求斯洛伐克拿出 44 亿欧元（59 亿美元）为希腊人自己的错误买单。此外，斯洛伐克

---

[1] 资料来源：《金融时报》，2010 年 8 月 13 日版。

在 1998 年进行了彻底的经济改革，成为了欧盟经济增长的排头兵；希腊、西班牙、葡萄牙以及其他欧盟成员国不愿进行改革或重建经济劳动市场，一直放新债还旧债。

其实以上所举的国家之间经济政策的差别，从一个侧面反映了不断累加的巨额债务的危险性。从这场危机看，我们完全可以理解一些国家为什么同属一个组织，却不愿救助组织内其他国家了。

对于欧盟的强国而言，它们救助希腊的考量比斯洛伐克这样的小国更多①。正是由于那些原因，它们才筹集了 7500 亿欧元（约合 10000 亿美元）的战略基金来补充欧洲中央银行的流通量，从而防止欧洲经济的骨牌式崩盘。

可是，不论是在欧洲还是美国，关于这些救助及津贴到底有没有用处还是缺乏研究的（见第三章）。现在多数国家都在增加流通性，为经济复苏争取时间。在希腊发生债务危机后，这些国家正在四处筹集经费，时刻准备应对希腊破产对欧洲经济系统乃至世界经济系统的影响。可是在它们等待的时候，经济的新常态已经出现了。

第三节　什么是经济新常态

提到经济新常态，就不得不提到太平洋投资管理公司（Pimco）②的首席执行官穆罕默德·艾尔伊兰（Mohamed El-Erian）以及首席投资官（CIO）比尔·格罗斯（Bill Gross）。他们预计，虽然市场总体会企稳向好，但未来五年与危机发生前的五年会有很大的差别。一部分金融活动会恢复到危机发生前的模式，一些则会被永远地改变。对于世界经济来说，新时期的"常态"已经和旧时期的完全不

---

① 由于大型银行大量参与希腊经济（因），如果希腊违约，这些银行将会损失数十亿美元（果）。

② P 太平洋投资管理公司是世界上最大的证券经理人，旗下管理着 8500 亿美元的投资，其客户包括养老基金、保险公司、大学等。

同了。

艾尔伊兰预计，在经济新常态中，经济增长仍将维持低位，失业率仍将高企，银行系统仍然会原地徘徊（这一点之后会具体讨论）。在进行债券交易的证券化市场中，这种徘徊还会持续很长时间。与之相对，关于实体资本的证券将会逐渐减少。

对于新商业形势的另一点担忧是，"国家资本主义"（State Capitalism）可能会逐渐抬头，自由企业则会随之减少。此外，大病初愈的金融系统仍然十分脆弱，它对经济的调节作用减弱，从而造成使用资本的成本增加。因此，企业会减少资本在每单元产出中的使用，最终导致产出的低天花板效应（Low Ceiling），并导致预期回报的降低以及波动性的增加。

分析危机后经济形态的绝不止太平洋投资管理公司一家。很多专家都将这场危机和1929~1933年的大萧条联系起来。他们认为，世界经济将长时期保持低位，国际经济秩序失衡态势仍将持续，完全走出经济危机仍需时日。

据预计，很多政府仍将采用抬高税率这一土办法达到收支平衡。可高税率是一把双刃剑，它会导致通货紧缩（见第七章）以及对各种补贴的缩水甚至取消（见第十二章）。

由于危机后经济形态发生了改变，商界获得的支持不再像之前那么丰厚了。政府和中央银行将缺乏开展大项目的资金，它们不再维持量化宽松的经济环境（见第五章）和一系列经济刺激政策。因为新形势下人们对风险避之不及（Risk-off），股市这种高风险（Risk-on）市场仍将持续低迷。为了迎接新形势下的新挑战，投资者主要会关注以下方面：①资产多样化的真正实现；②区域市场内部和国际间的现金流；③转移企业和主权债务的信用风险（主权债务风险小于企业债务风险）。

据专家估计，经济新常态的另一个特点是，由于政府和银行债券的高度杠杆化（Overleverage）和它们在金融工具衍生品上的投机态度，主权风险和银行风险仍将被高度关注。这个观点其实有据可循。根据美国全国广播公司财经频道（CNBC）2010年7月23日的报道，有关人士已经发现了银行和政府的信用违约掉期（CDSs）情况有很强的关联性。

如果真正想要去掉杠杆，实现财政平衡，政府必须不能只开空头支票，而要运用强硬手段。一届政府在经济上是否成功取决于两个方面：第一，政府的经济行动是否有足够信用；第二，政府能否成功减少负债和财政赤字（第六章）。

要在这两方面获得成功并不简单，如果政府缺乏长远计划的话，成功更加遥不可及。根据英国政治评论家的观点，2010 年女王演说中提到的"财政责任法案"明显不是一个长远的计划。在经济新常态下，政府必须切实提高金融信用，制定更长远的财政目标，并且将这些目标一一落实。

同政府一样，绝大多数中央银行也面临着长远货币利率政策缺乏的困境。在这种情况下，零利率成为短期中央银行调控的手段。为了迎合大银行的利益，中央银行往往会牺牲民众利益，使公民受到以下三重打击：①由于存款利率低于通货膨胀，家庭资产持续缩水；②由于存款利率接近零点，个人养老基金将会开始投机行为；③由于存款利率接近零点，低到泡沫无法形成，纳税人最终会为投机行为巨额欠账买单。

事实上，很多权威机构都认同超低利率的副作用要比好处多得多（第二部分会详细阐述）。国际清算银行（中央银行的中央银行，BIS）在 2009 年财报中指出了五点西方国家超低利率的潜在问题：①过度承担风险；②收支失衡；③清算坏账延迟；④国际现金流不稳定性升高；⑤资本和劳动力分配扭曲。

综上所述，经济的新常态其实有很多征兆。可关键问题是：新常态什么时候才会到来呢？主流观点是随着新泡沫的出现，"二战"后越来越常见的杠杆化会逐渐停止。经济形势会逐渐变成本·伯南克口中的"极度不确定的"（Unusually Uncertain）经济[①]。毫无疑问，这种不确定性的直接原因是西方经济的脆弱性以及经济学家对未来的不确定性，根本原因是学界缺乏对金融危机后续效应的研究以及金融界不同派别的看法莫衷一是。

不过我们可以多多少少确定的是，如果处置措施不得当，大到整个经济环境，小到企业、家庭都将深受其害。我们都知道正式金融杠杆和投机行为这两种

---

① "极度不确定"出自 2010 年 7 月的国会双年报，这番话在经济学家、银行家、分析师中引起了震动。

病毒使经济体换上了负债的病，需要用药医治。可药是有副作用的，缓解银行业主权债务方法的副作用却可能比疾病本身还要致命。

中央银行和政府的量化宽松政策（见第五章）就是这种药。这种药不仅贵，而且治疗效果乏善可陈。包括利卡迪安（Ricardian）[1]在内的很多经济学家都在试图解释为什么美国经济在这些救市政策推出下仍未起飞，其原因包括：①消费者考虑的往往比较长远，对于债务支撑的财政刺激政策并不感兴趣；②他们认为上涨的税率可以支撑政府偿还债券。

政府和中央银行的经济行为实际上受很多因素支配。在众多因素中，成本因素无疑是第一位的。国际货币基金组织（IMF）的世界经济前景部门统计了过去40年来88场银行业危机的成本。统计结果十分惊人，因为金融危机的影响，经济体过去7年的产值会比没有金融危机的情况下低10%。如果接下来7年仍是如此，这10%的差距会让政府无法偿还公共债务，失业率维持高位，工人阶级财富减少，最后可能导致经济的崩盘。

即便经济可以实现增长，增长率也不会像之前那么快，所以国家财政收入还会受到影响。总结下来，经济的新常态和20世纪90年代末以及21世纪初的沸腾年代（Go-go Environment）截然相反，西方社会要想治好金融杠杆和债务带来的伤痛，还有很长很长的路要走。

第四节 前车之鉴："一战"前的新常态

坊间有传言说梅尔·阿姆斯彻·罗斯切尔德（Mayer Amschel Rothschild）（1744~1812）曾说过一句话："什么法律都不能阻止我掌管国家财政。"用这么一句话形容中央银行的政策再合适不过了。中央银行现在全然不顾国家的需求，开足马力印钞，并把这些钱撒向市场，最终导致市场紊乱，不仅使商业和家庭受

---

① 因英国里卡多（David Ricardo）得名。

害，最终可能会导致银行和货币系统的崩盘。

20 世纪初，美联储建立；在"二战"之后许多国家也都建立了自己独立的中央银行［包括英格兰银行在布莱尔（Tony Blair）和布朗（Gordon Brown）两位首相帮助下获得完全独立］。这些事件加在一起开创了金融界新的里程碑。许多发展中国家纷纷效仿西方国家，引入了中央银行制度。然而，这些中央银行本质上并没有"独立性"，这一点我们在下文中会重点提及。

首先，接近零点的利率和量化宽松政策实际上并不是中央银行出于稳定市场做出的决定，这些政策都是政客们制定的。从历史的角度看，由政客制定经济政策对于国家经济是十分危险的。"一战"后，英国、法国、德国经济的崩盘已经证明了这一点（"二战"后其实也是如此，只不过"一战"后的例子更加有说服力）。

"一战"后的欧洲经济的说服力在于，它完整地展现了货币政策和财政政策失序对整个经济体的严重影响，由于它包括了挤兑法郎、德国通货膨胀等著名历史事件，它比其他经济时期更有教育意义。这段历史时期还包括了一些有趣的经济事件，比如美国和英国因为战时贷款偿还纠纷而产生的长时间的裂痕。

1918~1923 年与 2007~2011 年的经济情况有很多相似点。其中一点是在这两个时间段，政府官员和经济学家都对巨额债务无可奈何。他们的观点莫衷一是，常常为救助的方法和对象吵得不可开交①。在这两个时间段，悲观的情绪在市场蔓延，因为人们已经意识到了如果债务问题无法解决，货币将会剧烈波动，银行将会出现恐慌，金融海啸将会一触即发。

"一战"后就是这样。人们常说战场无赢家，战争给参战双方都造成了惨重的损失。"一战"不仅造成了数百万士兵和平民伤亡，还在欧洲引发了一场经济灾难。原本在战前平稳有序的国际金融系统也因为战争变得千疮百孔了。金融系统的失序最早发生在 1914 年 7 月 30 日。那一天，伦敦发生了恐慌性的证券清算。随后，柏林、维也纳、圣彼得堡的证券交易所被政府强制停盘。从战后的第一天开始，"一战"后经济的"新常态"已经初露端倪了。

1918~1923 年与 2007~2011 年的另一个相似点是，当时的政客（包括中欧的

---

① 不仅对于德国战争赔款来说如此，对于互相缠结的战时贷款来说也是如此。

皇室）和现在的政客一样，都掌握不好"报复行动"（比如对塞尔维亚"萨拉热窝刺杀行动"的报复）的火候。最后，报复行动的一把火把整个世界的火药桶给点燃了。时至今日，史学家都不太理解"一战"究竟是怎么爆发的。他们也不理解为什么一点小事在后来可以被无限放大，最后变成了全球性的战争。

在"一战"接近尾声的时候，很多经济学家、银行家、金融专家都发现，英国、法国、沙俄政府之间互相的借贷（主要指英国和法国间的借贷）以及它们向美国的借贷根本就是一笔烂账。在正式宣布参战之前，美国一直充当着协约国的金库和军火库的角色。在"一战"期间，英国政府一共投入了430亿美元，其中包括向法国和沙俄及其他15个国家提供的约110亿美元的贷款。

所以当时英国向美国借了50亿美元。这部分欠款经过战后很长时间的谈判磋商才得以解决。凯恩斯建议英国将还款时间推迟，因为欠款时间越长，对偿还人就越有利。可是当时的财政大臣却坚持尽快付清。于是，英国最终在1923年偿还了足足80%的贷款。法国则与英国的做法相反，将还款时间延长了一些，最终只在1926年偿还了40%的贷款①。法国的做法最终证明了凯恩斯的想法是正确的。

三年后，意大利仅仅付清了24%的欠款就解决了贷款问题，这一比例甚至比2001年阿根廷濒临破产时给他国的还款比例还要低。当然了，最终导致20世纪初经济新常态形成的原因不止战时贷款一项。英格兰银行和法国银行发行大量钞票也是导火索，这些钞票最终导致了市场紊乱，金融波动，对物价产生了恶劣的影响。①在英国，货币的流通量翻番，物价也随之翻番。②在法国，货币的流通量翻了两番，物价也随之翻了两番。③在德国，货币的流通量翻了三番，物价开始翻了三番②，最终引发了恶性通货膨胀。

滥发货币的例子非常值得现在的央行行长们〔尤其是美联储主席伯南克（Ben Bernanke）和英格兰银行行长金（Mervyn King）〕好好学习。发行货币本是欧洲国家的战时政策，在战后却被不加质疑地保留了下来。这个错误的经济政策

---

① 法国在"一战"中支出了300亿美元。除了美国的贷款，法国还欠英国约30亿美元贷款。
② 资料来源：Ahamed. Lords of Finance。

最终促成了"一战"后经济新常态的形成。

就德国来说，1919 年货币基础（Monetary Base）增长了 50%，1920 年又增长了 60%。德国国家银行其实意识到了短期债务的风险，但德国除了增加货币基础别无他法。要知道，当时德国还面临着巨额的战争赔款，这笔钱甚至高过了德国的经济总量。为了兑付赔款，德国政府在 1921 年用马克兑换了大笔美元，这一举动导致了德国马克的价值大幅下跌。而在国内，社会的动荡和工人的罢工使经济雪上加霜。

不论是政治家、经济学家还是央行行长都没有意识到债务的巨大风险。如果说 1921 年德意志共和国货币流通量 50% 的增长还算"正常"的话，那么 1922 年德国的货币市场真可谓急转直下了。因为央行大量印钞，物价足足涨了 1300%。1923 年，德国不得不印发新版马克，这再度引发了通货膨胀，导致马克兑美元汇率跌到冰点。

1923 年，德国国家银行几乎每天要将足足 6000 亿超大面值的马克投向市场。到了 1923 年 11 月，马克的流通量已经高达 400000000 万亿。这时，德国经济迎来了一个转折点，亚尔马·沙赫特（Hjalmar Schacht）受任德国国家银行行长，他一上任就进行了大刀阔斧的经济改革。

在恶性通货膨胀的背景下，德国国家银行在 1923 年 11 月 20 日发行了新币种地租马克（Rentenmark）替代旧马克（Reichsmark）。1 元地租马克可以兑换 1 万亿旧马克[1]。因为那时旧马克与美元的汇率为 4.2 万亿∶1，所以地租马克和美元的汇率就变成了 4.2∶1。此后马克兑美元汇率基本稳定在这个水平[2]。

4.2 的汇率在稳定市场方面起到了巨大的作用。但如果没有严格的财政纪律，4.2 的汇率也不能从根本上提振国家经济。正如德国国家银行新行长沙赫特所说："只有达到财政平衡才算走出了经济危机。"这句话适用于"一战"后，也适用于现在。

---

① 资料来源：David Marsh. The Bundesbank, Mandarin/Heinemann.London，1992。
② 老马克和新马克的价格在之后的几天里持续走低，但是随后稳定了下来，地租马克兑美元比率在最后维持在了 4.2。

第五节　生活在混乱边缘

"一战"后新常态的影响不只局限在经济和金融层面，它也是对旧有社会秩序的一次洗牌。从某种意义上来说，"一战"后的新常态是民众生活层面和宏观经济层面的转折点，我们今天仍在受着当时经济形势的影响[1]。当时的情况和现在的情况十分相似，政府没有行之有效的手段，要么彻底放松对市场的监管，要么做表面功夫应付了事。

正所谓，历史不能重演。经济危机已经发生，不论对于公众，商业组织还是政府机关，尽快适应经济的新局面是当务之急。当下的首要任务是控制经济和金融市场，重振民众信心。现在人们也缺乏足够的紧迫感，要知道"一战"后的人们就没能完成这个任务，历史在现在也是很有可能重演的。

现在的经济、金融、社会状况看起来和 1923 年的时候别无二致。在 20 世纪 20 年代早期的德国，财税收入只占政府支出的 10%，剩下的 90% 都是靠债券弥补的。

有些西方政府可能会反驳，今天没有哪个政府能有 90% 的财政赤字[2]，可是哪怕 10% 的赤字就会造成毁灭性的影响。这不是我的一家之言，2010 年 8 月 18 日，一位美国经济学家在接受彭博社采访时也引用了这个数字来评论美国的财政泡沫。他具体举例说，虽然 2010 年奥巴马政府的财政赤字只有 1.4 万亿美元，只占到美国 GDP 的 10% 多，但这足以成为压垮美国经济的最后一根稻草。

由此看来，西方经济学家必须要处理银行业内持续的高杠杆化的问题。这个问题表现在两个方面：第一，以信用风险交易为核心的结构性融资工具和证券在全球尤其是美国高歌猛进；第二，信用衍生品替代了联合贷款等传统信用风险转

---

[1] 对于"二战"也是如此，只不过"新常态"背后的原因主要是经济和金融层面的。
[2] 虽然对津巴布韦来说可能如此。

移模式。利欲是以上现象的主要成因，此外金融市场的全球化现象、信息技术，尤其是网络和物价模型的运用也在不同程度上促进了高杠杆化问题的最终形成。

高杠杆化现象在重塑西方金融结构、银行职能转换、处理主权债务方面有着深远的影响。在银行职能转换方面，银行的业务从原来的集钱、借钱变成了集钱、包装产品、卖产品，彻底转换了传统的借贷功能。

在主权债务方面，杠杆化给了政府在财政上做手脚、掩盖财政赤字的机会。比如高盛集团曾经利用衍生品工具帮助希腊等国政府掩盖国债赤字的问题，推迟了信用评级下调的时间。

国际清算银行的第 80 财年年报从另一个角度说明了这个问题："截至 2011 年，工业国家公共债务与 GDP 的比例比 2007 年增长了约 30%。受到金融危机冲击的国家这一比例比其他国家更高。"美国、英国、爱尔兰、希腊、葡萄牙、西班牙等国均在此列。

更糟糕的是，2007~2011 年，由于公共债务只增不减，经济危机在近期很有可能持续下去。和"一战"、"二战"战后时期一样，政府常以财税收入的减少作为举债的借口。政府在财政支出纪律方面十分松散，导致它们在津贴等方面花钱大手大脚（见第三章）。

有意思的是，除了美国，当今财政纪律的松散和 20 世纪 20 年代的情况非常相似。如果有人将德国恶性通货膨胀全部归咎于战争赔款的话，那就大错特错了。虽然法国是战胜国，可是法郎也成为了投机者操纵的金融工具，法国的经济建设和德国一样糟糕。

就在德国马克大幅贬值之后，法郎对美元汇率也猛跌了 50%。1924 年 1 月，法国财政部开始向专家咨询挽救法郎的意见。时任拉扎德兄弟（Lazard Brothers）纽约分行行长的弗兰克·阿尔茨契尔（Frank Altschul）正是在那时应邀前往巴黎的。

阿尔茨契尔的一大优点是他看问题十分客观。和现在政府银行对投机者的绥靖政策不同，他建议法国政府立即采取"实验"[①] 行动给投机者以教训。他[②] 告诉法国人整个计划不仅需要大量资金，还需要英美政府在重建信用上给予帮助。

为了开展"实验"，当时法国政府向摩根银行处借得了 1 亿美元，这在当时可是一笔巨款。这么大一笔巨款需要找到合适的担保。鉴于法国政府当时还没有还清从美国政府的战时贷款，而且法国政府还要每年筹措 10 亿美元填补财政亏空，摩根给法国政府开出的条件十分苛刻，其中包括：①减少财政补贴；②戒绝新贷款；③逐步达到财政平衡；④法国必须对道斯委员会（Dawes Commission）所做决定投赞成票[③]（秘密条款）。

要知道，道斯委员会的成员都是金融界的高手[④]。他们都意识到了即便世界经济开始回暖，1924~1925 年的财政赤字很可能会持续下去。金融危机最终会影响英国、法国、德国、意大利等国的产值，进而会影响税基。怎么样？听起来是不是很熟悉？

除了上文提到的负面影响，阿尔茨契尔的实验成功了。在接手了 1 亿美元的战略基金之后，法国政府在几周内就把对美元的汇率从 30∶1 降到了 18∶1（可是对法郎的救助计划只是暂时性的，仅仅三年之后，也就是 1926 年，法郎又跌到了历史新低，随后在法国银行的调节下恢复到了 25∶1，因为这个汇率对法国工业最有帮助）。

从某种程度看，2010 年欧盟和国际货币基金组织对希腊的救助也是这样的。如果希腊退出欧元区的话，1 德拉克马（希腊货币）的价值也仅仅相当于 2 美元而已（相当于 1953 年希腊财政部长马克兹尼斯在任时的汇率）。这是因为欧元的存在才使得希腊的货币没有贬值。换种角度看的话，希腊糟糕的财政表现其实影响了欧元兑美元汇率，正因如此，希腊的短期借款利率才会比德国高 9%，也就

---

① 在这里用"实验"的表述是因为从来没有人这么做过。这一做法的实验性和罗马帝国台比留（Tiberius）的经济改革差不多。

② 资料来源：William D. Cohan. The Last Tycoons，Doubleday. New York，2007.

③ 资料来源：Ahamed，Lords of Finance. 道斯委员会的主要任务是使欧洲经济走出泥潭，这么看来，他就像 25 年前迷你版的"马歇尔计划"。

④ 道斯计划的一个重要活动就是为德国提供了 2 亿美元的借贷。这部分钱通过国际市场募集，目的主要有三个：一是对德意志银行进行再资本化；二是增加储备，使国内经济复苏；三是帮助支付第一年的赔款。

是 600 个基点。

希腊政府似乎还没有理解，经济是没有硝烟的战场，在这片战场上，决定胜负的不再是坦克大炮或者超音速飞机，而是形形色色的金融工具。金融影响力是一个国家发展的强力保证。以英美为首的负债国也深谙其道，毕竟早在 18 世纪，路易十六就曾经预言金子才会带来胜利，换句话说，金融影响力是经济战争获胜的关键。

总之，大量印钞证明了政府杠杆化的不可持续性，造成了投资者的恐慌和挤兑风潮。所以说 20 世纪 20 年代沙赫特（Hjalmar Schacht）"一战"后欧洲经济的观点是十分有借鉴意义的。政府债券的盛行必然会导致欧洲经济的崩盘。20 世纪 20 年代的欧洲和现在的西方社会已经证明了这一点。在短期内，世界经济也有崩盘的危险。

第六节　为什么一定要了解新常态

我们先从统计学的角度分析。我们知道统计学可以从已有经济活动的曲线中提取数据来分析预测即将发生的经济事件。比如说在统计学中，人们可以从正态分布中提取加工信息。可是，现实当中的事件很多都不是正态分布的，有时候正态分布曲线会出现偏差，有时候峰值会出现波动。一个事件越复杂，涉及的变量越多，最后的图像也越不像是一个钟形曲线。所以，经济活动中的"正态"情况通常都是为了计算方便的简化模型。如图 1-1 所示的那样，正态分布的已有条件改动越剧烈，未知条件越多，图形就越复杂。

那么，如何分析非正态图像呢？这就要提到著名数学家本华·曼德博（Benoit Mandelbrot）和它的"碎形"（Fractal）理论。曼德博相信金融活动本身就是不规则的[①]，并不严格遵循正态分布的钟形曲线。所以，那些基于正态分布的贸易实

---

① 资料来源：D. N. Chorafas. Chaos Theory in the Financial Markets, Probus, Chicago, 1994.

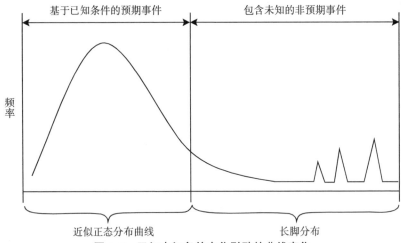

图 1–1　已知未知条件变化引致的曲线变化

践和金融模型是站不住脚的。2007~2011 年的经济危机印证了曼德博的猜想。不懂经济的理论数学家创建的许多金融模型都被这场金融海啸所推翻。运用这些模型的银行因此蒙受了巨大的损失。

这些模型把大量的金融情境理想化，使它们变成了钟形正态分布。事实上，只有把金融系统内的不确定因素考虑进来，整个模型才有参考价值。虽然这样曲线会变形，可能会变尖、伸长，或者扭曲，但这个模型涵盖了金融界可能发生的事情，这样才能预防风险，使模型更加客观形象。

受到不确定因素的影响，钟形曲线可能会变为任何形状，曲线下的面积可能改变，峰值也可能左移或者右移。但如果某种不确定因素频繁出现的话，人们就对它有了更深的认识，这时候，不确定因素就变成了确定因素，非正态分布就变成了升级版的新型正态分布（New Normal，和新常态单词相同）。因为这种新正态分布考虑到了不稳定因素，它能准确预测自然或者人工系统出现的种种情况，那么对当今世界经济会有十分深远的影响。

这些模型可以使用在 20 世纪末的很多次金融危机中，比如 1987 年的股市大跌（该事件标准差为 14.5）、日本金融危机、索罗斯（Soros）和斯坦哈特（Steinhart）操纵英镑大跌、1994 年债务工具危机、1997 年东亚经济危机、1998 年俄罗斯国家破产危机以及长期资本管理公司（LTCM）破产危机、2000 年股市大跌（网络概念股票损失惨重）、2007~2011 年的全面经济危机（包括雷曼兄弟破产以及席卷美国国际集团（AIG）、房利美、房地美、苏格兰皇家银行等多家大型金融机构的破产危机）。

从以上这些金融机构的表现可以看出，中央银行和国家政府已经迈进了"新常态"中。所以我们在这里有必要重新提一下艾尔爱兰（El-Erian）和格罗斯（Gross）关于新常态及其后果的预测了。他们认为以前作为不确定因素未被纳入考量的经济危机正在成为市场的主流，它对人民日常生活、商业活动和国际经济形势都有着深远的影响。

据高盛集团统计，从 2008 年初到 2010 年初的短短两年内，经济危机就使得全球资产（包括公民和企业的钱）减少了 30 万亿美元，使得不动产价值缩水了 11 万亿美元。这个数字相当于全球同期 GDP 的 0.75%。

值得注意的是，这 41 万亿美元的损失发生在两类盈亏难料的市场：交易和住房。幸运的是，根据新常态理论，经济会渐渐企稳向好，人们会逐渐在这两类市场中减少亏损，最后实现收支平衡。

可是，绝大多数金融衍生品炒家恐怕永远收不回成本了。好在金融衍生品不是普通百姓炒得起的，95%的金融衍生品炒家是大型金融机构，这对百姓来说是个好消息。

到底什么是金融衍生品交易呢？为什么金融衍生品市场十分荒唐呢？我可以在这里举个例子。比如说通用公司要卖 1000 辆汽车给福特，福特为了买这些车，就把自己的 1000 辆车抵给了通用。我们可以发现，衍生品经济只是数字游戏罢了，对国家的经济一点作用都没有。衍生品还造成了货币的假想化（Imaginary），30 年利率互换（30-year Interest Rate Swaps）就是最好的佐证。

笔者一直很好奇那些分析师是怎么知道未来 30 年利率的走势，笔者也很好奇那些买家是怎么相信 30 年利率互换这种话的。不过我们现在知道了，即便经济总体回暖，那些衍生品炒家也收不回投在"30 年利率互换"这种产品里的钱了。

为了收回成本，这些炒家只能继续利用金融杠杆在衍生品市场孤注一掷。其实这种想法已经变成了彻头彻尾的赌徒心态，而且成功的概率比中六合彩还要低。雷曼兄弟、花旗银行、贝尔斯登公司、美林投资银行在内很多金融机构的失败就是最好的证明。

虽然金融杠杆在短期能创造巨额利润，但时间一长问题就会显现出来。新常态指明了金融杠杆在资产清算中会出现的问题，当金融杠杆出现问题之后，人们会发现所谓的"资产"往往伴随着大量的债务以及利息。在危机来临之时，这些"资产"泡沫被瞬间捅破，留下的只有巨额债务了。

比如，就像日本在"消失的20年"（1992~2011年）的遭遇一样，西方金融机构和家庭都多多少少遇到了债务问题。因为债务问题覆盖面太广了，没人能提出全面系统的解决方案来帮助经济系统走出困境。

为了解决债务问题，日本投入了大量的资金。这种"烧钱"模式迅速被英国、美国以及其他欧洲国家政府所效仿。这种方式在短期内确实有些效果，但能否根治债务问题还是未知数。此外，大量投入反而可能造成债务累积，数额甚至可能超过国家资产本身。

一些经济学家认为此次经济危机的解决应当依靠发展中国家，因为它们的经济模式和形态相对来说要比发达国家健康一些，内在需求也比发达国家高。可是，新兴市场化解危机的能力遭到了其他专家的质疑。从下面的例子可以看出专家的分歧之大：一些经济学家认为由于受到债务问题困扰，很多国家政府不得不延长经济刺激政策来稳定就业；另一些专家则认为，公共债务赤字已经达到极限，对个人和企业不会再有灾难性的影响。

除了以上分歧，专家还对国际货币系统能否在主权债务和货币波动双重影响下正常运转产生分歧。要知道，国际金融大鳄经常对货币下手，如果不成功解决这个问题可能会产生灾难性的后果。

所以，留给学界了解货币系统新常态的时间可能不多了。要知道，国际交易和央行储备主要是通过三种货币进行：美元、欧元以及日元。然而讽刺的是，这三个国家都不同程度地陷入经济泥潭中。日本经济曾经有20年止步不前，欧元区正被危机围城，虽然美国经济看似不错，实际上也只是"虚胖"①而已，券商、抵押商、信用评级机构、政府买家早就把美国经济的内部掏空了。

---

① 俚语来源：Lawrence G. McDonald and Patric Robinson, A Colossal Failure of Common Sense, Crown Business, New York, 2009.

第二章　新贫困国家

第一节　穷人和他们的债务包袱

《每日邮报》曾在 1966 年做过一次"能挣一百万的人该拥有什么品质"的调查。很多受访者都给出了他们的答案，并把这些答案按照重要程度排序。根据罗宾那·朗德（Robina Lund）的回忆，石油巨头保罗·盖蒂（Paul Getty）的答案是这样的：

（1）专心致志；

（2）能够长时间工作[1]；

（3）弹性利用时间[2]；

（4）注重细节；

（5）有一定的商业知识；

（6）不可预见性[3]；

（7）能够合理利用专业建议[4]。

实际上，如果一个人真有盖蒂所说的这七条品质，那么他在任何领域都可以独当一面了。实际上，真正能有这些品质的人太少了。先不说那些没有生活规划

---

[1] 具体来说，就是一天工作 18 个小时以上，一周工作七天。

[2] 弹性时间指的是人们需要挤占休息时间来完成任务，而不是任务可以在任何时间完成。

[3] 即要在策略上领先对手，同时要使员工保持勤奋。

[4] 资料来源：Robina, Getty, M&J Hobbs/Micheal Joseph.London, 1977.

的人，就是对生活有规划的人也大多不愿选择这样操劳的人生，所以他们对这些优秀品质敬而远之，甚至形成了与盖蒂截然相反的一套悠然生活的理论。

社会上成功人士身上的优秀品质绝不止这七点。其中很重要的一点就是勤俭持家，力避借债。虽然盖蒂没有把他列为第八点品质，但他一生都奉行这一准则。毕竟，借债的成本太高了。借债会使人变成金钱的奴隶，远没有拿着自己努力挣来的钱花得舒服。

如果力避借债、勤俭持家是第八条品质的话，第九条品质就应该是艰苦奋斗。这个观点恐怕和福利国家的理想以及国家超级市场（State Supermarket）的政策相悖。难道我们不该帮助那些底层人民吗？盖蒂的观点是"一粥一饭当思来之不易，不挣钱的人永远以为钱是大风刮来的"。他认为，当下的社会福利完全没有覆盖到真正需要它的人。反之，我们用福利政策养活了那些好吃懒做的人，助长了懈怠消极的社会风气。如果有人不信的话，看看国家超级市场无差别的医疗福利待遇所产生的后果就明白了。

第十条品质则是责任感。这可能是最重要的一条品质了。每个人都有他自己的社会责任。如果一个人因为种种原因缺乏责任感，缺乏自律性的话，那么前九条品质就无从谈起了。保罗·盖蒂曾经说过："对于一个普通人，逃避责任只能说明他品行不正；但对一个商人来说，逃避责任就是彻底的懦夫行径。"[1]

很明显，当今社会并没有意识到以上十条品质的重要意义，逐渐把人们推向了道德的谷底。而这在一定程度上造就了社会的糜烂风气，甚至导致了经济的崩盘[2]。在过去的50年间，公民责任心的缺失已经逐渐放大到了社会，造成了社会组织的软弱无能，不论是国家政府还是小型社会团体都是如此。责任心的缺失已经成为导致西方衰退的罪魁祸首[3]。

现在很多西方人还理所当然地认为他们在过着养尊处优的生活。可事实上，由于政府、企业、个人的借贷行为，西方人正在自食其果，变得越来越穷。

现在的新富裕国家是巴西、俄罗斯、印度、中国四个国家，它们又叫作"金

---

[1] 资料来源：Robina, Getty, M&J Hobbs/Micheal Joseph. London, 1977.
[2] 道德破产和经济破产是有联系的。
[3] 资料来源：D. N. Chorafas. The Business of Europe is Politics, Gower. London, 2010.

砖四国"（BRICs）。它们的经济政策和新贫穷国家差别很大。这一点可以从 2010 年 10 月 8~10 日国际货币基金组织和世界银行召开的年会中看出来。

双方就如何解决国际财政系统的问题展开了激烈的讨论。在年会中，以美国为首的新贫穷国家指责中国刻意打压人民币的升值。中国官员则在会上反驳，导致人民币低汇率的元凶其实是美联储。美联储大量印发美元购买政务债券，推行过度宽松的经济政策，这一系列举动最终导致了美元贬值［详见第五章和第十二章对量化宽松政策（QE）的表述］。

持续账面亏空和财政赤字固然可怕，可真正可怕的是没人注意到财政赤字的严重影响。实际上，把 19 世纪世界霸主们重新推进贫困泥潭的不是别的，正是从"一战"开始的借贷之风。

我们的社会已经走到了死胡同，民主、健全、互信的风气随时可能瓦解。几乎没人意识到社会信任一旦瓦解，再次重建是十分困难的。如果社会的道德水准和责任意识一降再降，对债务风险听之任之，我们就会陷入越贷越穷的困境，整个社会也将失去希望。

第二节　资产民主社会和债务民主社会有什么区别

当代民主和希腊民主的一个最显著的变化是投票不再是少数人的特权，变成了所有人共享的权利。可是正如德怀特·D.艾森豪威尔（Dwight D. Eisenhower）1953 年 1 月 20 日在就职演说上所说的，如果一个人把权利凌驾于原则之上，那么原则和权利最终会离他而去。用这句话形容当今社会真是再恰当不过了。

我们不妨再将视角转回雅典。在古雅典，什么样的人有权利投票呢？答案是有资产的人。如果一个人有雅典公民身份，他也算是有了一笔无形资产，也就有权利① 投票。这种想法延续到了 19 世纪。在英格兰现代议会民主制成立之初，

---

① 不是权力。

也是那些有资产的人才能投票。当时的资产民主社会（Property-owning Democracy）和现在的债务民主社会（Debt-laden Democracy）有着本质的区别。当时是有钱的人说了算，现在则是债权人说了算。

自私是人类的本能。即便是最博爱的人在投票时也要考虑自己的利益。所以，当投票的主体习惯了"先享受后交钱"的负债生活的时候，大多数选票会投给赞同负债生活方式，并且能够创造宽松借贷条件的候选人。

正因如此，债务民主社会陷入了债务的恶性循环中。在这场恶性循环中，民主制度搬起石头砸了自己的脚：明明减债对社会公民更有利，但政府却仍在推出类似国家超级市场这种举债政策。

长期如此，国家决策会被债权人把持，公民隐私将被债权人窥探无疑，个人自由将被债务严重限制。如果国家超级市场继续依靠借贷来提供福利的话，还款难度将会直线上升。最终这笔债务将转移到每个公民头上，公民将会被债务套牢，失去很多自由权利。此外，债务民主社会所能提供的福利质量也很一般。所以，债务民主社会必须要被强有力的执法力量监督。

国家超级市场的一系列举措可能会给西方经济蒙上新阴影。爱因斯坦曾经说过，人们不能用制造麻烦时的想法来解决这个麻烦。可惜的是，大多数西方领导人都对爱因斯坦的这句话充耳不闻。即便他们听过，也不会把这句话和消费文化的改变联系在一起。可是，这位伟大物理学家的话的确是正确的。无视债务社会的问题对解决问题毫无帮助。现在，西方国家领导人正站在历史的转折点上，面对自身财富的缩水以及发展中国家崛起的双重影响，留给西方世界自救的时间已经不多了。

财报显示，2012 年，七国集团①（G7）占全球 GDP 的比重首次跌破 50%。比值下跌的元凶实际上就是"二战"后开始盛行西方的借贷之风。这种风气还将在未来几十年内持续影响西方经济。

即便如此，西方社会却还在痴迷于加印货币，全然不顾这种做法可能带来的灾难性后果，也没有注意到它们加印的货币很多都被发展中国家储备走了。2002

---

① 即美国、英国、法国、德国、意大利、加拿大、日本。

年，发展中国家的货币储备加起来也只有 1 万亿美元多一点，中国就占掉了其中的 2 千亿美元。

可是这个数字到 2011 年已经达到了 7 万亿美元。这个数字足足是 2002 年的 7 倍。中国的货币储备已经增长到了 3 万亿美元（2010 年这个数字只有 2.6 万亿亿美元），其他金砖国家和新兴经济体加起来存下 4 万亿美元。面对以上情况，我们不禁思考以下几个问题：

（1）新贫穷国家的未来何在？

（2）如何减少资本管制和贸易战争，最终减缓货币贬值趋势？

（3）如何达到国际金融系统的再平衡，从而预稳定金融系统秩序？

关于新贫穷国家的未来，我们不妨看看法国的例子。在 2010 年 9~11 月，法国爆发了大规模的罢工运动，以抗议法国政府将退休年龄从 60 岁抬高到 62 岁。对于个人来说，这只不过意味着多工作两年，不过对于法国政府来说，这却是挽救国家超级市场政策，防止福利制度崩盘的最后一搏[1]。

很明显，法国政府最终失败了。在那段时间，约 350 万名法国公民走上街头[2]，呼喊口号，手举标语，表达他们的诉求。参加罢工的有铁路工人、公交车司机、邮递员、码头工人、教师，甚至很多小孩子（明明他们离退休还有 50 多年呢），家庭主妇和街头地痞也参与到了抗议中。

超过 300 名学生（在法国，学生也有自己的工会）也加入了示威行列，在法国各地的游行中表达他们对未来的担忧。事实上，很多示威者并不在乎少拿两年养老金，他们真正害怕的是国家会逐渐减少国家超级市场政策赋予他们的种种福利。

这场大规模骚乱展现了法国工会组织无理取闹的一面。这些组织确实在 19 世纪发挥过一定作用，但在现在社会对工会组织过度纵容使他们成为了政府工作的最大阻力。工会现在已经成为了衰退和怠惰的代名词，混乱和暴力的温床。

---

① 法国养老金融资问题基本和美国一样糟糕。罗切斯特大学的研究表明，国家养老金的短缺预计会达到 3.4 万亿美元，地方养老金的缺口则会达到 5740 亿美元（资料来源：《经济学人》，2010 年 10 月 16 日版）。

② 2010 年 10 月 25 日对法国经济财政部长拉加德（Christine Lagarde）的采访显示，法国 2010 年的公共赤字将会超过 GDP 的 9%。

最令人可悲的是，即便国家超级市场政策给民众带来许多福利，但根据民调显示，70%的受访者表示他们支持此次罢工。这个支持率甚至比1995年导致法国政府下台的那次罢工的支持率（54%~62%）还要高。

民调还显示，人们对国家超级市场政策和罢工的看法态度有时候是自相矛盾的。在某种程度上，他们已经开始理解西方国家的"新贫穷"状态会最终导致社会福利水平的下降。在民调中，即使罢工支持率高达70%，同样也有70%的受访者表示提高退休年龄其实是"对下一代负责"的表现。从这个数字可以看出，人们已经意识到勒紧裤腰带过日子的生活已经不可避免了。可是，他们还是任性地参与了游行示威，阻止政府维持经济稳定的种种政策。这种行为本身就是对民主的不尊重。

发展中国家人民和发达国家人民的表现则完全不同。发展中国家的人民从上至下都在艰苦奋斗，努力发展经济。在他们的字典里，没有新贫穷国家的罢工与抗议、没有偏执的19世纪思潮、没有腐败的工会、没有浅薄的意识形态、没有失衡的福利系统。所以，西方国家该怎么扭转颓势呢？尼尔森·芒勒博士（Nelson Mohler）曾经在和一位作家会面时把这个问题分成了以下几个小问题：

（1）我们现在怎么做才能实现经济的平稳过渡？

（2）我们在社会领域、经济领域、政治领域的困难究竟是什么？

（3）当今社会和之前的社会似乎有些区别，可这种区别具体体现在哪里？

芒勒还提到了一个问题，经济新常态是否和社会发展的其他推动力有协同作用。这个问题也是当今社会每个政府和每个民众都应该问自己的问题。这些推动力会使人们的政治生活、经济生活、社会生活变得更好了还是更糟了呢？如果更糟的话，我们究竟还能不能扭转颓势呢？

第三节　债务是另一种税务

法国18世纪晚期著名物理学家、数学家、天文学家拉普拉斯（Pierre Simon

de Laplace）曾经说过，越是庞大复杂的事件越需要大量证据的支撑。要获取强有力的证据，我们必须由表及里，层层深入，寻找各个因素之间的联系，这样才能完整地了解一件事情的前因后果。

以上是科学研究的常见方法，这一方法已经被部分运用到了经济领域和金融领域。然而，与自然科学和人文学科不同，这种方法在经济领域主观性显得有些强。因此，为了增加研究的客观性，经济分析往往以过去的经济事件为落脚点，听取前任对该事件的建议，最终整理比对，得出自己的宏观经济或微观经济的模型。

由于分析方法止步不前，经济模型的快速增长①造成了模型质量的急速下降。特别是模型的准确性（尤其是 VaR）变得难以保证。此外，一些数学模型只是为了证明某个理论、争取学术声望、支持某些政府政策而存在的。所以，这些模型在本质上就是值得质疑的。

财政货币的失误，①由于模型的算法失误；②源于对经济工具、市场工具、金融工具的错误估计；③对政策产生的效果估计也有偏差。以下例子可以支持这几个观点：

（1）零利率；

（2）货币基础（Monetary Base）的无限制增长；

（3）无视债务，继续过度杠杆化。

2010 年，时任英格兰银行金融稳定负责人安德鲁·霍尔德（Andrew Haldane）就曾经对杠杆化提出了自己的担忧。他指出，本质上债务是另一种税务，而且这种"税"税点更高，对公众可支配收入的影响更大。虽然这种说法遭到了一些政客的反对，但霍尔德却进一步指出了债务的三重影响：第一，税务影响经济潜能；第二，税务阻碍经济增长；第三，当经济危机到来时，债权人会给负债人极大的压力。

和所有税务一样，主权债务终究也是要还的。那么，去哪里找钱还呢？税收

---

① 资料来源：D. N. Chorafas. Systems and Simulation. Academic Press. New York，1965；D. N. Chorafas. Chaos Theory in the Financial Markets，Probus.Chicago，1994；D. N. Chorafas.Rocket Scientists in Banking，Laffery，London and Dublin，1995。

是还钱的一个好方法。可是 2008~2010 年的危机使西方经济陷入了衰退，再加上银行业的疲软，税务收入也持续减少，根本不能付清高达 GDP 10%的财政赤字。

工业国家非战时期最大财政赤字危机给国家的财政纪律提出了新的挑战。数据显示，当前，前 20 名发达国家的债务比（债务/GDP）是前 20 名发展中国家债务比的两倍①。到 2014 年这个数字将会跃升至三倍。这将使发达国家在全球市场上处于不利地位②。

这些数据很好地展现了英格兰银行金融稳定负责人安德鲁·霍尔德（Andrew Haldane）的一个观点，那就是政客在经济上目光短浅。甚至连投机者们都已经开始在危机过后小心翼翼，然而政客仍然大手大脚，对风险不闻不问。诚然，当经济形势恢复，投机者们又会开始伺机而动，从风险和泡沫中获利。可是如果西方政客也和投机者一样的话，他们就是在拿整个国家的未来做赌注了。

霍尔德对这一系列事件看得很清楚。在读过第一章后，读者们可能意识到了债务的危险性。就本质而言，债务是负债人在给定期限内以指定货币在指定场合偿还贷款，并支付相应的利息的行为。它是一种法律规定的义务。债券在某种意义上来说也是一种债务。③

理论上说，放贷借贷只是商业行为，不涉及道德风险。但现实中，信用是一个非常重要的指标。有时银行或者投资商的利率会压得很低，这时候，信用就显得更为重要了。在国家和公司层面，信用涉及偿还能力和偿还意愿两个方面。除了这两个方面，信用还和一个人或一个组织的整体性格息息相关。

但是，理论和现实往往相悖。那些过度使用杠杆的家庭、企业、国家本质并不坏，可它们还是被杠杆的好处冲昏了头脑。它们对霍尔德的警告充耳不闻，最后欠了一屁股债，深陷杠杆化带来的债务泥潭。

在国家层面，主权债务左右了经济政策的制定，严重拖累了国家经济。在和平年代，社会政策混乱态势往往是这种窘境的元凶。它首先会减缓经济增长。如果领导层和民众还没有意识到主权债的危险性的话，它最终会使经济增长完全

---

① 这一数据来源于 IMF2010 年中期的预报以及有关经济新闻。
② 这一数据来源于部分金融分析师。
③ 债券是企业或者政府发行的相对长期的有回报票据。

停滞，对国家经济的稳定产生严重且深远的消极影响，使人民的生活水平下降。

此外，如果债务超过资本的话，国家的每个经济实体都变成了濒临破产的负债人。国家的偿还义务最终会落到每个家庭、每个企业、每届政府头上。人民的工资和养老金将会缩水，公司的贸易受到牵连，政府的工作重心全都放在还债上，整个社会都将受到债务的短期和长期影响。

可是，想要还清债务并不容易。除了偿还能力的原因，人们已经越来越把欠债当作生活的日常。2008 年，美国消费者总共贷款消费了 12.6 万亿美元。经济学家说，正是贷款消费把美国人和美国推向了赤字的泥潭中。2010 年，美国的贷款量有所收窄，只有 11.7 万亿美元。可是减少的这 9000 万美元贷款中，8120 万美元都变成了银行抵押或者其他形式的债务①。

"债务资本"就是一些企业在濒临破产时发明出来的词汇。为了自救，这些企业把债务也当作了一种资源。可是这种想法是极其错误的，债务和资本根本就是两种不同的东西，只不过在杠杆的作用下，二者被混为一谈。正因如此，许多债权人开始意识到了这部分企业根本不能也没有意愿履行债务合约，所以他们打算采取法律措施。那么，这些企业很快就会面临债务违约的问题。债务越多，问题越严重。对于企业如此，对于普通百姓或者国家政府也是同样的道理。

最近的几场金融危机都是巨额利润下的巨额债务引发的。巨额债务的一个例子就是次贷②。有证据显示，次贷最早起源于 20 世纪 70 年代世界银行回收的大量石油美元。这最终引发了希腊的经济危机（见第九章）。

除了某些把杠杆捧上神坛的经济学家，很少有人能说出负债究竟对社会有什么好处。很多政客、社会科学家以及凯恩斯派经济学家③都曾经许诺负债能使人间变成天堂。可最终债务把人间变成了名副其实的地狱。

---

① 资料来源：《经济学人》，2010 年 9 月 25 日版。

② 资料来源：D. N. Chorafas. Financial Boom and Gloom：The Credit and Banking Crisis of 2007–2009 and Beyond. Palgrave Macmillan. Basingstoke，2009.

③ 这实际上是一个很大的误会。虽然凯恩斯是英国财政部中的自由派，但是他绝没有鼓吹过国家的大规模支出计划。他曾说过，"那个经济进步的黄金年代在 1914 年 8 月结束了。"（资料来源：The Economic Consequences of Peace，Macmillan，London，1919：10–12.）

第四节 "前人挖坑，后人填"

2010 年 6 月，法国审计署署长迪迪尔·米高（Didier Migaud）指出，法国的公共债务已经达到了历史最高水平。他进一步指出，大部分的政府财政赤字都不是来源于金融危机。2/3 的赤字实际上是结构性弊端[1]导致的。

这个说法引起了不小的轰动。法国 2010 年的财政缺口达到了 9%。英美和其他欧洲国家也是如此。英国财政缺口是 10%，美国在 2010 年 8 月时财政缺口是 10%。

其实，在美国财报公布之前的两个月，好事达（Allstate）的 CEO 已经预言到美国巨大的财政压力[2]。在好事达发表预报前一周，美国国会预算办公室（CBO）已经对美国财政的未来做出悲观预期。在现有法律框架下，联邦债务已经占到 GDP 的 62%。如果按此势头上升，美国公共债务将在 2035 年占到 GDP 的 185%[3]。国会预算办公室认为政府没有充分考虑到成本的上涨（比如医保系统中医生工资的上涨）。有人甚至认为，到了 2035 年，政府将会危如累卵，甚至有倒台的可能。可是即便政府倒台，债务还在，最终受害的不只是政府，而是每个美国人。

有些经济学家甚至认为，在 2035 年之前公共债务和 GDP 的比率可能会远超 185%。毕竟 2010 年美国的财政缺口为 1.4 万亿美元，比 1 万亿美元的计划高了不少。他们还认为，国会预算办公室本身就深陷财政缺口问题中，再加上缺乏足够权力，不能很好地推动危机的解决。

面对债务问题，当下西方国家政府的看法和 20 世纪 20 年代早期西方政府的看法（第一章）十分相似。由于个人责任感和政府管理能力的缺位，在当今欧

---

① 资料来源：《鸭鸣报》，2010 年 6 月 30 日版。
② 资料来源：彭博新闻社，2010 年 7 月 7 日版。
③ 资料来源：《经济学人》，2010 年 7 月 3 日版。

美，最流行的一句话就是"前人挖坑，后人填"（I will be gone，you will be gone（IBG/YBG））[1]。按照他们的理论，反正这一代人犯的错误影响的是下一代人，这代人说什么做什么都不会影响到自己，天塌下来也是下一代人受着。法国的路易十四有一句名言："我死了之后，洪水怎么来都行。"[2] 没想到路易十四的这句话一语成谶。在 100 年后，他的孙子路易十六就被革命的洪流卷走了。

在法国还有一个例子。在"一战"后，法国的金融系统一直出问题。1918~1926 年的整整八年间，每年法国的财政赤字都在 10 亿美元之上（这在当时是一大笔钱）。今天的美国就是昨天的法国。美国的财政赤字数年间一直维持在 1 万亿美元，这种趋势可能会一直持续到 2020 年。

尽管很多经济学家都对这样的财政状况表示批评，但这种状况在小布什和奥巴马政府统治下并没有任何好转。如果债务问题继续恶化，美国、法国和地中海俱乐部四国[3]（意大利、西班牙、葡萄牙、希腊）都将重蹈阿根廷国家破产的覆辙。

本书的第一章已经阐明了经济现象之间的因果关系错综复杂，颇有一些"鸡生蛋，蛋生鸡"的味道。虽然经济现象的因果关系复杂，但还是有发生的先后顺序，就像鸡和蛋总归不可能同时出现一样。

如果美国、法国、意大利、西班牙、葡萄牙、希腊、英国、爱尔兰等国的财政赤字是鸡，那么什么是蛋呢？其实，这些国家和破产前的阿根廷有许多相似之处。首先，它们都曾大举借债，并对还债前景过度乐观。其次，它们的经济还有以下特点：①极低经济增长预期；②受到国际竞争冲击；③高失业率等。

更糟的是，美、英、法、意等国受到"前人挖坑，后人填"这一想法的影响，缺乏阿根廷那样的财政纪律，在一定程度上影响了它们的信用评级和投资者的信心。如果政府没有能力采取强有力的措施稳定公共财政，增加经济增长预期

---

① 布莱尔就是"前任挖坑后人填"的大师，他就曾许下过 2050 年的大型减排承诺。
② 即"After me the flood"。
③ "地中海俱乐部"是经济学家和媒体创造出来的词汇，它用来形容地中海沿岸的欧元区外围国家。

的话，投资者的信心可能会进一步下挫。

由此看来，过高的债务对国家经济发展起着反作用。比如地中海俱乐部四国在大量借债之前发展很平稳，但借贷之后就出现了财政赤字、坏账、投资及存款过少等各种问题。最终，政府债券的债权人从本国居民变成了外国居民或者政府。

同样因为上述原因，美国也陷入巨额债务问题中。美国上一次欠下这么多债还是在两次世界大战的时候。在"一战"之前，公共债务只占 GDP 的不到 10%。然而在战时这一数字足足翻了三番，在"一战"后，罗斯福新政的实施又把债务推向新的高点（不过即便在那时占比也不超过 50%）。受到"二战"的影响，这一比例又增加到 130%。不过在"二战"后，美国政府又迅速把比例缩减到了30%。直到 20 世纪 70 年代这一比例才在大财团的影响下渐渐升高。

虽然欧美等国的债务问题有很多相似因素，但这些因素在不同国家的影响力不尽相同。美国的影响因素主要是小布什"前人挖坑，后人填"的思潮、巨额公共赤字以及财政亏空。此外，联邦过量发行美元也对经济产生了负面影响，主要体现在以下三个方面：

（1）救助大银行和抵押公司[1]，事实上免除了它们的自救义务；

（2）过度执行量化宽松政策（第五章）；

（3）给奥巴马政府失败的经济刺激计划提供资金支持。

可笑的是，美国各州政府的债务问题比联邦政府的更为严重。除了佛蒙特州外，美国其他州都在立法阻止债务问题的加深，力图实现收支平衡。此外，很多州还制定法律强制要求政府偿还债务。在欧洲，有胆量通过这样法律的国家只有德国。

与德国相反，法国、意大利、西班牙、葡萄牙、希腊等国拒绝通过结构性改革实现收支平衡，从而恢复经济和就业率复苏、改善竞争力、提升公民生活质量。反之，这些国家还在维持高福利、高津贴。此外，这些国家也没有对银行业进行有效的重组，也未能形成强有力的监管体制[2]。

---

① 资料来源：Chorafas.Financial Boom and Gloom.

② 这也是困扰 G20 成员国的问题。

第五节 巨额债务什么时候能还清

根据国际清算银行第 80 财年年报显示，通货膨胀是很多国家应对财政赤字和主权债务危机的一个方式。因为主权债务还款期限较长，债权人又以外国资本为主，通货膨胀可以使货币贬值，从而间接使债务贬值。虽然通货膨胀会降低人民的生活水平，但可以解政府的燃眉之急。所以很多政府都把它视为良方。

年报补充道，通货膨胀也可能是政府报复民众的一个方式。当政府出现长期财政赤字问题时，它的公信力就会降低，国民往往会减持政府债券，政府就会通过通货膨胀的方式弥补财政亏空，从而使人民生活水平降低，最终报复民众。所以不论是对于政府还是民众，现在只有两条路可走：要么现在花大钱还债，要么在未来花更多的钱还债。第一种方法可以避免以债还债的局面，能使经济迅速稳定下来；第二种方法则是现在很多政府采取的方法，它们通过大规模举债投资来解民众和银行的燃眉之急，这种方法严重阻止了家庭、企业、政府实现收支平衡的进程。

美国采取的就是第二种方法。美联储主席本·伯南克（Ben Bernanke）的量化宽松政策可能是从冯·海文斯坦（von Havenstein）那里学来的。"著名"的鲁道夫·冯·海文斯坦（Rudolf von Havenstein）是 20 世纪 20 年代德意志银行的行长。他一手推动了德国的恶性通货膨胀和马克恶性贬值。无独有偶，在 95 年后的 2008 年（2007~2011 年经济危机刚开始的时候），伯南克就推动了美国经济的超级杠杆化（Hyperleveraging）。这次伯南克对美国经济的重创丝毫不亚于 1923 年海文斯坦的那一次。

海文斯坦和伯南克执意推动通货膨胀，最终使货币贬值，国民经济每况愈下。相比这两位"灾星"，哈佛大学学者马丁·费尔德斯坦（Martin Feldstein）则小心谨慎得多。当时里根总统想提名他为美联储主席。但他坚持政府收支基本达到平衡后他才会上任。这个举动最终惹恼了里根，他转而任命了美国经济的另一位灾星阿兰·格林斯潘（Alan Greenspan）[①]。格林斯潘催生了美国经济的泡沫，他的继任伯南克也没有意识到：

（1）由增发货币引发的哪怕一点点通货膨胀也会引发灾难性的后果；

（2）通货膨胀不仅会挫伤公众信心，而且还会影响政府维持货币稳定的公信力。

以上两点可能就是市场绝望气氛的起点。这种绝望气氛越浓，政府越要干预经济。政府的这种想法是极端错误的。弗雷德里奇·海耶克（Friedrich Hayek）曾在 1994 年发表的著作《农奴制之路》（The Road to Serfdom）里说过，市场是聚集资源的最好机制。不过他同时也提出了这种机制发生的几点条件。

根据海耶克的观点，真正的自由市场（现在已经很少见了）是数百万消费者和生产商智慧的凝聚，这种市场比政府和财阀主导的寡头市场聪明很多。需要澄清的是，海耶克在这里并不是拒绝监管，他只是强调寡头对市场的危害。当今的市场正是被国家超级市场这个寡头垄断的。国家超级市场的手从 19 世纪晚期发展至今，已经遍布了社会的各个层面。这包括：①国家医保；②国家养老金[②]；③免费大学教育；④国有汽车公司；⑤国有银行；⑥国家这；⑦国家那。

正是因为政府的干预，人们的生产积极性大幅降低了。有了国家超级市场这个超级奶妈，所有人只需要饭来张口就好了。人家常说会叫的孩子有奶吃。如果有人觉得送来的饭菜不管饱的话，就上街游行抗议或者罢工[③]，这样政府就会乖乖提高福利待遇了。

民众的要求使得国家超级市场越开越大，政府的成本与日俱增。但任何政府都无法维系这么庞大的福利开支。它们只能从税收要钱，或者从通货膨胀中变钱。事实上，这些钱最终还是从上街游行的老百姓的口袋里掏出来的。

很多人都会认为，政府的金融资产主要包括货币、证券、股权、期权、黄金储备、技术准备金、账款。政府的欠款主要产生在债务（对于另一些政府则是银

---

① 资料来源：Chorafas. Financial Boom and Gloom.
② 虽然破产但是并没有垮台。
③ 不管你信不信，但是在法国，即便是享受福利的人也去参与罢工了。

行和证券持有人）和补贴方面。这样算来，很多政府的欠款是资产的两倍多①。

这种差距是大肆举债和高杠杆化带来的恶果，可百姓对这些经济概念并不感兴趣。在百姓看来，财政缺口、补贴、战争基金、大银行企业救助计划、国家超级市场所带来的巨额债务国家慢慢还就可以了。不过事实恰恰相反，国家的还贷任务相当艰巨，有时候甚至不得不延期支付、用新贷还旧贷等方式还账。此外，借贷产生的高额利息使得财政紧张状况雪上加霜，政府不得不挪用基础建设、教育等基金支付利息。

比方说，法国的税收几乎都被拿去支付贷款利息了。再比如说，《经济学人》曾经批评了希腊的发展模式："如果没有一次借那么多钱②，希腊不会出现那么严重的财务危机。像希腊这样的小国根本没能力维系 3000 万亿欧元（约 4000 万亿美元）的主权债务。"

的确，像希腊、西班牙、葡萄牙、意大利、爱尔兰这样的小国根本没办法还清那么多钱。由于本国中央银行和政府深陷债务危机，这笔钱对于英美两国来说也是一笔巨款。哪怕是新兴发展中国家也无法对这样一笔债务掉以轻心。

所以，一旦政府在债务方面犯错，产生的后果可能是灾难性的。我们不妨看一看爱尔兰的例子（可参见第十章，里面对爱尔兰债务危机有更详细的解读）。爱尔兰政府曾经不顾经济学家反对，给爱尔兰参与杠杆化的主流银行提供全额支持与保障。这样的做法差一点导致了爱尔兰国家破产。

要知道，在 2008 年和 2009 年，爱尔兰的经济还处在高速发展状态。但银行业的惨淡和公共财政的困难使得爱尔兰迅速跌下神坛，成为了欧盟经济领域的"问题国"。

爱尔兰为了救助银行业投入了大笔真金白银。有人曾经统计过，如果这笔钱的比例放大，相当于奥巴马政府在银行业里面投入了整整 4.3 万亿美元。这一数字远远超过了小布什政府和奥巴马政府救助银行业的投入。可惜的是，这笔钱没能救活爱尔兰。2010 年末，爱尔兰公共债务仍然高企，GDP 连续第二个季度缩

---

① 资料来源：欧洲中央银行 2010 年 6 月月报。这一陈述虽然在描述欧元区国家，但是其他民主国家的数据也应该差不多。

② 资料来源：《经济学人》，2010 年 6 月 12 日版。

水，已经在事实上陷入了二次衰退。甚至有人担心政府糟糕的财政表现最终会使爱尔兰政府破产，重新加入英国①。

爱尔兰政府最初的错误最后引发了蝴蝶效应，最终导致了爱尔兰经济的崩盘。在 2006 年和 2007 年之初，爱尔兰的公共债务只占到 GDP 的 23%，这个比例在欧洲几乎是最低的。这个比例在 2008 年增加到了 42%，2009 年增加到了 62%，到了 2010 年预计会达到 78%。

事实上，如果 2010 年真的涨到了 78% 的话（第十章），爱尔兰的债务在 5 年间就足足增长了 3.5 倍。看起来除了日本，很多国家都会经历"消失的二十年"。

第六节　债务政策的管理缺位

2007~2011 年的危机由次贷引发，逐步扩展到银行业，最终演变成了主权债务危机。这场债务风波由家庭到政府，波及了社会的各个层面。为了应对债务危机，很多政府花重金出手救市。不过这个方法并没有收到应有的成效，全社会都在期待新的破解方法。

2010 年 1 月 28 日，乔治·索罗斯（George Soros）在达沃斯世界经济论坛上曾说过："财政监督政策并不能对债务问题进行有效管理。不断积累的债务绝对是每个经济体内部的定时炸弹。"② 的确，债务的这枚炸弹被小布什、格林斯潘和伯南克埋在了美国；被布莱尔、布朗和金埋在了英国；债务炸弹现在不仅遍布欧洲，还埋在了大洋以外的日本。

政府对债务问题的不管不顾已经使这个问题变得越来越严重。不仅如此，政府的金融政策和财政政策往往各自为政，进一步影响了债务问题的解决。金融财政政策各自为政的问题在发展中国家和发达国家都十分常见。金融政策管控的是

---

① 资料来源：《经济学人》，2010 年 10 月 2 日版。
② 援引对索罗斯的电视采访。

资金供应和短期利率，量化宽松政策带来的货币加印就是金融政策的例子。财政政策管控的是政府税收和支出的平衡，政府的财政赤字（或者财政盈余）就是财政政策的例子。

因为西方主要央行（美联储、英格兰银行、欧洲中央银行）在金融政策上有极高的话语权，所以它们可以在没有监管的环境下比较自由地印发货币，在很大程度上帮助政府掩盖了债务问题。因此，在政府首脑、财政部长、央行行长这三驾马车的引领下，货币存量往往在债务危机时急剧上升。

债务政策的缺位不仅仅体现在金融财政制度上，也体现在社会制度上。在这个社会，没有人真正思考过债务的严重后果。所以直到债务危机真正波及央行和政府的时候，希腊等国民众才如梦初醒，开始思考债务社会的种种缺点。政府那时候就必须要控制以下势头的蔓延：①重负债家庭越来越多；②银行的破产风险；③主要货币（主要指美元、欧元）的贬值；④西方主权国家的动荡。

这场席卷美国、欧洲、日本的主权债务危机给市场造成了极大的恐慌。据统计，这三个地区的债务已经超过了 30 万亿美元。不仅仅是民众，大多数投资者甚至都不知道危机什么时候会结束，以什么方式结束。他们也不知道危机的代价会有多严重，不知道究竟是谁会为这场危机买单。

既然债务监管这么重要，为什么很少有国家开展这种监管呢？第一种原因复杂一点，如果采取这种监管模式，政府必须要对路线图式的支出习惯进行改革。第二种原因则很简单了，政府只是单纯地认为这项政策不讨巧而已。

如果再不采取债务监管计划的话，主权债务危机势必愈演愈烈。政府将越来越依靠杠杆工具进行借贷活动，并且用新贷还旧债。现实早已证明，这种砸钱模式对恢复经济没有任何好处。随着债务越来越大，经济越来越糟，等待西方国家的就只有破产了。

我们曾经提到过，法国审计署署长迪迪尔·米高（Didier Migaud）指出，大部分的政府财政赤字是结构性弊端导致的（见上文）。这个结构性指的是国家的各种福利政策，包括养老金、医保、大学学费等。由于经济不景气，税务收入萎靡不振，这些福利现在必须要通过借贷的方式运转。这就是财政的"结构性"问题。

处理债务问题的时间已经不多了。国家现在不仅要尽快达到收支平衡，还要有能力应对偿还债务所产生的种种社会后果。摆在政府面前的只有一条路，那就是尽早向国民解释债务问题的严峻性，支持政府的减债行动。

这类减债行动包括减少国家超级市场提供的福利以及提高税率。政府不能为了选票或逃避反对党的攻击就对这些行动避而远之，否则它们将陷入更大的财务危机。普通民众对减债行动应当有知情权，并且为经济的新常态以及勤俭节约的时代（第七章）做好准备。

政府没有做到以上几点实际上就等于在对公众说谎。不论是在野党还是反对党都有义务告诉大家"奢侈浪费的时代"已经过去，"勤俭节约的时代"已经来临。在勤俭节约的时代里，政府更应该管控杠杆，监管税务，维护金融经济市场的稳定。

不管借贷的初衷有多么好，给过我们多少甜头，它终究对经济产生了严重的危害。的确，去杠杆化和债务监管之路确实不好走，受到"先享受，后消费"思想影响的公众甚至还会对这些行动产生抵触。

不仅难以取得民众的支持，去杠杆化和债务监管在技术层面也存在着困难。一些分析师表示，政府减少货币存量的想法势必会很难执行下去。所谓"请神容易送神难"就是这个道理。

比如，美国政府想要逐步收购资产证券（ABSs）。因为资产证券是一种衍生品工具，所以这场收购在杠杆化的影响下困难重重。再比如，政府（和中央银行）想要加息，但这个想法却被很多坚信零利率好处多多的经济学家所否决。实际上，这些经济学家各怀鬼胎，有的想要吸收存款，有的想要炒养老基金，有的代表了大企业的利益，总之，他们考虑的不是整个国家。

利率一直是金融政策制定者和政府争论的焦点。很多政府认为零利率对处理债务有利，可以降低政府破产的可能。由于债务问题本身的复杂性，越是坚持零利率，债务累积的往往就越多。

再比如，次贷（2007 年经济危机的元凶）已经逐渐被自营交易（Proprietary Trading）所代替。可自营交易本身的未知性和风险性也很大，同时也大量消耗了纳税人的钱。所以说，自营交易没有从根本上解决债务问题。

最后一个例子，美联储主席本·伯南克（Ben Bernanke）在 2008 年决定援助大银行的时候，忘记了建立"退出机制"（Exit Strategy）。英国和欧盟也在经济危机中犯了同样的错误。这种退出机制的缺位使得用钱的效率大大降低，也使得援助计划的风险迅速上升。

现在很多国家政府都没有建立起退出机制，觉得这种机制完全没有必要。可是，"退出"往往比"介入"更加重要。如果说股市崩盘和市场恐慌是旧常态的特征的话，新常态的一大特征应该是成熟的退出机制。可惜的是，这种机制还处于萌芽阶段，建立成熟稳定的债务政策和退出机制在新常态中势在必行。

第七节　西方社会财富的过山车式下降

我们讨论了经济活动中"正态"的重要性。实际上，研究正态不仅可以帮助我们厘清经济活动的基本概念，还能帮我们建立金融资本化模型，促进民主决策。可事实往往恰恰相反，往往是政府先做决策，然后再在决策引导下制定模型。

人们常说摸着石头过河。的确，金融海啸就是一条波涛翻滚的大河，政府必须要对水的深浅足够敏感才不至于失足落水。为了稳定经济，政府必须有滚石上山的胆量和敢为人先的决心。可惜的是，现在绝大多数政府和中央银行没有这样的魄力，它们还在用土办法治理新问题。所以，只有理解新常态的内涵才能对症下药，直达病灶，最终实现经济的稳定甚至增长。

人们常说对付旧常态的经济危机有三宝：增税、投资、印钞票。人们运用这些办法处理了"一战"后很多次经济危机。危机越大，印的钞票越多，投资越大。可是，政府却从来没考虑过大投资的收效，也没有考虑过这种政府能不能负担得起大型投资，这些投资有没有可持续性。

其实，债务也是旧常态中常见的经济手段。在旧常态中政策收效周期比较长，所以危害性还不是那么明显。可是在新常态里面债务体量实在太大，税收又比较低，这样债务就会对政府，尤其是富裕福利国家的政府造成灾难性的后果。

债务的一个灾难性后果是国家变得越来越穷了。如果再没有政策阻止债务危机蔓延的话，民众和政府的隔阂会越来越深，最终可能会对政府彻底失去信心。

民调显示，75%的民众认为斥资数亿美元的大型救市计划最终没有取得应有的效果，百姓仍然生活在债务的阴影里。如果你问一问政府官员对赤字问题严重的医保计划有什么对策时，大多数官员都没有任何答案。经济已经从旧常态走到了新常态，可官员的理念还是止步不前。他们甚至连计划的草稿都还没有打，也没有厘清经济活动的利害关系，救市计划根本就是无稽之谈罢了。

在政府量入为出（Tax-and-spend）政策的影响下，西方财富正坐在过山车上以自由落体的加速度下跌。1980~2007年的债务增长和经济停滞都可以说明这一点。

债务不仅影响着政府，还影响着企业和公民。欧洲中央银行的数据显示，欧洲非金融企业债务与GDP的比例从1999年1月的53%增长到2009年1月的83%[①]。短短10年内，这一数字就增长了57%。

麦肯锡环球的调查则显示，10个成熟经济体的个人及公共债务从1995年的200%上升到了2008年的300%。冰岛和爱尔兰的增幅则更为惊人（第十章），它们的债务GDP比分别是1200%和700%[②]。

这些数据的增长可不全怪贸易经纪人以及金融炒家。正是政府对金融杠杆的纵容才使得债务一路攀升。虽然很多政府想靠增税自救，但多出来的钱无异于杯水车薪。政府领导的投资项目也大多成效甚微。因为以上方法效果缺乏足够论证，所以这么多救市政策也未能对症下药，阻止美国、日本、英国、欧盟债务问题的蔓延。

大投资、乱投资就是一个缺乏论证的方法。由于方法缺乏公信力，美国金融服务商和保险公司在2010年足足花了125万美元游说政府官员，这一开销比2009年增长了11%。根据美国廉政公署[③]的统计，金融业足足派出了3000名说客说服国会批准财政改革法案（多德—弗兰克法案）。

---

① 资料来源：欧洲央行2009年9月月报。
② 资料来源：《经济学人》，2010年6月26日版。
③ 一个无党派研究团体。

在这些说客的影响下，很多议员都不顾纳税人的看法，最终通过了此项法案。2010 年 6 月 14 日，国会道德办公室就对 8 位立法委员的资金来源问题开展了调查。这些立法委员均是来自众议院金融服务委员会或筹款委员会的高级议员[①]。

政治中金钱交易对国家的金库可谓有百害而无一利。在《国际先驱论坛报》的一篇文章中，托马斯·L.弗雷德曼（Thomas L. Friedman）曾经对发展中国家和美国的金融政治丑闻进行过批判："银行和跨国跨境基金往往会在落地哈萨克斯坦和阿根廷这种国家时雇用政治专家来进行'政治风险分析'，但是他们也马上要在美国这么干了。"[②] 这不得不说是美国的一种悲哀。

托马斯·弗雷德曼在文中并没有提及"政治风险分析"究竟算是美国的"旧常态"还是"新常态"。我们只能期待政客能在风云诡谲的经济条件下洁身自好，弄清个人利益和公共责任的区别，更好地服务老百姓。不过好像这些政客不洁身自好也没有多大关系，因为不论百姓还是政府都还没有意识到债务问题的严峻性。

[①] 资料来源：《经济学人》，2010 年 6 月 19 日版。
[②] 资料来源：《国际先驱导报》，2010 年 2 月 1 日版。

第三章　权利和结构的脱轨

第一节　债务是条九头蛇

在索福克勒斯的著作《艾杰克斯》（Ajax）里，智慧女神雅典娜说过这样一句话："一天可以使人腰缠万贯，一天可以使人倾家荡产。"雅典娜不愧是智慧女神，只用 20 个字就一语道破了近 25 年来欧美经济问题的症结所在。

正如雅典娜讲的那样，人们在面对危机的时候往往束手无策。那么，究竟应该怎么做呢？人们可以学习希腊神话里的另一个人物赫拉克勒斯。传说蛇妖许德拉有九个头，如果其中一个头被砍下，几秒内新头就会长出来。赫拉克勒斯是如何制服九头蛇的呢？他首先了解了九头蛇的弱点，于是他先把许德拉的头砍下来，再放到火里烧，这样头就不会再长出来了。在重建经济的过程中，我们就要学习赫拉克勒斯，抓住危机的弱点，不墨守成规，有勇气直面最严峻的挑战。

在民主社会中，一个非常严峻的挑战是清楚明白地告诉民众债务危机的真相和可能产生的后果。由于民众之前是债务的既得利益者，所以一旦把债务不好的一面告诉他们，产生的后果可能不亚于一场革命。只有通过这种思想文化层面的革命才能彻底革除顽固的借债之风，才能为真实资本的进入开辟新的道路。

借贷之风盛行是有它的道理的。毕竟公民在 1928 年的时候就可以自由地借钱消费了。在同年 5 月的纽约，城市银行正式接受了 500 个个人借贷申请。第二天，它们又接受了 2500 个申请。在随后的几年，数百万美国人加入到了借贷的队伍中①。

相比于个人，国家政府借贷和杠杆化的历史就更久了。佛罗伦萨的巴蒂（Bardi）银行就是因为给英国亨利八世贷款才破产的。英国的巴林斯（Barings）银行也差点因为给拉美和美国政府放贷步了巴蒂银行的后尘（这要多亏英格兰银行在 11 小时内的紧急救火）。

因为银行当时的投机行为太过严重，罗斯福政府在 1929 年第一次大萧条发生后制订了格拉斯—斯蒂格尔法案（Glass–Steagall Act）分离银行的商业和投资业务。但是在 1999 年，大型银行最终成功怂恿比尔·克林顿废除了这一法案②，这也为 2007~2008 年的危机埋下了祸根。

2000~2007 年，华尔街产生了 1.8 万亿美元的次贷，雷曼兄弟、美林投资银行、摩根斯坦利等公司发行的次贷衍生证券更是高达 13.4 万亿美元。前雷曼兄弟交易员罗伦斯·G.麦克唐纳德（Lawrence G. McDonald）在目睹了公众和资本近乎狂热的信心后说："格拉斯—斯蒂格尔法案的废除给经济埋下了祸根，正是因为商业银行有着大笔存款，它才可以玩起收购投资银行的金融游戏。"③

随着格拉斯—斯蒂格尔法案的废除，债务这条九头蛇的头颅渐渐抬了起来。由于布什政府信奉自由市场，忽视了市场监管，美国商业和投资银行的投机行为与日俱增，开发了很多特殊金融服务（SPVs）和缺乏公信度的结构产品④。受到再融资补助以及格林斯潘治下美联储政策的鼓舞，银行自营交易的透明度越来越低，银行业至此朝着南墙一去不回头。

银行业不是这场金融海啸的唯一推手，普通民众也难辞其咎。百姓为了提前享受生活大量借贷，又运用政治力量获取更高的福利待遇，在下文我们会讲到，百姓这样的做法其实和大银行没有任何的区别。

---

① 资料来源：D. N. Chorafas. The Management of Bond Investment and Trading of Debt. Butterworth-Heinemann.London，2005.

② 格拉斯（Carter Glass）是威尔逊政府的财政部长，他是第一个了解银行运用储户存款投机的手段以及数目的人。

③ 资料来源：Lawrence G. McDonald and Patrick Robinson. A Colossal Failure of Common Sense，Crown Business. New York，2009.

④ 资料来源：D. N. Chorafas. Financial Boom and Gloom：The Credit and Banking Crisis of 2007-2009 and Beyond.Palgrave Macmillan.Basingstoke，2009.

监管机构和大银行的合作则在最后唤醒了债务这头蛇妖。《新巴塞尔资本协定》(Basel Ⅱ)① 给了风险资本大量进入低风险市场的权利。随后，几乎所有银行都钻了协议的漏洞，赚取大额利润的同时也带来了大额的风险。

在政府、中央银行、监管机构的携手努力下，债务这条九头蛇终于展现了它的威力。特殊金融服务 (SIVs) 是它的零食，债务抵押债券 (CDO)、资产担保证券 (ABS) 等证券化资本是它的正餐。九头蛇的猎物正是银行业和金融炒家们。

然而投机者们还在做最后一搏。他们债生债的交易模式使得通货迅速膨胀。美联储主席艾伦·格林斯潘和他的团队做出的维持低利率的决定更刺激了投机者的投机心理②。如果时间可以倒退，多希望格林斯潘和其他金融监管者可以听取莎士比亚《雅典的泰门》里面雅典参议院的意见："世界上最可怕的罪恶就是仁慈。"

可惜的是，这些监管者却一直在继续着仁慈的监管政策，最终使问题愈演愈烈。中央银行和监管机构的做法无疑助长了债务这条九头蛇的嚣张气焰。就像雅典娜在索福克勒斯的《艾杰克斯》中预言的那样，国际财富在迅速蒸发：

（1）2007 年金融海啸爆发；

（2）2008 年银行业告急；

（3）2009 年经济刺激计划破产；

（4）2010 年主权债务危机爆发。

我们可以看到，短短几年内，灾难接踵而至，政府和金融机构救市的真金白银打了水漂。然而对于中央银行和政府来说，救助计划的无力才是真正可怕的事。有专家认为这一切都应归咎于金融衍生品工具。可他们忽视了过量并且难以偿还的债务才是这一切的始作俑者。

面对债务九头蛇对财富的蚕食，不管是真是假，大型银行和保险公司绝不能够破产。在欧美各国，即便政府濒临破产，也要给大银行提供金融保护，和九头

---

① 资料来源：D. N. Chorafas. Economic Capital Allocation with Basle Ⅱ: Cost and Benefit Analysis, Butterworth-Heinemann, London and Boston, 2004.
② 他给人的感觉是他好像想要把这次危机加剧成 "二战" 以来的最大一次危机（2007 年第二次大萧条），这样他就可以被 "载入史册"。

蛇做最后的一搏。

在美国，这种政策被称作"格林斯潘政策"，① 这个政策动用大笔资金对大型银行进行全方位的保护。可是人们没有意识到，这种做法正在一步步把国家逼向破产。格林斯潘砍下了债务的一个头，债务却生出了更多头，进一步吞噬纳税人交给国家的钱。大型财团利用国家保护继续大力拓展业务，而政府财政赤字却越来越大，甚至达到无力偿还的地步。

很多经济学家都表示，救市计划带来的问题比市场本身的问题更为严重。他们还同意美国、英国、爱尔兰、西班牙、葡萄牙、希腊和其他西方国家的财政缺口还将持续维持在 10% 的高位。如果情况真的是这样，这些国家的市场恐慌心理将会加剧，债务服务成本将随之提升，国家经济将会雪上加霜。

金融政策的失序，主权债务的高企，经济的衰败……种种现象都让投资者不禁问一个问题，主要国家到底有没有能力控制债务问题。在这次危机之前，很多人都认为即便债务占到 GDP 的 60%，国民经济也是安全的。有些经济学家甚至乐观地援引日本的例子，认为债务占到 GDP 的 200% 也没有关系。但是这些人忘了，正是高负债引发了日本的经济危机。那么作为世界最大经济体的美国当然也不能在与日俱增的债务压力下独善其身了。

与此同时，除了在庞氏骗局中狂卷 650 亿美元的麦道夫（Bernie Madoff），没有哪个投机者真正受到了法律的制裁。有的人成为了公司的高层，原来的高层则早已赚得盆满钵满，享受着惬意的退休生活。这些没有责任感的人最终乘着降落伞逃过了惩罚，实现了平稳的人生着陆。

第二节　什么叫作没有义务的权利

当代经济正处在变革期当中。虽然不能说我们现在所处的历史阶段和之前的

---

① 伯南克紧接着也犯了一样的错误。

完全不同，但我们已经通过第一章对新常态的定义，使读者了解了当下经济的一些特点。由于政府的不作为、商业投机以及未知风险，我们正站在历史的十字路口。历史很有可能把 21 世纪的头几十年定义为"债务年代"。

这一代人和下一代人可能还会缅怀债务的好处，但我们必须彻底忘掉借债，因为我们已经没有退路。现代人往往贪图享乐，不专心工作。这样的弱点很有可能成为一个黑洞，把国家日积月累的财富吸干。现在公共财政的危机和银行的破产就是吸干财富的一个苗头。

越来越多的债务使人们不禁联想到了古希腊政治家伯里克利创造的黄金时代。那个黄金年代仅仅维持了 30 年，基本和 2007 年之前的"黄金年代"时间持平。那时的雅典和现在很相似：福利的补贴大大超过了政府的财政收入，当战争侵略带来的利润降低时，雅典也陷入了债务危机中。为了使财政平衡，伯里克利开始了铁腕政治，把民主的雅典推向了专制，最终引发了伯罗奔尼撒战争，彻底拖垮了古希腊。

现代社会的举债风潮则起源于 20 世纪 70 年代，渐渐风靡于 80 年代，随后因为各种权利运动的影响有所收敛。理论上说，现在西方社会的高生活水平是由科技发展带来的，宇宙研究、电脑的发明、机器人的运用、通信技术的革命、网络的诞生和生物技术的发展在各方面提升了人们的生活质量。然而，这个理论实在是有点过于简单了。科学无关道德①，不涉及利益，只是为了探求真理。所以，科学自身并不能解释人民福利的提升。实际上，我们生活水平的提升很大程度上是贷款行为带来的。不过我们在前两章已经反复说明了债务的累加实际上是对民众不利的。由于欠款数量巨大，人们把责任的重心放在了还贷上，忽视了公民的其他义务，所以债务对公民的责任感是一种摧毁。

当代希腊就是公民责任感缺失的一个最好例证。随着社保水平和福利待遇的不断上升，人们开始把高福利当作理所当然，进而失去了努力工作的动力。用《波兰共和报》②的话来讲，希腊已经"病入膏肓"。

---

① 无关道德不是说科学是不道德的，事实上，人类观测世界这一行为本来就没有道德不道德之说。
② 引用来源：《法兰克福汇报》，2010 年 5 月 10 日版。

《波兰共和报》同时指出，希腊的下一代人很有可能认为"体面的生活不用靠劳动获得，高福利原本就是天赋人权"。下一代人有这样的想法，老一辈人难辞其咎。我们不能忘了，"二战"后出生的"下一代"都是在国家和父母的呵护下成长起来的，他们已经开始逐渐忘了艰苦奋斗的意义，理所应当地认为父母和国家就应该是他们的保护伞[1]。

近几年来，这种理论已经成为欧洲的主流思想，并逐渐向美国蔓延。个人责任感的缺失以及对艰苦奋斗的鄙弃已经使生养他们的国家气喘吁吁。即便如此，一旦有人想减少他们的福利，他们就会群起而攻之，唾骂这些人想要剥夺他们的权利。

《波兰共和报》为此一针见血地指出："希腊的示威者不是怕饿肚子或者怕生大病没人付钱，他们只是觉得他们有'富'的权利。不论是左翼、右翼和中间派政党都不敢告诉这些示威者这世上根本就没有'富'的权利。既然没人会相信哈利·波特是真的，为什么有人会相信这世界上有'富'的权利呢？"

虽然《波兰共和报》针对的是希腊民众，但这个道理对整个西方世界都是适用的。《波兰共和报》揭露了西方人只想拥有权利，不愿履行义务的特点。由于受到周围和社会环境的影响，越来越多的西方人都以为福利待遇是天赋人权，永远不需要靠辛苦努力来获得[2]。这个想法本身就是十分令人不安的。

在古希腊和古罗马衰败的日子确是奴隶的黄金时代，奴隶开始把"工作"当成了恢复自由身的手段。辛苦劳动在那时改变了很多穷人的命运。与之相反，在当今美国，就连破产也变成了人们的"权利"。现在，破产不再只指身无分文，花钱超过收入也可以叫作破产。人们也不再以破产为耻，反倒觉得自己"破产"是因为运气不好。当消费者没能力偿还信用卡账单时，他们就开始怪宽松的刷卡政策。他们没有意识到，自己的错误不是发卡方导致的。政府也在一定程度上助推了这种社会风气。在消费者没有能力偿还抵押贷款的时候，政府依旧在鼓励公民买房。借贷的确是人的权利，可人们却没有履

---

[1] 伯南克也曾在演讲中向华尔街承诺："你们做你们的就好，美联储会做你们的后盾（即收拾烂摊子）。"我们已经看到，这句话最终一语成谶。

[2] 我们可以从法国非法移民给政府施压的口号"人人皆有安居权"看出这一点。

行应尽的义务。

在政客维持高福利的背景下，人们对债务的态度早已发生了转变。人们都知道有钱能使鬼推磨，可现在有债就可以了。随着杠杆化的渗入，人们现在已经可以拿债当钱花了。债务吹大了虚拟经济的泡沫以及贪欲的膨胀，树立了错误的道德榜样。

2007~2011年经济危机已经表明，虽然我们对复苏实体经济有一定经验，但我们真的是拿虚拟经济束手无策。虚拟经济的未知太多，风险太大，任何人都拿不出行之有效的手段。这种新型未知的债务主导金融环境有以下几个特点：

（1）复杂的新型金融产品；

（2）衍生品工具主导的新型财富模式；

（3）缺乏监管且充满未知的国际市场。

把巨额债务、监管缺位、技术、国际化等特点加在一起，投机行为的出现也就不稀奇了。管理投机行为需要魄力与方法，但现在有魄力的人和有方法的人都太少太少了。有人曾经说过，西方社会急于向发展中国家输出的民主价值观本质上还是政客、投机者和银行家操纵的。广大民众从民主制度中获得的福利欠下了巨额的债务，而债务最后还是要靠百姓来还。

第三节　福利制度

西方社会在大萧条后，尤其是"二战"后经历了经济的快速发展，社会福利大幅进步。这样那样的福利给当今西方社会造成了不小的压力。西方世界的老龄化使得政府赌上了下一代的未来，举债满足老年人的福利。从社会和经济两个角度而言，福利制度都造成了社会的不安定因素。在法国，福利被称作"应得社会收益"（Les Acquis Sociaux），这种收益已经变成了法国的国策，即便债务缠身政府也要坚持执行下去。

福利制度包括养老金、免费医疗和其他国家超级市场提供的福利。这种广泛全面的福利保障给国家带来了不小的压力，每个人从摇篮到坟墓都会收到几笔改善生活的小钱，然而这几笔小钱在社会的压力和政府的软弱下已经逐渐变成了一笔巨款。

福利越来越多的一个重要原因是，老百姓已经逐渐学会了操纵民主这个杠杆。通过施加政治压力，他们总能获得政府的妥协让步。他们已经学会利用政客对大选的恐慌，把选票投给"发糖"最多的政客，从而赢得一个又一个的社会福利。殊不知，这些福利其实也产生了极大的副作用，比如：

（1）医疗保险使得人们减少了人们对自身健康的关注（越来越多的肥胖人群就是个例子）；

（2）新生儿补贴使得有些父母把生孩子当成了自己的工作；

（3）失业补贴和工作的税负共同减少了人们找工作的积极性；

（4）因为健康问题，公交车司机、铁路职工和其他一些职业 55 岁就可以退休了[①]；

（5）每个人都有 3~5 周的年假，出国旅游已经不再是一种奢望；

（6）银行高管虽然导致了这场金融危机，却可以领取丰厚的救助津贴；

（7）随着消费者保护意识的增强，律师通过控告大公司牟利的行为已经成为了一种政治渠道。

不过，要说最愚蠢的福利还是"一月双薪"制度。迫于公众压力和选举需要，一些软弱的政府竟然立法通过了 12 月"一月双薪"制度，给公众多发一个月工资来欢度圣诞节。这还不算完，这些政府又立法给公众多发一个月的工资来欢度复活节和其他节日[②]。虽然日历上一年只有 12 个月，但国家超级市场竟然给民众发了足足 14 个月的工资。

诚然，有一些福利制度的设定是不理性的，但在新常态的背景下，没人知道

[①] 根据《纽约时报》，在希腊有超过 580 种职业被列出"高危职业"，在这些职业中，女从业者的退休年龄是 50 岁，男从业者的退休年龄是 55 岁。这些"高危职业"甚至包括理发师（因为他们会经常触碰化学品）和管弦乐团中的铜管手（因为噪音太大）。

[②] 希腊在这一方面确实独一无二。但是，其他国家的超级国家市场体制也有差不多的福利。在德国，从业者也会获得整整一个月的额外工资。

该如何处理这些福利，没人知道该用多长时间处理，也没有人知道取消这些福利会在多大程度上帮助国家缓解财政危机。这时候，我们不妨问问以下几个问题：

（1）在财政危机的影响下，西方国家的福利制度还能走多远？

（2）考虑到市场的波动和风险，养老金和医保制度如何维持自己的生命力？

（3）家庭必须要转变对消费和补贴的态度吗？消费态度对国家的哪些部门会产生影响？民众信心会不会因此下挫？

（4）政府和中央银行会如何处理失败的投资计划？它们如何挽回这些计划中的损失？

由于过度的杠杆化，预测经济增长变得极其困难，回答这些问题的难度也增加了。一种答案是，经济的复苏会带来税收的增加，财政缺口会因此减少。不过，这只是一种可能性而已。

还有一种可能，那就是公众信心的缺失会促使政府削减公共开支，增加税率。这样的话民众的日子就不好过了。约翰·凯（John Kay）曾经在《纽约时报》发文说："对未来要抱谨慎乐观态度。"他补充道："我们要对政府的话保持信心。"①

2007~2011年以来的各种经济问题是各国政要不得不面对的一个重要议题。在制定政策时，政府还需要考虑民意，毕竟他们定下的政策离不开百姓的参与。即便21世纪的经济问题已经相当复杂，民众的参与还是会对以下这些问题的解决产生帮助：

（1）政府在处理债务问题时，如何尽量减小对社会的影响？

（2）继续执行宽松货币政策的弊端是什么？这类政策会不会助长通货膨胀？

（3）在金融投资贸易的现行风险下，如何进行资产分配效率最高？

（4）如何将债务危机的后果合理分配给这一代人和下一代人？如何给公众满意答复？

公众的参与还有另一个好处，那就是他们可以更好地理解经济软着陆给福利制度带来的压力。在不断增长的福利压力下，西方社会在以下几方面正面临着严重的挑战：

---

① 资料来源：《金融时报》，2010年9月22日版。

（1）失业率居高不下；

（2）教育条件越发恶劣；

（3）家庭的瓦解；

（4）收入不平等；

（5）政府机构的信任危机；

（6）对社会变化反应迟缓。

社会福利制度预期和实际效果的巨大反差不仅展示了政府宣传的不靠谱，也反映了人类本能的集群效应。根据集群效应，越大的东西越稳定。正是大规模的福利制度掩盖了很多问题，进而增加了解决问题的复杂性。

此外，要想削减社会支出，平等的听证必不可少，可现代人往往心怀鬼胎，绞尽脑汁从制度中获益。骗保这类事情就是这样出现的。这样的事件使得公平的听证环节出现长时间的缺失。

从有关医保的例子中我们可以发现，政府对骗保的反应是非常迟钝无效的。美国司法部长艾瑞克·霍尔德（Eric Holder）称 2010 年 7 月 16 日是美国保险历史上值得铭记的一天。在那天检方在美国 5 个城市一共起诉了 94 位骗保人员。他们从政府针对老人和穷人的医保项目里共骗得了超过 2500 万美元的救助金[1]。

在法国，符合国家超级市场医保救助条件的人群约有 5000 人。可是全国却一共有超过 6000 万张医保卡。这些多出来的医保卡持卡人享受了他们不该享受的挂号便利、看病便利和药品便利。更糟的是，因为医保政策的原因，检方甚至查不出是谁在盗刷医保卡。

西方社会公民实在是太依赖国家超级市场的医保政策了（只有瑞士规定公民应该用商业医保解决个人看病问题），他们甚至已经忘了自己才是身体的主人，国家充其量也只是一个保险公司而已。

---

[1] 资料来源：《经济学人》，2010 年 8 月 14 日版。

第四节　养老金和新常态[①]

有人说，不受经济形势左右的福利制度才是真正的福利制度。时间退回到1921年，那时世界经济正徘徊在"一战"后的谷底。当濒临国家破产的德国还在为战争赔款发愁的时候，政府却推出了巨大的社会保障计划，它包括但不限于：

（1）8小时工作制；

（2）给穷人的医疗和福利保障；

（3）失业保险；

（4）给老兵和寡妇的补贴。

政府为了推行以上福利不得不大量举债，最后给社会留下了一个"谁来还债"的问题。传统的公共债务衡量的是政府的还款能力和还债信用。比较来说，一个叫作"代际核算"（Generational Accounting）的新算法可能更适应经济的新常态。这种算法主要衡量的是政府现在和未来的支出预算和税务收入。

以上两种不同算法分别告诉了国家政府应该现在提前存好多少钱来给未来填补财政亏空。这种做法能起到很好的示范作用，给深陷债务泥潭的国家以新的希望。除了教育和国防开支，"代际核算"的预测作用主要体现在养老金和医疗保险上[②]。

支持者认为代际核算可以帮助社会更准确预测未来老龄人口给青壮人口及子孙后代带来的福利压力。这种说法十分新颖，因为它一针见血地指出福利制度不一定是社会的黏合剂，有的时候它甚至造成了社会的割裂。

养老金就是最好的例子。1889年德国首相俾斯麦第一次发明养老金这个概念时，德国的预期寿命只有45岁。当时他只是想给那些不能工作的人发点福利

---

①② 资料来源：D. N. Chorafas. The Social Cost of Business: Education and Employment in the European Union, London, 2011.

而已。然而，在法国，人们在退休后平均可以领26年的养老金[①]。

我要在这里再次重复一下我的观点。新型债务及福利制度的最大阻力不是别的，而是老百姓和政客口中"先享受，后消费"的理念。如果人人都树立起"存钱防饿，存钱防病"的观点，事情就会好办很多了。笔者说存钱防饿可并不是耸人听闻，因为绝大多数人对退休之后的生活并没有任何概念。据说约有47%的英国青年女性没有个人养老保险，而在55~64岁的女性中，这个比例也只有22%。如果债务危机没有改善，国家养老金系统就有崩溃的危险，她们也就有了受冻挨饿的可能。

常言道，天助自助者。国家养老金和企业养老金并不能成为每个人养老的依靠。数百万工人可能因为国家养老金政策的改变（援引《泰晤士报》）在退休后穷困潦倒。英国养老金事务主管曾承认他正在考虑通过立法，放宽对私营养老计划的委托，冲淡公共财政的压力[②]。

由于人口老龄化，养老金问题已经成为了新常态中的一个重要挑战。除了政府养老金（因为1930年的旧观念）负债累累，濒临破产之外，个人养老金系统也存在这管理混乱等种种问题。

除了个人养老金系统的混乱外，西方中央银行维持低利率也是元凶之一。养老基金由于不能在银行存款中获利，就开始把钱投向一些风险更高的理财产品[③]。

BP公司因为其高分红低风险的特点，曾经受到英国养老金的青睐。可是受到席卷整个墨西哥湾的2010年银行业危机的影响，BP在2010年中旬宣布无法给英国养老金提供分红。这对英国养老金系统的打击实在太大了。要知道，BP的分红曾经占到养老金收入的1/6[④]，占到养老金投资收入的50%多。BP的声明降低了养老金的净资产。

---

① 巴黎等地在2010年9月和10月爆发了大规模的示威活动。示威者高喊口号，抗议法国政府将退休年龄从60岁增加到62岁的提议，要求政府给他们"几年安详的退休时光"。可是，这"几年"可是足足有25年，国家的福利压力将会空前巨大。

② 资料来源：《泰晤士报》，2010年9月20日版。

③ 资料来源：D. N. Chorafas. Alternative Investments and the Mismangement of Risk, Palgrave Macmiilan. Basingstoke, 2003.

④ 资产债务的集中是管理失误的一个极好例证。

在这场危机中，个人养老金也深受其害。2010 年 3 月中旬，迫于机组人员长达三天罢工的压力，英国航空公司和工会共同宣布它们将努力填补 37 万亿英镑（约合 57 万亿美元）的养老金亏空。英航打算把养老金系统的本质由固定受益（Defined-benefit）改成固定交款（Defined-contribution），上交的养老金比例也可能会占到员工工资的 30%。

看起来，"不确定性"已经成为了养老金系统的"新常态"。9 月 22 日的《金融时报》曾经统计过，整个欧盟的公民需要往养老金系统里面存超过 1.9 万亿欧元（约合 2.5 万亿美元）的钱才能维持他们的生活水平（在英国和德国情况更加严重，这一数字分别达到了 3800 亿欧元以及 4700 亿欧元）。①

吸收个人存款是养老金系统的一个解决方案，但这个方案在国家超级市场的影响下收效如何还不得而知。毕竟，国家超级市场提供 65 年超强福利保障（笔者曾经和笔者表弟提起过"必须"要存钱养老的事，可是他却说，他挣的工资现在都不够养活自己，哪里有额外的钱养老呢？）。面对经济和社会的双重压力、个人投资理财收益率的下跌、经济陷入衰退、长寿风险的存在，养老金系统举步维艰，必须要提前对未来做好预算②。

可是，还是有很多人对此表示乐观。他们觉得只要个人还有精力赚钱的话，以上这些负面因素就和自己没有关系。如果公共社保或者他们的养老金出现了问题，他们还可以出去赚钱。他们的说法只对了一半。我们先不管外部经济条件的影响，在 60 岁的年纪能不能找到工作这本身就是一个巨大的挑战，而且更糟的是：

（1）法律可能会修改；

（2）医疗成本可能会增加；

（3）长期医疗方案可能会很昂贵，拖累整个老龄保障系统。

综上所述，福利制度现在真的是已经步履维艰了。随着财政赤字的增加，国

---

① 按人头来算，英国公民的情况要更糟一些，他们每年需要多存 12300 英镑（资料来源：《金融时报》，2010 年 9 月 22 日版）。

② 在当今西方社会，子女赡养老人的模式已经和"二战"前截然不同了。

家超级市场正处在歇业的边缘。所以在新常态时代，人们应当有自己的家庭保障机制作为养老金和医保的补充。之前德国和英国的例子也能说明它的必要性。

为了防止在主权债务危机里越陷越深，政府应当提升个人缴纳养老金和医保的比率。拿出治理二氧化碳排放的决心处理福利危机。政府还需要制定长期的福利体制，拿出切实有效的手段（就像布莱尔收取二氧化碳排放税一样）。

第五节　中产阶级困境

过高的国家超级市场福利产生的一个重要原因是，政府和民众都误解了财富是什么。理论上说，财富包括了商品以及资产，比如土地、工厂、机器等。这些资产给创造商品提供了可能，使人们获得了收入。因为服务是生产、派发、零售中不可缺少的一环，服务现在也被算作商品，那么也就变成了财富的一种。

按照这种定义，金融资产根本就不能算作财富。这是因为这些资产建立在债务和还债义务上。可是金融服务或许可能算作财富的一种，因为它确实通过贷款、投资、代理等方式增加了收入。

即便金融资产的增减并不影响财富的多少，也有一些人认为金融资产是财富的一种。他们认为金融资产在资金流转、成产、分发等环节起到了促进作用，使资产变成了一种商品，当然也应当算作一种财富了。

可是上面提到的这种杠杆化操作虽然能够使人用较少的钱获得较高的利润，但它本身并不是一种财富。换句话说，财富绝不是靠杠杆就能获得的。政府、银行、家庭的这种杠杆化做法虽然让自身财富膨胀，但这种膨胀其实只是一种泡沫，一旦破灭，最终受害的还是自己。对于杠杆化的投资来说也是这样，当人们借钱购买溢价或者投机资产的时候，他们并没有挣钱，一旦经济形势稍有不利，他们马上就会开始亏钱。对于大规模救助计划来说，道理也是一样的。一些经济学家已经开始对"过杠杆化"提出了以下两个假说：

（1）金融资产杠杆是不是在长期促进了经济的发展？

（2）还是说金融资产杠杆限制了经济活动热情，打击了商业积极性？

不同的专家对这些问题给出了不同的答案，不过经验告诉我们，第二个答案的可能性比第一个答案要大得多。这是因为中央银行和政府一再发行货币，援助金融机构和市场，最终可能会导致市场信心持续走低。

最后的杠杆化的恶果还是要老百姓买单。老百姓在未来可能不得不吞下失业、高物价、高税率、投资财富缩水等苦果。在老百姓中，受毒害最深的可能是被称作现代国家支柱的中产阶级。

除此之外，普通家庭可能会受到两次杠杆化的致命打击，第一次来自于自身债务习惯的杠杆化，第二次则来自于福利系统债务负担的杠杆化。这两次杠杆化可能造成更高的税率和通货膨胀水平，现在也没人知道这部分亏空应如何弥补。

更糟的是，现在社会环境对中产阶级的发展壮大十分不利。虽然人们把中产阶级称为现代西方社会的基石，但西方社会对中产阶级的定义也十分不同。在英国，中产是没那么富有的代名词，在美国，则是没那么穷的人的代名词[1]。

不管如何定义，中产阶级和社会上的其他阶级一样，享受着福利国家优渥平等的待遇。不过从长期来看，"优渥平等"的待遇是建立在对劳动者的税负的基础上的，可现在西方社会好吃懒做的风气盛行，人人都不愿意劳动，哪来的优渥平等的福利呢？

瑞士圣加伦州威格林银行（Wegelin）的评论指出，平等优渥的福利来源于西方社会和不公命运抗争、努力改变自身命运的精神，可是现在人们却以艰苦奋斗为耻，仇视财富以及成功（那就相当于仇视税收的来源）："人们仇视劳动、仇视生产。人们已经遗忘古希腊遗留下来的美好品德和奋斗故事，欧洲已经失去了自己文化的根，历史的根。"[2]

不仅仅是在欧洲，同样的剧情也在美国和日本反复上演。不论上面所说的是对是错，西方丧失国际竞争力已经是一个不争的事实。新兴经济体往往没有冗杂的社会网络，也没有庞大国家超级市场的限制，而且在国际市场上跃跃欲试，这

---

① 资料来源：《经济学人》，2010年10月9日版。

② 资料来源：Investment Commentary No. 270，Wegelin & Co，St Gallen，Switzerland.

些都给西方国家带来了很大的挑战。

由于中国、印度、巴西等国能够轻装上阵，往往它们的经济表现要比西方经济更好。由于没有福利制度拖累，它们没有了债务的压力，经济也就驰骋得更快更远。

现在西方国家的金融财政政策远没有收到预期的效果，再加上财政纪律的松散，它们正在一步步往绝路上走。它们甚至还想通过 G20 会谈拉发展中国家一起下水。

发展中国家的领导人其实没有任何理由参加 G20。不过既然会议是西方国家组织买单的，他们最终还是参会了。不过，发展中国家在会上竭力保护自己国家的中产阶级，防止出现西方的中产阶级困境。总之，它们比西方国家想得要精明许多。在会上，他们熟练运用苏格拉底所说的"问题的艺术"来思考问题：

（1）西方国家领导人到底想做什么？

（2）西方国家的目标和发展中国家有没有冲突？

（3）西方国家会不会允许发展中国家参与西方国家经济的重建？

相比之下，西方领导人就没有那么精明了。我这里的"精明"指的是"二战"后最成功的商人山姆·沃尔顿（Sam Walton）的那种精明。他自己曾说过："如果我发现自己的决策出现了失误，我就会马上调整。"如果一个项目的进程没有预想的那么顺利，那么可能这个项目从立项上就是有问题的。沃尔顿自己也说："一个人要对其他人的低效率做好准备。"[①]

实际上，效率和效力是紧密联系在一起的。彼得·德拉克（Peter Drucker）曾经说过："高效是一种习惯。"可现代人往往忘了如何提升一件事情的效率或者效力，更别说养成习惯了。当一件事情出现时，很多人都不知道如何做计划，即便做了计划也是漏洞百出，缺乏发展的眼光。

乔治·巴顿（George Patton）将军曾经说过，很多人想执行计划却根本不愿意自己做个计划。实际上，一个人的成败很大程度上在于有没有制订计划、执行计划的能力。不过这种能力可能随着个人责任感的消失而逐渐远去了。

---

① 资料来源：Sam Walton. Made in America：My Story，Bantam.New York，1993.

在第四章讲到日本化的时候，我们还会再谈这个问题。当维多利亚女王登基时，当时的英国首相墨尔本亲王曾说过这样一段话："智者的预言都没有发生，蠢货的预言却都实现了。"①

第六节 债务九头蛇的后面藏着什么

美联储曾在 2010 年 8 月中旬时说，鉴于美国经济的复苏要比预想的"更加温和"，美联储将继续执行宽松货币政策（第五章）。债务九头蛇在这番表态后立刻显现出它的威力，道·琼斯工业指数在第二天直接下跌了 2.5 个百分点②。

商业信心的低迷是经济低迷的直接原因。在美联储之后，英格兰银行也下调了英国经济增长的预期。英格兰银行给出的原因包括信用问题、政府开支削减、通货膨胀等，但它却对债务这条九头蛇的影响只字未提。

不只英美，世界最大经济体欧盟也对债务的问题只字未。然而，经济的问题在欧洲确实显而易见的，金融工具的风险、信用评级造假、商业投机、风险管理和监管的失位已经在各个层面重创了欧洲经济。

中央银行推行的低利率政策以及新型金融政策实践并没有拯救经济。美联储主席本·伯南克（Ben Bernanke）曾信誓旦旦地表示美国经济会在 2009 年末触底反弹，可 2010 年，他却告诉国会美国经济前景"非常难以预测"。

"非常难以预测"的表态无异于引爆了一颗定时炸弹。西方国家复苏经济的政策无非就是加印钞票，要么就是通过大项目刺激经济。在企业和个人层面，大家也正在试图在杠杆化的阴影下实现收支平衡。

在格林斯潘任美联储主席的那几年，消费者疯狂地贷款消费。在失业率高达 10% 的今天，他们不得不在贷款的阴影下小心翼翼地生活。至于大规模经济刺激

---

① 资料来源：John T. Tarbant，Drucker，Warner，New York，1976.
② 美联储宣布将用 1500 亿美元的到期抵押债券来购买国债，这一举动着实吓坏了不少人。

计划呢，太平洋投资管理公司（Pimco）首席投资官比尔·格罗斯（Bill Gross）说它其实和把钱扔进马桶里冲走没什么区别。

纽约大学经济学家诺埃尔·罗比尼（Nouriel Roubini）说过："经济的二次衰退已经近乎无法抑制。"[1] 罗比尼的话得到了很多人的印证。奥巴马总统的首席经济顾问劳伦斯·萨默斯（Lawrence Summers）也说过，世界主要经济体正在"逐步陷入清算陷阱"[2]。他这一席话也基本宣告了低利率和其他金融政策的失败。与此同时，其他经济学家正在为主权债务危机是现时危机还是尾部危机展开了大规模的争论。尾部危机会带来很多不确定因素，可能将经济推向新的谷底。相比之下，如果此次危机是现时危机的话，那么只要找钱填补财政漏洞就好了。如果债权人对借贷人失去信心的话，他们就会催缴欠款，提高贷款利率。如果不能还债，他们就会用抵押品变现，这会导致抵押品的价格下降，这样的话债权人更不愿意放新贷了。

很多银行从业者在债务中发现了商机，他们都没觉得债务是多大的问题，对债务的警示也总是点到为止。摩根大通的CEO詹姆·迪蒙（Jamie Dimon）就曾经预感到了次贷危机的到来，有人说他曾派一个高级经理到卢旺达的雨林中，偷偷制订退出次贷市场的计划。那时是2006年10月，9个月之后，次贷危机就爆发了。

然而，雷曼兄弟的CEO理查德·福德（Richard Fuld）就没有这种洞察力了。他当时甚至向银行借债6600亿美元，将这些投到商品房、次贷、抵押产品、商业票据、债务交换中，期待通过杠杆继续牟利。当危机爆发后，雷曼员工曾经挂出福德和格利戈里（银行总经理，危机发生11小时后被解职）的画像，并且怒斥他们是债务危机中的聋哑兄弟[3]。

反之，如果债权人感受到个人、企业、政府的信心的话，他们会更乐意承担风险，继续放贷。这意味着政府的金融纪律对经济有实在影响。如果政府能摆脱曾经软弱的印象，建立强力的财政纪律，那么债权人能切身感受到金融环境的变

---

[1][2] 资料来源：《金融时报》，2010年7月28日版
[3] 资料来源：McDonald and Robinson. A Colossal Failure of Common Sense.

化。这样，政府就能保障债权人合法权益和财政安全，从而鼓励债权人去除坏账，支持他们刺激经济的行为。

可绝大多数政府都没有胆量改革时弊，建立全面健康的财政保障体系。虽然这一步可能会走得很难，但政府必须要走。因为在金融危机面前，他们已经没有退路。

含蓄地说，对于饱受债务九头蛇困扰的国家来说，稳定的市场和公众的信心是有利于经济恢复的。在全球化经济的背景下，各国政府应该协调各自政策，共同应对危机。可是 G20 和其他国际会议却没能完成这一任务，因为政府为了保住选票，不得不做出一些只对本国公民有利的决定。

对于企业也是一样，如果每个 CEO 和 CFO 都对财务问题视而不见的话，这场危机只会愈演愈烈。如果经济学家和分析师敢于站出来说话而不是当缩头乌龟的话，这场危机也不会发展到今天这个地步。伯克郡的一名官员在 2000 年 8 月 16 日曾经一语成谶，他说美国经济将在 2015 年陷入困难。[①] 大家可以仔细想想，如果 2007~2011 年经济危机再持续四年的话，我们说不定在 2020 年才能走出二次衰退的阴影。

面对未来的困难险阻，人们却还是不能团结一致。即便人们意识到福利系统已经入不敷出，他们还要求政府保留养老金、医保等全部福利。如果想要走出财政危机，就必须牺牲自己的一点点私欲。毁掉西方经济的不是别的，正是国家超级市场，正是大幅借债，正是松散的财政经济纪律。

---

① 资料来源：《彭博财经新闻》，2010 年 8 月 16 日版。

第四章　日本化

第一节　什么是日本化

什么是日本化（Japanification）？日本化指的不仅仅是企业破产、银行倒闭，它指的可是日本"消失的二十年"前前后后一系列的经济事件。这些时间加在一起摧毁了日本的经济。为了从经济衰退的阴影中走出来，日本政府曾经用 GDP 1.5 倍的钱救市，但却无果而终。最终，日本陷入了通货紧缩的泥潭，股市和商业活动的萎靡也在一步步拖垮日本经济。

日本失败的先例是美国和西欧的前车之鉴。我们可以看到，日本危机的先兆和这次危机有很多相似的地方，它在某种程度上甚至可以预测此次经济危机的走势。部分纽约的金融分析师在 2010 年中旬曾经做出预测，美国可能在以下几个方面走日本的老路：

（1）联邦基金利率将在 2020 年之前维持在 0.5%；

（2）未来 20 年 GDP 年平均增长只有约 1%；

（3）道·琼斯指数在 4000 点以下徘徊；

（4）在 2030 年之前，平均房价会从现在的 18.4 万美元降至 10 万美元[1]。

以上预测的确是有些悲观，但它们并不是空穴来风。如果不加以强有力的处

---

[1] 资料来源：Bank of America Merrill Lynch, The RIC Report, August 10, 2010.

置手段的话，这一切还是很有可能发生的。如果发生的话，以上四点对经济的影响将远远超过 20 世纪 70 年代的那次滞胀。① 可是直到现在，西方政府还在走日本的老路。它们挽救"僵尸"银行的办法让我们不禁扪心自问，西方经济复苏之路究竟在何方？

另外，如果现在的处置方法是错误的，那么正确的方法是什么样的呢？我们可以从美国 80 年前的历史中寻找答案。虽然这些方法有些陈旧，但还是能给我们很多启迪。

美国银行业曾在 1931 年和 1932 年在大萧条的影响下举步维艰。即便政府和美联储提高了资本的流动性，大银行还是不愿意给企业或个人放贷。它们反其道而行之，用联邦政府的拨款增加自己的储备。② 在这种环境下：

（1）约 1/4 适龄人口处在失业状态；

（2）约 1/4 的美国银行濒临破产；

（3）银行业长期停摆；

（4）国家的信用机制遭到重创。

那时和现在一样，很多政府官员都拿经济危机没一点办法。但是 1933 年 3 月，罗斯福当选了美国总统。他在上台后立刻和幕僚一起商议解决危机的办法。

当时罗斯福的财政秘书威廉·伍丁（William Woodin）意识到他自己是没有办法解决经济问题的，于是他去向总统和幕僚们［乔治·沃伦（George Warren）和亨利·摩根索（Morgenthau）］求助。罗斯福是一位很有魄力的总统，他敢冒天下之大不韪，为国家的利益牺牲自己的个人利益。同时，他也很有手段，知道如何和民众进行长时有效的沟通。

1933 年 3 月 12 日，周日。罗斯福在傍晚开始广播他的"炉边闲谈"（相比于电视，广播没有图像的干扰，能更高效地传播信息）。同样面对大萧条，小布什和奥巴马两位总统和罗斯福相比，就缺少了和民众交流的艺术和手段。

在广播中，罗斯福对着公众将经济危机的始末娓娓道来。于是，在第二天，

---

① 在 20 世纪 90 年代的日本，银行给低能企业的贷款使得经济环境雪上加霜。
② 是不是听起来很熟悉？

人们竟然开始走进银行存款。这和之前几天挤兑存款的风气形成了巨大的反差。在罗斯福的推动下，国会在一周之后批准了经济法案（Economy Act）和其他经济促进法案，并在当年6月通过了格拉斯—斯蒂格尔法案（Glass-Steagall Act）。①

人们常说历史是最好的老师。抽象、概括化的经济理论往往脱离现实，不能给现实提供立竿见影的建议。比如说，凯恩斯主义的覆盖范围太广并不能很好地适用在这场危机中。所以，我们应该向历史学习，并且用历史照亮未来前行的道路。

其实不光是凯恩斯主义，很多经济理论和社会理论都有太空泛、太抽象的缺点。经济学和社会学的理论与物理学中的理论不一样，有很多主观的臆断。自由市场理论就是一个很好的例子，由于它的主观因素，未能成功预测21世纪前10年的经济风险。预测失败的第一个原因是对于"高效市场假说"的过分自信；第二个原因就是忽视了金融系统的复杂性；第三个原因则是忽视了金融衍生品市场、虚高订单和影子银行对金融系统的影响；第四个原因是最致命的，"高效市场假说"忽视了人本身的欲望和贪婪。

拉里·麦克唐纳德（Larry McDonald）在评论经济危机时曾引用过麦克·盖尔班克（Mike Gelbank）的话："很多美国经济学家都太'理论'了。他们不了解衍生品的本质，也不知道这些衍生品对国家的影响如何。他们陷入了一个又一个的错误之中。"②

根据专家的意见，如果衍生品市场被有效监管，过热交易被限制的话，投资银行还是会寻找新的不受监管的赚钱方式。因此，建立行之有效的金融法规和监管至关重要。监管者也要承担起自己的责任。

我们不能忘了，监管者由于受利益驱使，往往会睁一只眼闭一只眼。日本的经济危机就是日本政客和自民党试图巩固自身利益而造成的。

在罗斯福的年代里，财团受到自身能力的限制还不能左右政府的决定。可是现在，财团具备了左右财政政策和监管的能力。萨班斯—奥克斯利法案（Sar-

---

① 在大银行的游说压力下，克林顿最终废除了这一法案。
② 资料来源：Lawrence G. McDonald and Patrick Robinson, A Colossal Failure of Common Sense, Crown Business, New York, 2009.

banes-Oxley Act）在小布什任下的"被失效"就是最好的证明。

相比之下，当罗斯福决定使黄金和美元脱钩时（贬值美元兑换黄金的比率），几乎没有受到财团的阻挠。正因如此，罗斯福才能在1933年4月18日自由地跟幕僚[1]们说："祝贺我吧，黄金和美元终于脱钩了。"

这是罗斯福的伟大功绩之一。面对危机，他没有选择坐以待毙，而是主动出击。奥巴马在2010年也曾主动出击，他的做法是炒了拉里·萨默斯（Larry Summers）和克里斯提娜·罗摩（Christina Romer）的鱿鱼，使后者辞去了经济幕僚长一职。[2]

罗斯福运用他的魄力帮助美国走出阴影。我们从他的例子可以看到，当危机成为时代的主题时，领导人的勇气显得十分关键。当"一战"开始时，法国前线指挥官斐迪南·佛奇（Ferdinand Foch）在马恩战场面对德军猛攻时曾经说过这么一句话："我和左翼部队失去了联系，右翼部队节节败退，正面军队也守不住阵地，没关系，还有我，现在轮到我去上战场了。"佛奇的决定着实出乎德军的意料，最终佛奇赢得了马恩战役，使得"一战"的形势得以改变。

但是，不论是20世纪90年代的日本政府还是现在的欧美政府，都没有佛奇这样的决心。他们的犹豫最终使各自的国家不约而同地陷入了日本化的陷阱中。

第二节　日本化加大了公共财政的波动性

日本化给我们的启示是，经济状况没有最糟，只有更糟。只要经济危机的余波未散，经济就有可能继续快速衰落。我们可以看到，日本金融危机已经过去了20多年，可是日本公共财政的波动性丝毫没有减弱的迹象。

然而，有的人却会说，风雨之后总会见彩虹。有些经济学家会问这样一个问

---

[1] 资料来源：Liaquat Ahamed, Lords of Finance, Windmill, London, 2010.
[2] 不久之后，萨默斯也回到了哈佛。

题：经济的复苏彩虹有持续性吗？答案是，彩虹虽然好看，时间却总是很短暂。如果经济问题没有得到根本解决，一切复苏迹象都将只是幻影罢了。日本在 20 年间也曾有过复苏迹象，但受到公共债务问题、贫困人口问题、政治领导力缺失等问题的困扰，日本经济从未真正复苏。

在经济领域有这样一个规律，如果政治领导力处在缺失状态的话，经济和社会的顽疾也就很难根治。正是因为这一原因，日本陷入了长达 20 年的经济停滞，这场经济危机甚至会将停滞拉长到 30 年。日本现在正在陷入全面的财政困境：财政缺口已经占到 GDP 的 10%，各种债务已经是 GDP 总额的 2.2 倍。

可是真正危险的是，日本在这样的困境下还在坚持发放政府债券，出台大规模的经济刺激计划。和美联储一样，日本银行的债务也越来越多。这一系列的不幸归根结底都是政府导致的。由于政府没有魄力进行经济改革，日经指数低迷不振，日元也在不断贬值。[①]

日本化的一个主要影响是，国家主要股指一直在阴影里面徘徊不前。至于政府债务也一直是国内居民进行购买。依赖国内居民虽有一定好处，但是缺点也很明显：第一，因为人口结构逐渐老化，他们的购买力在逐渐下降；第二，因为债券发行量太大（2015 年日本债券发行量将超过居民购买力），居民购买力没有办法支持这么大体量。另外，国外投资者在了解到日本的资本风险后，也不愿意大力购买债券。

日本经济危机重创了日本股市、投资者信心以及日元汇率，不仅对日本本国造成了消极的影响，甚至在一定程度上导致了雷曼兄弟的破产（本章最后一部分会重点讲到这个观点）。不过其实日本经济危机是早有预兆的，近几年很多人都在提示日本政府，经济衰退和高企的公共债务会对经济产生冲击，可日本政府一直把这些观点当作耳旁风。

日本曾在 20 世纪 70 年代及 80 年代推行杠杆化政策，这一政策最终导致日本债务高企。日本的债务 GDP 比例曾经打破了非战时期的世界纪录。可奇怪的是，即便债务风险这么高，日本却仍然维持着国债的低收益率，从而故意打消投

---

① 虽然日本央行想要使日元贬值，但是日元却依然十分坚挺。

资者的疑虑。

由于政府吃到了杠杆化的甜头，这个政策就从"二战"后一直开始延续着。在 70 年代到 80 年代间，日本经济快速起飞，国家工业产值上升了 50 个百分点。可是，经济的发展反过来促进了杠杆化和过度的国内国际投资，催大了房地产和股市的泡沫，也使得物价上涨了 600%。终于，在 1989 年 12 月，泡沫开始破裂。从 1991 年开始，日本陷入了长达 20 年的经济萎缩。

时至今日，日本经济仍然未能走出低谷。日本的产能过剩已经达到了 7%，足足是 20 年的 3 倍多。[①] 经济学家认为消费者价格会继续下跌，这意味着财政缺口问题将不会得到改善。

为了解释日本化现象，有经济学家提出了这样的观点：正是由于政府债券利率高于存款利率，日本政府才开始入不敷出，最终财政缺口越开越大。这时，债务和公共财政问题开始彻底变得无法挽回了。

这么看来，席卷欧美的这场危机和日本面临的困境并没有本质上的区别。虽然经济保持着名义上的增长，但实际上增长和经济刺激计划的预期相去甚远，增长速度本身也远远落后于国际上其他国家。此外，国际市场的增长也越发疲软，在 2010 年第三季度，国际贸易的涨幅比 2010 年第一季度收窄了不少。

国际市场和西方国家经济是息息相关的。如果地区性危机演变成了全球性危机，那么政府必须要发行短期债券来稳定经济，这就对经济的长期性产生了冲击。俄罗斯 1998 年 8 月的经济破产以及美国 2007 年次贷危机就是最好的证明。

日本持续的通货紧缩为日本经济的未来蒙上了一层阴影（然而日本政府还没有意识到这一点）。罗斯福在 1933 年通过强制力使美元贬值（美元兑黄金比率，见上文），促进了物价水平上涨，使国家摆脱了通货紧缩。可是现在日本的领导人却没有罗斯福的魄力，只能任由日本经济在泥潭中苦苦挣扎，使国家丧失了改变的可能。

经济理论总是强调什么该做，什么不该做，却没有回答该做多少，怎么做这

---

① 资料来源：《经济学人》，2010 年 4 月 10 日版。

样现实的问题。有一些经济学家建议日本采取有效措施遏制通货紧缩，提振商业信心。可是他们却没有回答在 21 世纪的背景下什么样的措施才是有效的措施。

有一些经济学家认为，资本注入是解决经济危机的一个好办法（其实并不是）。他们认为这样国家经济会开始复苏。最终在没有资本刺激的状态下也能开始起飞（其实并不可能）。另一些经济学家则认为，经济体会对刺激产生依赖，一旦资本开始注入，就永远没有退出的那一天。

这两派经济学家整天喋喋不休地争吵，却对经济复苏给不出一个真正可行的计划。所以，日本、美国、英国走不出债务阴影是理所当然的了，正因如此，日本政府和日本银行才会将零利率政策持续这么多年（详见第五章）。

有人认为，日本、美国、英国的低利率是增长乏力的表现，这种表现还将至少持续几年。这会成为投资级债券的长期利好，提振大公司股票的表现（大公司指的是资产超过 200 亿美元的国际集团）。

一些人在几年前就预测到，日本化风险会使美联储大肆宣传的牛市走到尽头。那时，政府债券利率将会下跌，债务、通货紧缩、去杠杆化会成为时代的主流（引自美林投资银行某金融分析师）。

可是，美联储至今还没有拿出有效的手段处理危机，债务、通货紧缩、去杠杆化这三座大山仍将长期存在。即便债务问题最终得以解决，通货紧缩也将在长时间内影响美国经济的表现。此外，去杠杆化是市场净化的表现，这一点政客和公众已经开始逐渐意识到了。

总之，日本化的警报还远远没有解除。如果西方政府不能拿出有效办法对付新常态，日本化将会成为阻碍经济复苏的一个顽疾。

第三节　投资，解决了问题还是带来了新的问题

为了解决危机，日本在近 20 年内投入大笔资金，可是收效甚微。除了浪费大笔资金以外，经济也在市场杠杆化的阴影下徘徊不前。在美国也是如此，量化

宽松政策带来的收益也近乎为零（美国的例子可能还涉及政治的层面，我们在十三章会讲到）。

日本和西欧国家的另一个相似点是，政客和中央银行主管在经济救助计划应该有什么样的机制、规划什么样的时间表、是否建立退出机制等问题上看法并不一致。在这种状况下，国家往往不能建立起统一有效的标准来应对危机，最终导致了危机的蔓延。

比如说，美国和英国的央行行长就把退出机制给完全忽略掉了。于是，在央行的默许下，大规模投资方案被一而再再而三地延长（这其实很荒谬）。不过有专家指出，因为机构独立的原因，这些机构实际上是有能力应对危机的。

可是呢，在危机面前，央行是很难保证金融独立的。政府往往会动用各种力量保证经济政策朝着它们想要的方向发展。央行在面对政府的压力下，通常会有三种选择：

（1）完全支持政客的想法；

（2）默许并表示谴责；

（3）直接拒绝。

1930 年 3 月，亚尔马·沙赫特（Hjalmar Schacht）选择了第三种方案，和布吕宁（Bruning）政府抗衡。沙赫特公开反对布吕宁政府的年轻计划（Young Plan），该计划和 1926 年的道斯计划（Dawes Plan）相比，删除了救助金的退出机制。

毫无疑问，财务状况的"可见改善"使得中央银行可以在市场中扮演它的日常角色。但是，这种改善究竟在哪几方面可见呢？答案其实很主观。中央银行公开表态，将会把临时性的经济救助政策常态化，预防经济长时衰退的风险。风险主要包括：

（1）对中央银行流通性的依赖；

（2）市场炒家孤注一掷，期待奇迹出现；

（3）对银行的救助收效甚微，银行减债之路困难重重，市场急需调整；

（4）对信用机构救助带来的道德风险。

中央银行也知道当下市场对经济的信心十分脆弱。市场信心易放难收，如果市场信心走低，那么重建信心的过程将会十分艰难。另外，政府政策的不确定性也在向公众传达一个观点，那就是当下政府很有可能走日本化的老路。

主要国家领导人的一意孤行和目光短浅使人们不禁要问，希腊究竟是主权债务危机的终点还是起点。大家都知道现在美国债务问题很严重。美国自己现在都在增持欧洲的债券，因为欧洲债券看起来比美国的更安全。

虽然美国在欧洲债券上获得了部分短期收益，但长期看，美国自己的经济仍将长时间处于不利局面。美国一旦信用下降，将可能造成连锁反应，使得中央银行的紧急救市政策难以为继。

西方货币市场上仍有很多限制，市场炒家一方面需要面临跨银行借贷成本的增加带来的压力，另一方面还要祈祷国家的减债计划不能有效实施。现在的情况和20世纪90年代的日本差不多，那时银行在给日本机构放贷时，利率要抬高一些，还给它起名"日本税"（Japan Premium）。

投资者和借贷方不会忘记，跨银行市场在雷曼兄弟倒闭后仍处在崩溃的边缘。这个市场本该成为资金和金融机构的乐土，可现在却警报四起。这些警报的来源不是别的，正是银行间的过度联系，这个举动给银行之间的感染提供了媒介，一旦一个银行感冒，整个金融系统都得打喷嚏。

在金融市场波涛汹涌的节骨眼上，新的问题又产生了，那就是国际金融市场是会继续恢复呢，还是会陷入二次衰退呢？如果负债国不改变金元救市的策略的话，二次衰退就很有可能发生。

事实上，在金元救市政策下受利的绝不仅仅是国际银行、保险公司和汽车制造商。在英国，工党政府花了大价钱把国民医保（NHS）基金提升了6%。而且，政府还用金元刺激了教育业的发展。

工党的政策不仅仅是为了救助经济危机下的银行业，事实上，在工党13年的执政期间，公共部门制造了2/3的新增工作岗位，公共领域花销的增长也要比私立领域快。在21世纪的前10年，英国政府开支从占GDP的40%猛增到占GDP的54%。这一占比略低于法国的55%，却远高于美国的41%，加拿大的43%，以及德国的47%。

和日本化一样，政府的过度消费会带来很多不利影响。在美国，小布什曾经推广了枪和奶酪战略（Guns-and-butter），使得政府公共开支迅速膨胀，甚至超过了 1960 年中期里登·约翰逊（Lyndon Johnson）执政的时期。布什：

（1）创建了美国自"二战"后最大的机构——国土安全部；

（2）大幅提高了医保福利；

（3）增加了联邦政府对各州和教育系统的控制。

奥巴马在上台后，继续延续了政府支持的医保计划，却忽视了精简医保机构，降低成本的重要性，公共债务一路大幅攀升。有批评家指出，随着老龄化人口的增加，社会服务的需求会不断提升，奥巴马的政策给美国经济的未来蒙上了一层阴影。

读者需要注意的是，老龄化是日本化的一个重要特征，对国际经济有着十分深远的影响。根据联合国的调查，到 2050 年的时候 60 岁以上老人占人口的比例会从 11% 提升到 22%。如果西方国家没能成功解决养老金问题的话，到时候债务危机肯定会更加严重。到 2050 年，退休人口将占到美国总人口的 1/3。而且超过 80 岁的老人会占到总人口的 1/10，这部分人群对医疗的要求肯定会更高。①

笔者简略总结一下观点。日本化的出现有其内在的原因，这些原因和当今西方主权债务危机的原因很相似，比如大于 10% 的财政缺口、超高福利待遇、庞大的医保养老金、失败的救助政策等。如果不加以解决，西方社会可能陷入到更深的危机中。

第四节　强大的财政纪律需要强大的领导力

日本化不是天灾，而是人祸。由于福利政策、补贴制度、大型救助计划的压力，公共债务不断上涨。如果政府再不执行强力的经济纪律的话，西方经济可能

---

① 据国会预算办公室（CBO）预计，美国的福利支出会在 2025 年占到 GDP 的 20%。

雪上加霜。可是，现阶段西方政府的领导力一直都不强，对经济社会的特权人士也没有足够的限制。

为了解决新常态下的种种问题，政客需要摆出强有力的姿态，用强大的魄力制定平衡财政的时间表，并且用行动一步步执行时间表里面的任务，包括削减福利、减缓公共支出压力，等等。

美国政府的软弱无能可能会引发经济领域潜在风险的大量爆发。美国高管、参谋长联席会议主席麦克·木伦（Mike Mullen）曾经说过，相比于基地组织的大规模杀伤性武器①，美国主权债务才是对国家安全最大的威胁。

政治分析师托马斯·L.弗雷德曼曾经指出了经济领域会出现常态化问题的原因："标准答案是，我们需要更强大的领导层。深层答案是，我们需要更睿智的公民。公民们不应该因为领导层降低国家福利就开始抗议、示威；相反，在困难局势下，公民们更应该团结一致，时刻准备牺牲福利待遇，准备迎接高税率的挑战。如果没有这种牺牲精神，国家和公民都将陷入到大麻烦中。"②

为了走出日本化带来的经济衰退，国民应当改变态度，愿意为国家付出，而不是一味索取。民众应当改变"国家有义务使每个国民过上幸福生活"的观念，同时抑制心中的贪欲。与此同时，民众应该对政府的紧缩政策给予宽容，不要一有事情就上街游行，通过游行示威绑架政府。

如果民众继续通过游行示威绑架政府，政府官员就会被这种不民主的方式吓到，被迫满足示威者的要求。毕竟，害怕失去选票一向是政府的软肋，政府也不是第一次向民众屈服了。戴高乐曾经说，贝当（维希法国总统）③的缺点就是太考虑选票，最终害了整个国家。

财政纪律在社会各层面（尤其是政府层面）的全面缺乏是 2009 年主权债务危机爆发蔓延的一大原因。财政纪律涣散也是 1991 年日本经济危机的深层原因。财政纪律的缺乏导致日本投机贸易的增加，高杠杆化压力加大，不良贷款率上升。当时政府想依靠自身力量实现财政平衡，它们却忽视了：

---

① 资料来源：《金融时报》2010 年 6 月 26/27 日版。
② 资料来源：《国际先驱导报》，2009 年 11 月 23 日版。
③ 戴高乐的原话是："他（贝当）为法国人想的太多，为法国想的太少。"

（1）政府本身也是高杠杆化的受害者；

（2）政府的财政收入远低于支出预期；

（3）政府对金融机构财政纪律的管制十分松懈。

2009 年 3 月，西方国家也犯了相似的问题。随着中央银行救市资金的投入，信用市场和股票市场在当时曾有短暂提振。有人立刻认为中央银行的救市政策收到了成效，迅速稳定了市场和实体经济。他们还认为经济复苏已经开始，公司可以容纳更多风险。本·伯南克甚至认为，经济的春风已经吹遍了美国。

在经济的旧常态中，以上乐观估计可能是正确的。但是，这些乐观主义者忽视了现在世界已经步入到新经济的状态。当今，很多国家的经济复苏只是政府巨资刺激的结果，经济本质上并没有企稳向好，公共财政政策的改善仍然遥遥无期。

我们在之前已经讲过，公共政策的改善不仅需要强大的领导力，更需要社会文化导向的改变。人们必须有转变思想的意识，接受金融危机对每个人收入、生活方式的影响。

解决日本化需要重构经济，重构经济则需要去杠杆。去杠杆必须要伴随货币金融政策的调整，金融政策的调整必然是痛苦的。敢于下手整治经济的人，必然会在以下方面面临公共的压力：

（1）福利削减；

（2）政府支出制度的改革；

（3）公共支出的削减，以及民粹主义政策的减少。

如果经济大环境改善，政府处置新常态挑战得当的话，西方政府是可以走出危机阴霾的。然而政府领导层却没有理解到这一层最简单的道理，他们也没有魄力推动经济的深层改革。他们没有解决经济深层次的问题，而是走短期路线，和中央银行一起维持超低利率，继续扩大财政缺口。有支持者认为，这些举措可以：

（1）给金融系统注入新活力；

（2）阻止私营经济的下滑趋势；

（3）提振政府和中央银行公信力，恢复市场信心。

可是，反对者却认为，政府的这些高压经济干预是在重走日本 20 年前走过的老路。当今社会仍然存在日本化的风险，负债国家仍然在新债的压力下苦苦挣扎。西方经济体已经极端虚弱，需要政府的输血。然而，通货紧缩的压力远远比通货膨胀的压力大，政府的输血反而在新常态下带来了更多的问题。

如果西方政府仍然想靠短期输血解决长期问题，经济危机只能愈演愈烈。所以，那些对西方银行业、负债问题、经济恢复的唱衰论调并不是空穴来风。[①]

第五节　政府、中央银行和杰克逊霍尔研讨会

投资者和很多经济学家都在担忧，由于政府祛解决债务问题，另一场经济危机将会时刻到来。国际货币基金组织估计西方主要经济体的债务会在 2014 年达到 GDP 的 115%，并在未来几年内持续保持增长。美国及地中海俱乐部国家将会遭遇以下问题：

（1）利率上涨；

（2）私有投资下降；

（3）经济增长减退；

（4）政府债务违约。

在债务压力下，社会必须要进行转型，国家超级市场必须进行改革，政府和民众的责任感必须得到增强。在当前经济环境下，要求政府继续提供全面福利的要求不仅是强盗逻辑，更是腐败行为。

然而，这种腐败行为很难从根本上得到根除。另外，减少巨额公共债务的空间确实不多，财政赤字问题实在太过严重，日本化综合征仍将在西方社会持续蔓延。

所以，政府和中央银行现在已经别无选择。它们越利用投资刺激经济增长，收到的回报越少。《金融时报》曾刊发评论称："对于忧虑的民众来说，债务和财

[①] 欧洲央行的数据显示，欧元区家庭债务占到了总可支配收入的 95.4%，这一数据已接近美国的 124%。此外，虽然欧元区的存款率从雷曼兄弟破产前的 13.6% 上升到了 2009 年第二季度的 15.7%，但是最近又有所回落。

政缺口的关系就像燃料和油箱的关系一样。如燃料着了，油箱肯定也会被烧到。所以燃料究竟是怎么点燃的和油箱一点关系都没有。"[1]

我们在前面曾经提到过，现在经济的负面因素不会随着债务的增加、零利率的维持而得到解决。中央银行现在必须在政府财政和经济两个方面下狠手，债务问题才能得到根本性的解决。

现在经济正坐在火药桶上，即便火药桶里满是 TNT，人们却还是相信经济不会被炸飞。在堪萨斯城联储举办的杰克逊霍尔研讨会（Jackson Hole Symposium）[2]上，欧洲中央银行行长让·克劳德·特里切（Jean-Claude Trichet）曾经警告说，人们在解决私人和公共债务危机的迟缓表现已经不能不让人们联想起日本的经济衰落。在他看来，解决债务问题不仅是使经济摆脱阴霾的手段，更是维持经济持续平稳发展的前提。

特里切还指出，经济的衰退与公共债务有很强的关联。他说如果人们不知道如何应对债务，谁将为债务买单，公司和个人的信心仍将维持低位，投资和消费的复苏也就遥遥无期了。

本·伯南克在研讨会上的发言和特里切的发言形成了鲜明的对比。伯南克强调，当下美联储的政策是解决问题的一剂良药，应当被继续执行下去。美国仍将用非传统的方式提振美国经济[3]。伯南克还说，继续执行政策的一大问题就是要平衡好政策的成本与风险，使其能够救助经济（但是他没有说出具体的救助方案）。

但是，台下的观众并不买他的账。根据伯南克的发言，美联储会尽可能地刺激美国经济复苏（虽然没有提到具体方案）。可是经济学家鲁比尼（Nouriel Roubini）却说，在刺激经济方面，美联储已经没牌好打了。[4]鲁比尼的想法是正确的。中央银行由于低估了 2008 年 9 月开始的银行危机，现在它们已经处在了十分被动的局面。

在 2010 年的杰克逊霍尔研讨会上，伯南克曾经给出过美联储经济政策的不

---

① 资料来源：《金融时报》，2010 年 8 月 28/29 日版。
② 这发生在 2010 年 8 月末。
③ 特别是在经济预期迅速恶化的环境下。
④ 资料来源：《彭博财经新闻》，2010 年 8 月 27 日版。

同思路，并分析了这些政策的优缺点。他认为，现在美联储的资产购买政策已经在减少资产证券和抵押证券方面起到了积极的作用（伯南克却没有提及证券价格的提升会使得投资转向其他商业证券）。他同时认为，现阶段的资产购买政策有两大风险：第一，资产购买的量到底该多大仍然没有定论；第二，美联储的政策可能给市场传达错误信号，导致其对通货膨胀产生错误预期。

伯南克的担心并不是没有道理，市场的确会被美联储的政策所误导。经济学家和金融专家都在质疑伯南克对杠杆化以及中央银行收支情况的判断力，认为他现在仍然没有弄清楚资产购买政策到底能带来多少收益。

《金融时报》指出，先不管收益到底如何，债务从2万亿美元到4万亿美元再到6万亿美元，本身就提升了经济的成本和风险。[①] 根据《金融时报》的观点，伯南克没有贯彻美联储独立于政府的精神，反而开创了和政府合作的先河。

批评者进一步指出，伯南克的救市举措不会被记在历史的功劳簿上，反之会被钉在历史的耻辱柱上。伯南克的政策最终会造成市场的日本化。他还对美联储的结构职能进行了调整，这些也会对美国日后产生深远的影响。

可是支持者却认为，本·伯南克尽到了美联储主席的义务，已经尽可能地阻止了美国经济的下滑趋势。此外，美联储的政策是多方面考量的，他的话语权只有很小的一部分。他维持零利率的时间已经超出了很多人的预期。即便物价大幅上涨，他想要上涨利率，也会面对美联储内部的重重关卡。

出于对伯南克的信心，他的支持者坚定地认为可以完成美联储预期通胀目标，保持物价的稳定。但完成目标实际上是有先决条件的：民众对政府稳定物价的信心会因为通货紧缩的持续而下挫，一旦处理不好这些因素的关系，预期目标很有可能失去达成的空间。

为了刺激商业银行贷款，美联储还有一招，那就是把存款准备金率从0.25%降低到零。支持者认为中央银行的行动可以打消市场对通货紧缩和主权债务问题的顾虑，增强市场的信心（主要是对银行业复苏和主权债务危机解决的信心）。

---

① 资料来源：《金融时报》，2010年8月28/29日版。

这两个信心的恢复确实很不容易。直到行之有效的政策出台之前，中央银行的自由仍将被政府增加流通性的想法所限制。与此同时，公共信心却有不断下降的风险，金融监管的真正落地也遥遥无期。

第六节　风险的相关性：希腊—贝尔斯登—雷曼兄弟

在杰克逊霍尔研讨会上还有一个不得不说的议题，那就是如何防止希腊的主权信用危机在世界其他地方重演。可以说，当年的美国投行贝尔斯登就是现在的希腊，它们都是在债务压力下，自身经济和金融领域出现了问题，最终走向了破产的边缘。

面对极端财务状况，希腊政府在 2010 年第二季度出台了一系列罕见的政策（详见第九章）。有两种方法可以检验这些政策的成效：第一，可以通过政府在危机下的表现来检验（数百亿美元投资的成效）；第二，可以检验这些政策的魄力如何（因为拯救日本化的唯一方法是通过政府的魄力）。

在 2010 年 1 月希腊危机爆发的时候，有人指出希腊像极了政府版的贝尔斯登银行。现在看来，这种假说确实是无可反驳的。有些专家指出，有一些比希腊影响力大的国家在未来几年内也会像希腊一样破产（第十三章）。这对世界金融市场的稳定提出了巨大的挑战。这些挑战将比希腊危机大得多，毕竟虽然希腊危机导致了欧元的贬值，但希腊只是欧盟中的一个小国，影响力没有那么大。不过，贝尔斯登在美国是一家大型投资银行，他的破产在美国引发了蝴蝶效应，通过跨银行交易这一渠道引爆了 2008 年春美国银行业的危机，大型投行雷曼兄弟随之破产，美国国际集团也开始朝不保夕[1]。

我们可以看到，贝尔斯登的涟漪效应确实十分显著。它引发了投资者和监管者的恐慌，导致投资者纷纷撤资。所以，担忧希腊的破产引发更多更大国家的破

---

[1] 他们的恶化发生在美国政府接管房利美和房地美之前。

产的想法是很有道理的，毕竟世界上很多主要经济体，尤其是地中海俱乐部还在债务危机的泥潭中苦苦挣扎。

如果希腊是贝尔斯登，那么地中海+俱乐部很有可能成为雷曼兄弟。如果葡萄牙、西班牙、意大利、芬兰纷纷倒下，国际经济真的就无药可救了。和爱尔兰一样，芬兰也曾经是欧洲经济的明星国家，可是很少有人还记得，它们的经济也曾在苏联解体的时候遭受过重创。

芬兰的复苏主要是通过大型跨国公司，比如诺基亚的兴起实现的。但在2011年2月9日，诺基亚CEO的备忘录遭到泄露。[1] 备忘录里说诺基亚的处境和站在火堆上差不多，要么跳到冰水里，要么就被火活活烧死。

国家政府的财政被大型跨国银行的萎靡继续拖向了深渊。我们可以看到，希腊、爱尔兰和其他国家的危机已经开始让德国和法国的银行喘不过来气了。这也是为什么欧盟政府要救助希腊和爱尔兰的原因之一。一位法国的政治评论家曾经提到了银行和国家政府的关联："萨科齐现在有两个选择：要么浪费数亿欧元救助希腊，要么浪费数亿欧元救助法国的大型银行。"[2][3]

默克尔也在面临着同样的问题。包括德国在内的整个欧洲都在担忧这场危机对人们心理的影响。巧合的是，2010年5月，贝尔斯登前CEO吉米·卡内（Jimmy Cayne）曾经在回答美国金融危机调查委员会质询的时候说，导致银行破产的真凶就是市场信心的回落。卡内指责2008年对市场的唱空谣言最终导致了金融危机的蔓延与扩散。[4]

现在欧洲银行人人自危，都在计算自己和问题政府的金钱往来。2010年7月末，德国大型保险企业慕尼黑再保险公司（Munich Re）公布它们投资了21亿欧元（约合28亿美元）的希腊债券。但这部分钱只占到公司资产的1%，所以这部分损失对于慕尼黑再保险公司来说是可控的。

---

[1] 资料来源：《金融时报》，2011年2月10日版。
[2] 尤其是法国农业信贷银行以及兴业银行。
[3] 法国银行约持有750亿美元的希腊公共及私有债券。德国银行位居第二，持有约450亿美元的希腊债券（资料来源：《国际先驱导报》，2010年5月6日版）。
[4] 资料来源：《金融时报》，2010年5月6日版。

这种把鸡蛋放在不同篮子里的举动是十分合理的。如果这 1% 的资产出了问题，公司还能靠其他 99% 的资产对冲风险〔和慕尼黑再保险公司一样，巴菲特也是靠 1% 理论抵挡风险的。巴菲特用这个理论成功抵挡了加州金融海啸的冲击。按照他的观点，即便在最坏的经济环境下，博克夏（Berkshire）也能轻易地承受 1% 的损失，在其他方面继续保持盈利〕。

可是，其他公司就没有慕尼黑再保险公司这么聪明了，它们在希腊破产中的损失规模非常巨大。很多公司的董事层现在都危如累卵，即便有 IMF 基金的救助也很难挽回颓势（第九章）。它们是这场危机的受害者，也想让市场竭力稳定下来。可是有一些人则是正常危机的大杀器，他们就是靠制造恐慌获利的。虽然和市场救助计划对着干不一定是好事，乔治·索罗斯（George Soros）、保罗·佩莱格里尼（Paolo Pellegrini）和约翰·保罗森（John Paulson）这三位金融大鳄愿意承担市场风险，依靠唱空希腊获利。可是，当下他们获利的难度极大。这也就是为什么佩莱格里尼在 2010 年 8 月关停基金，返还投资者钱财的原因。

可是，不论对欧洲政府还是央行来说，当务之急是解决债务问题，防止债务在银行领域蔓延，并防止债务信贷违约掉期（CDS）的风险。CDS 的风险在与希腊合作的银行中普遍存在，法国巴黎银行、巴克莱、法国农业信贷、德意志、德克夏、富通、荷兰国际银行、法国兴业等银行的 CDS 在希腊危机时曾经创下了历史纪录。

希腊—贝尔斯登的关联性给全球经济提出了挑战。CDS 的提升会降低投资者的信心。在跨行交易高居不下的背景下，银行应当主动卖出一些欧陆的外围政府债券。金融分析师曾经提醒说，虽然贝尔斯登拉响了银行业的警报，可危机的高潮却是雷曼兄弟的破产[①]。所以，在政府层面我们更应当警惕，不能再在希腊之后出现另一个雷曼兄弟。

值得警惕的是，雷曼兄弟和一些国家政府确实有相似之处。它们的账户都处在一团糟的状态，很难获得优质的贷款。巴克莱银行代表 2010 年 8 月 30 日在美

---

① 美林集团的规模介于贝尔斯通和雷曼之间，在与美国银行合并后的十一个小时内被美联储以及美国财政部救助。

国听证会上曾经说过："雷曼的衍生品记录简直就是一团糨糊。"①

在现在的形势下，我们还不能确定哪个国家会成为下一个雷曼兄弟。但如果真的有国家政府倒下了，消极影响将远远超过货币市场和跨银行市场，整个国际经济都将会遭到严重冲击。

国家资产和流动性改观的不确定性大大增加了国际金融市场提升信用风险意识的重要性。在雷曼的案例中，商业银行和其他金融机构为了减少跨银行市场长期借贷的风险推出了许多举措。长期借贷的风险包括：

（1）成熟的优质贷款比例越来越低；

（2）长期货币市场业务的不稳定性，以及随之产生的高利率；

（3）为了修复跨银行市场机制，政府投入大笔资金，加大了自身的债务压力。

虽然还不能确定哪个国家会成为下一个雷曼兄弟，但市场上的流言已经越来越多了。很多人都开始对国家连锁破产的效应讲述了自己的担忧：

瑞士信贷集团 10 月份出版的《研究月报》曾经指出：

"现如今，美国的核武器是贸易保护主义，中国则可以以出售美国债券的理由要挟美国。大规模的贸易战争不仅使两方深受其害，更使国际陷入到衰退的阴影中……市场对美国巨额债务问题处理前景表示担忧，国际市场的恐慌仍将持续。"②

有人指出，G20 财长会议就和金融董事联席会议差不多。那些不确定自己流通要求的银行会担忧它们得不到央行和市场的救助。它们同时也会担心利率的波动会不会影响到自己。其实国家政府的担忧和它们是相似的。

不论是政府层面还是信用机构层面，债权人的紧张心理都会增加融资的投标价格以及边缘分配率。对于政府来说，市场中有债权人和负债人的差别。大风险投资和重建债务平衡的失败行为必将受到市场的制裁。今天的银行及政府都应当明白这个道理。

---

① 资料来源：《彭博财经》，2010 年 8 月 30 日版。
② 资料来源：D. N. Chorafas. Chaos Theory in the Financial Markets, Probus, Chicago, 1994.

第五章 中央银行的常规武器和 非常规武器

第一节 Souk——表示市场和混乱的多义词

Souk 是一个阿拉伯语词，它有两层意思，第一层表示市场，第二层表示困惑、混乱、不稳定的状态。Souk 的第二层意思包含着很多不确定因素，这些因素代表着风险；当市场信心因为某种原因下挫的时候，这些风险会随之上探。

和其他科学道理一样，混乱理论[1] 告诉我们凡事必有因果（第一章）。一件事件出现的原因道理可能很简单，通常也很容易被发现（但不一直是这样的）。Souk 在市场中出现的原因是市场泡沫的不断扩大。受到快速利润和人类贪婪本质的驱使，财政泡沫会随着物价脱离实际价值一路飙升。

美国的次贷泡沫的直接原因就是美联储过长时间的低利率政策。低利率本来应当在 2000 年互联网企业危机后就被停止，可是，由于美联储的疏忽，通货膨胀越来越严重，大型金融机构在利润的驱使下一路推高了次贷泡沫。

其实，贪婪和低利率也是 2000 年互联网危机的两大推手。1997~1999 年，美国为了抵御亚洲经济危机、俄罗斯危机、长期资本管理公司危机的复合影响，降低了利率水平，这导致投机者和投资者的投资热情猛涨，泡沫随之产生，股市

---

① 资料来源：D. N. Chorafas. Chaos Theory in the Financial Markets, Probus, Chicago, 1994.

在不久之后就被重创。

没有经济体希望这样的泡沫出现。可是当政府只能从监管者变成投资者的时候，它们也被巨额利益蒙蔽了双眼，加入到这场催生泡沫的运动之中。这里有一个例子，在 2010 年末的"国际财政稳定性报告"中，IMF 提到日本银行占政府证券投资已经达到了 24%。此外，日本的短期债务也有大幅度的增长。如果投资者对政府债务失去信心，全球性的银行危机可能浮出水面，日本政府的债务泥潭将会越来越深，日本经济会面临被摧毁的危险。

上面的例子很好地揭示了为什么 Souk 有两层意义。我们曾经提到，现在投资者正在逐渐撤回在爱尔兰债券上的投资，这传达了一个信号，那就是人们对爱尔兰政府和经济正在逐渐失去信心。从这个例上我们可以看出，如果一个国家的财务水平不断恶化，解决问题的能力受到质疑，那么即便最严谨的债务管理也不能解决问题。

大量的泡沫和债务正是市场忧虑的根源所在。如果想要让经济和财政系统恢复运转的话，中央银行和政府必须摆出姿态控制市场泡沫。其实泡沫的特征很明显，但有关人士需要足够的前瞻性去发现泡沫，并且有足够的勇气削减泡沫，使泡沫总体上处在可控状态。美联储主席和中央银行的高管们的前瞻性其实并不一定比投机者及金融炒家高，如果他们再没有决断力和判断力的话，央行自己也将变成 Souk 的一部分。

本·伯南克曾目睹了 2004~2007 年的房产泡沫越鼓越大；他的前任也曾目睹过 2000 年的股市泡沫，可是，他们都选择了坐以待毙，袖手旁观。看到最后的危机，不知道这两位美联储主席做何感想。批评者说格林斯潘和伯南克不仅是失败的引导者，也是危机中"吹泡泡的人"。

格林斯潘在 10 年里足足创建了两个泡沫（第一个是 2004 年的债泡沫），使得市场变成了彻头彻尾的 Souk。他的继任者伯南克比起格林斯潘有过之而无不及。自从 2007 年末利率下调以来，市场一直保持着低利率的水平。可在这段时间里，没有人真正研究过低利率的负面效应。所以即便金融政策制定者试图阻止泡沫，监管者想要遏制投机风潮，但另一个泡沫又会开始酝酿，进而刺激了投机者的风险交易。

2010 年 4 月 9 日，乔治·索罗斯在接受 CNN 采访时说："有人问我靠什么挣钱，当我看到泡沫时，我跟进投资，这就是我挣钱的方法。"但他接着补充道："监管者和投资者不同，需要反其道行之，在泡沫破裂之前做出行动。如果不这样做，他们将会付出更大的代价。"

索罗斯对格林斯潘、伯南克和其他美国监管者提出的"没注意到泡沫形成"的说法提出了质疑。他指出，如果他本人能看到泡沫的话，监管者也应当能看到才对［我们可以看到，前美联储主席保罗·沃克（Paul Volcker）博士曾经看到过泡沫，作为他的继任，格林斯潘和伯南克怎么就看不出来呢？］。

对商业银行和投资银行，人们也有相似的质疑。西方顶级银行的职员本应是金融界的大师，为什么他们会对自己制造的泡沫视而不见呢？在美国，这样的疑问此起彼伏。有人说，金融立法的缺位可能是这一切的原因之一。

说到金融立法，就不得不提到小布什政府废除 2002 年撒巴恩斯—奥克斯利法案（SOX Act）这件事。这个法案当时是为了处理安然（Enron）和世通（WorldCom）诈骗丑闻时出台的。根据这一法案，雷曼兄弟的 CEO 和 CFO 要对 500 亿美元债务负首要责任，但由于司法的缺位，他们没有得到应有的制裁。

毫无疑问，对道德风险和监管的忽视助长了泡沫的形成。而泡沫的破裂有可能对经济体产生极大的风险。如果资产泡沫越来越大，社会将会不可避免地变成一个十足的 Souk。

正如这次金融危机展示的那样，每个主要市场的经济破裂都将产生严重的系统风险。它也会将经济拖入危险的境地中，进一步降低了央行采取激进修复行为的决心。Souk 的代价是巨大的，除了浪费钱以外，泡沫破裂还会影响国家、企业、家庭的收支平衡，产生很多债务的受害者。

因为监管者和政府的失职，纳税人很有可能被要求承担投机者造成的损失。同时，这些纳税人还将面临房屋抵押、失业、存款减少、养老金蒸发等一系列的问题。困扰很多经济学家的一个问题是，资产评估在历史原因的影响下变得太高了，这一问题的症结可能在于高资产价格、低利率以及大量财政缺口。

央行缺乏政治独立性这一状态可以从金融新闻中感受到。最近几年，很少有专家能够给出切实可行的危机解决方案。比如说，韩国的央行的处理资产溢价的行动就远远落后于市场（这一问题的根源是，首尔某些地区的房价一直处在高位）。

健全的管理体制其实是可以改变经济的不确定状态的。2009 年末，韩国银行行长李成太（Lee Seong-tae）曾经说央行应当对市场的投机泡沫有充足的准备。在 2009 年末的一场会议上，他曾经表示："我们必须对资产价格做出及时的应变。"但是他补充道："我认为仅仅靠央行的一己之力是不够的。"[1] 从某种意义上，他的观点有自己的道理。政府必须和央行一起改变经济局势。

第二节　黑天鹅和新经济理论

提到现在的危机，就不得不提到"黑天鹅"这个概念。黑天鹅效应指的是极不可能发生，实际上却又发生的事件，被唐纳德·拉姆斯菲尔德称为"未知的未知"。黑天鹅效应包括使数家银行倒闭的银行业海啸，包括使希腊濒临破产的主权债务危机，包括引发证券界地震的次贷危机。

从理论上说，极端事件在这几年已经变得越来越普遍了。过去认为很罕见的经济事件现在已经超出了现有模型的预期，变成了经济的常态。有理论认为现在的经济在极端事件的影响下变得越来越脆弱了。市场和复杂市场工具可能会更易受到不可预测的随机性的影响，产生黑天鹅效应。

这些改变对于市场来说非常重要。这是因为，在金融杠杆化，一个大错误的影响要比很多个小错误累加在一起的影响更为致命。这种高风险事件导致了 1987 年股票大跌、1990~2001 年日本的经济衰退、1994 年的利率危机、1997 年的亚洲金融地震、1998 年俄罗斯的破产以及长期资本管理公司危机、2000 年股市大跌、2007~2011 年银行业危机和经济危机。

在短短 20 年间，黑天鹅的风险制造了 8 次经济危机。我们可以看到，虽然

---

① 资料来源：《经济学人》，2009 年 11 月 14 日版。

旧有经济理论仍然是市场主流，但它们已经不能解释新的经济现象了。之前理论中的极端现象可能现在并不极端，传统理论的改革看起来势在必行。

新的经济理论需要囊括并反映黑天鹅事件带来的风险和机遇，并且分析出它对金融市场的复合影响。新理论也应该包括国际化的产出效应以及高科技带来的金融工具革新。越来越多的人开始意识到，国际化、新机遇、不确定事件本身就是 3 个 Souk，这 3 个 Souk 在一定程度上导致了 2007~2011 年的经济危机。它们3 个作为黑天鹅给市场蒙上了很深的一层阴影。所以，当次贷泡沫被捅破的时候，投机资本和金融服务的国际化助推了 Souk 在全球的蔓延，使地理上并不相邻的国家遭受了同样的国际金融危机。

所以，市场的游戏规则必须要改变一下了。旧常态中人们可以通过资本的多样化躲避危机，但今天这种方法已经难以奏效了。人们必须做最坏的打算，预备经济长时间衰退的可能性，同时建立成熟的风险监管系统。对于黑天鹅效应的社会化风险，人们也应该做出全面的预防。同时金融实体应该改变管理问题的方式。[①] 在 2007~2011 年金融危机以前，银行家、投资者、监管者都把经济问题当作外源性的问题，并分别应对。可是现在看来，这些问题根本上是内部性的问题，并且被系统之间的联系一层层地放大了。

根据专家的说法，除了杠杆化、新颖性、复杂性，多样工具和多样市场的同质化也给金融市场提供了新动能。银行、保险企业、对冲基金、养老基金、社保基金、个人投资从本质上说并不是不同的东西，它们在金融领域的作用是相似的。随着这类基金投资越来越集中，风险也会随之集中。

所以这些本该分散的经济实体投资变得越来越集中，最终催生了越来越多债券发行。这些经济实体打算用一个石头打到巨额利润（红利）和多样化这两只鸟。所以每个经济实体都想依靠杠杆化、次贷、抵押获得利益。如果一个公司这么做还无可厚非，可现在整个系统都把鸡蛋放到了一个篮子里，这个篮子还是风险最大的那个。

政府和企业领导力的缺失提升了黑天鹅出现的频率，深化了这场危机。不论

---

① 资料来源：D. N. Chorafas. Risk Pricing, Harriman House. London，2010.

是在泡沫出现还是破裂的时刻，风险都没有被很好地管理起来，不论是监管者或是银行及投资者都没有意识到潜在的风险。此外，大家对人们的逐利心理预估不足，导致了危机的爆发。

现在，经济问题大行其道，民众陷入了贫穷的泥潭中无法自拔。在美国，私人债务从1950年的50%上升到了2008~2009年的约300%，这一改变引发了家庭和社会经济态度的巨大变化。在100年前的美国，债务违约人要去坐牢；大萧条时期的美国人也懂得存钱的道理。但是，20世纪60~70年代信用卡的普及造就了一个超前消费的社会。债务违约已经不再是耻辱，而成为了一种生活态度，使得借贷双方都变得更加疯狂。

这就是经济危机为什么在私人、企业、国家三个领域出现的根本原因。人们不应该再纠结于全球化、杠杆化、新型金融工具等带来的经济上的机遇和挑战，人们应当在道德层面扭转社会风气，这种扭转需要社会每个人的共同参与。

过时的经济理论和方法使得西方政府和经济体负债累累。根据保守预计，美国的资产减记已经达到了1.5万亿美元，约占GDP的11%。这部分减记绝大多数是纳税人的钱。在2008年（最新数据），欧洲的成本也达到了GDP的18%。不得不说，继续现有政策是最坏的主意之一了。新经济理论应当：

（1）囊括系统风险；

（2）提供应急规划的基础；

（3）提供基础框架，防止政策及市场失误造成的严重后果。[1]

采取以上方案的话，道德风险就有可能降到最低。危机的解决同时也要依靠一些全新机制，能像股权稀释一样防止跨境经济挑战[2]。新机制可能会造成跨境的争端，所以这些机制需要被一遍一遍地检验，这样才能应用到最为复杂的金融组织中，并且能随时随地面对国际资本的考验。

---

① 请参见本章最后有关生前遗嘱的表述。
② 资料来源：Basel Committee，"Report and Recommendations of the Cross–Border Bank Resolution Group"，BIS，Basel，March 2019.

第三节　物价稳定与中央银行

欧洲中央银行的章程里明确表示，稳定物价是银行的最首要任务。在美国，1913 年颁布的美联储法案给中央银行两个任务：稳定物价、促进就业。但这两个目标明显是相互矛盾的。为了提升经济，央行通常会选择信用膨胀这一方法，但这一方法对经济稳定没有帮助，可能会引起更多更大的问题。

一个有序的信用系统可以帮助家庭、企业、经济稳定下来。[①]从长远上看，公民、企业、政府都能从这个系统中获利，不用再被现金所拖累。为了维持物价稳定，中央银行必须有能力控制通货膨胀，阻止经济泡沫的形成和扩大。

欧洲中央银行的月报曾经解释过 2007~2011 年经济危机和政府金融政策的深层联系：

"有证据显示，那些旨在维持物价稳定的政策对宏观经济是很有利的。通过稳定通货膨胀预期……它们可以降低通胀波动性，减少宏观经济的不确定因素，加快经济反弹的速度……如果我们比较一下发达国家 1970 年的通货膨胀和这几年的物价水平，我们就可以轻松得出这个道理了。"[②]

可是，那些错误理解凯恩斯理论的经济体正在倒行逆施，朝着解决危机相反的方向越走越远。它们认为，现在的经济任务是阻止通货紧缩。可是，另一些经济学家坚持说央行阻止通货紧缩的做法会导致通货的大膨胀（第七章）。

美联储继续执行低利率的做法说明美国还处在高失业率状态。这样的话，悲观情绪会随之蔓延，从而导致更大的社会经济问题。日本化就能很好地说明了这一点（第四章）。因为低通货膨胀的关系，日本银行在过去 20 年间把利率维持在零点左右，却没有使日本走出经济危机。美联储在最近 3 年犯了同样的错误，也

---

① 其实银行也是如此，它通过借贷和贸易来操纵经济。
② E 资料来源：ECB, Monthly Bulletin, December 2009.

收到了相似的结果。

理论上说，低利率可以促进经济资源的流动。可是实际上，这些资源只是被胡乱集中起来，通过固定资产投资或信用交易等方式促进了经济的虚高。很多例子都表明，宽松货币政策有着很多副作用。批评家也表示政策的制定者应当在宏观经济角度找到更多促进经济增长的方法。

国际清算银行和经济合作与发展组织警告说维持低利率，复苏风险活动和通胀使得经济政策非常糟糕。如果央行继续维持错误的经济政策的话，西方政府的财政缺口有可能继续扩大。

利率，尤其是短期利率，是调节经济的重要手段。政府有责任、有义务处理好利率的问题。市场会通过近 5 年、10 年，甚至 30 年的市场利率曲线分析经济。[①] 央行通过调整利率监管信用体系、货币流通量，预测经济体中的现金[②]。

在其他条件不变的情况下，如果货币流通量翻倍了的话，物价可能也会翻倍。不过，"其他条件"也会左右物价的走势。比如说，金融环境和国家经济表现都会影响物价。当面纱被揭开后，通货膨胀就会出现，流通性就会升高（见下文）。在 2010 年第一季度尾声，美林投资银行就曾撰写报告指出："中央银行不可能会永远慷慨下去。"

投资者也了解中央银行的秉性，小心翼翼地观察着政策的导向，并且通过利率曲线分析市场的活动。投资者现在都在期待长期证券的收益能更高一些，以弥补他们在存款方面收益的损失。这种现象被称为倒退化（Backwardization）现象。不过这种短期利率和长期利率倒挂的现象在现实生活中并不常见。

倒退化现象是央行提升短期利率引起的，它可以减缓经济发展，消除通货膨胀。所以，倒退化一般被认为是经济衰退的一个信号。

大量证据显示，中央银行抵御通货膨胀的效果并不显著。一部分是因为政治上的压力，另一部分是因为抵御通胀的方法有一些瑕疵。通货膨胀有一定的惯性，短期的政策虽然能治标，却不能治本，无法对长期的通胀进行有效的疏导。

---

① 这显示了短期和长期利率之间的关系。
② 现金供应（MS）收到货币基础（MB，即货币印刷量）和流通速率（v）的影响，具体关系为：$MS = v*MB$。

如果中央银行政策是滞后于经济衰退的，那么抵御通货膨胀的手段很有可能发挥不出应有的效力。如果宽松货币政策长期持续的话（比如说延期到 21 世纪后半叶），通货膨胀必然会在这段时间内反复，这对经济来说是一个十足的威胁。

超低利率和政府大规模经济刺激政策绝不会是"免费的午餐"。有一个例子可以从侧面证明这点。2010 年 9 月 29 日，欧元兑美元汇率大幅跳水，创下了 5 个月以来的新低。这里面的原因是有消息称政府将会出台经济刺激政策支持脆弱的经济。

有很多人都猜测，美联储会长时间内进行新一轮量化宽松政策（QE，见下文）。这一轮政策将包括购买证券和其他资本来刺激经济。Forew.com 的布莱恩·多兰（Brian Dolan）说："现在美元处在一个双输的局面。如果美国的经济数据不景气，美联储会继续宽松政策，美国的利率和美元就会持续走低。"[1]

反对维持物价稳定的人会说，经济政策的收紧会导致更高的借款利率，降低借款需求，企业和家庭的积极性就会受到打击。可是，他们的说法其实和经济政策无关，和政治的关联倒更大一些。这是因为物价稳定破坏了商业和零售银行的既得利益。银行一方面需要放贷，另一方面需要信度。维持物价稳定的政策影响了借贷两端的活跃度，也影响了借贷者的质量，所以他们当然要反对了。

除了利率，其他中央银行能运用的金融政策工具还包括再融资操作、长期融资、存款服务、边界借贷服务、商业票据折扣、证券重购协议、交换、吸纳操作，等等。通过运用这些工具，一个健康理智的金融政策可以发挥功能，维持物价长期稳定。

不可否认，在短期内，我们还要采取一些非常规的手段缓解市场的焦虑情况。通过这些"增强信用支持手段"（Enhanced Credit Support），调节流通性。不过，如果这些政策变成长期政策的话，则有可能形成流动性之墙（Liquidity Wall，见下文）。

总而言之，央行高管需要通过预测未来通货膨胀情况而走在市场的前面，这种预测应当是自由的、务实的。相对地，那些轻视通胀的举动可能变成日后人们

---

① 资料来源：《国际先驱导报》，2010 年 9 月 30 日版。

眼中的苦果。[①] 20 世纪的美元就是一个最好的例子，因为贬值，美元失去了约 95%的购买力。

凯恩斯有一句话很经典，他对时任财政大臣大卫·艾劳德·乔治（David Lloyd George）说："如果您问我关于政府财务的意见，我会很荣幸地回答，它就是个垃圾。"[②] 这句话用来反驳当今"通胀有利"的言论同样适用。

第四节　流动性之墙

博士鲁比尼曾经说过，如果不注意持续过量的流通性，一场新的金融危机可能会随时爆发。保持流通性是 2008~2009 年西方政府抵御危机的主要方式之一，西方政府意图通过将新印货币投入市场的方式救助大银行，重振经济，可是效果并不明显。而且，过量的流通性使得银行业者和投机者看到风险中的商机，从而给危机带来了新的危机。

新危机会导致什么后果我们还不得而知。不过我们知道的是，新的泡沫可能会形成，泡沫破裂的时间可能会很短。流动性之墙并不能解决市场信心的问题，反而可能在以下几方面使事情变得更糟：

（1）银行会有超过 1 万亿美元的额外储备；

（2）企业会有额外资金投入资本市场；

（3）利率对于借贷者来说可能会很低。

所以，虽然流通性增强了，市场信心可能依旧处于不足的局面，这一状态将成为西方经济，尤其是美国经济复苏的最大阻碍之一。这一切可能依旧要归咎于美联储。越来越多的经济学家表示，现在美联储的政策会催生信用市场的泡沫。在火热的市场里，证券、股本、黄金的价值都会开始上涨。加印货币作为一项量

---

① 在这里，本书估计避开了核心通胀和广义通胀的讨论，也不去辨别究竟哪一个通胀指标能更好地反映经济。

② 资料来源：Liaquat Ahamed，Lords of Finance，Windmill，London，2010.

化宽松政策，其影响已经超过了调整利率等传统方式。所以，有批评家一直在强调低利率和高流通性的危险之处。

这些经济学家坚持认为，英美等其他西方国家的央行行长都误以为金融政策失控的影响没有那么大。国际清算银行也意识到了金融政策失控的风险，它在第80财年年报中指出，低利率的代价被大幅度低估了。比如，它可以加大市场风险，助长投机行为，使经济受到影响。

国际清算银行认为，低利率的代价会随着时间的推移而增加，它可能带来财政缺口放大、劳动和资本分配不均、资金流失稳等一系列问题。国际清算银行还认为，加印新钞可能会加大通胀预期。比如说，英国的通胀在过去四年比政府预期增大了2%。

从社会承诺上看，高流通性对经济的发展也是不利的。有人预计到2050年，一些西方国家的老龄化支出将会占到GDP的30%（西方平均值届时会达到27%），而国家支出将会占到GDP的70%。这个消息真的是太糟了。为了防止"新共产主义"，西方国家不得不在两种失信中选择一种。要么是不断借债，最终因为无法还债对债权人失信；要么是改变福利政策，失信于纳税人。

理论上说，银行家可能会继续发明新型非传统金融工具而开辟市场，躲避风险。高盛利用金融工具帮助希腊掩饰巨额公共债务就是一个很好的例子。实际上，21世纪前10年这些工具的表现已经开始让人逐渐质疑这些工具对市场究竟是有利还是有弊。其实，帮助买家找到新的金融产品并不难，难的是如何预防这些金融产品所产生的不良后果。

在制定金融财政政策的时候，长期的稳定性要比短期的收益更重要。我们不会忘记，在2000年股市大跌之后，2002~2004年市场一直坚持的是短期低利率政策。可是，这抬高了房价，把资本转移到了房屋建设方面，大量资本加入了次贷的游戏中①。但是，次优信贷（Alt-A）里面存在着很多虚假信用的成分，借贷条件过于宽松，人们的双眼被简单的借贷款项、充足的流通量和低服务成本等所

---

① 资料来源：D. N. Chorafas, Financial Boom and Gloom: The Credit and Banking Crisis of 2007-2009 and Beyond, Palgrave Macmillan, Basingstoke, 2009.

蒙蔽，赌局也越做越大。他们认为，只要银行假装一切万事大吉，他们的账单一片混乱也没有关系。这正是日本化的原因之一（第四章），不出所料，这一切终于引发了大问题，点燃了 2007~2011 年的金融经济危机。

高流通性和低利率养活了一批僵尸企业、管理混乱的银行以及其他濒临破产的经济实体。它们花着纳税人的钱，却阻碍了经济的健康发展。由于美联储、英格兰银行和欧洲中央银行乱发货币，它们引发了全球范围的危机。相比较而言，新兴市场则一直在限制利率上涨，防止经济过热。

利率上涨可能会导致短期资本的投机性流入，引发工业国家资本疯狂流向全球利率更高的地方。批评者说，当西方经济政策开始宽松时，发展中国家容易接盘西方资本，在国内催生泡沫，增加自己国家经济的风险。

如果流通性和杠杆是经济危机左膀右臂的话，信用质量和杠杆化也可以算是经济危机的两大推手。亨利·考夫曼（Henry Kaufman）在 20 世纪 80 年代曾表示，杠杆化的兴起必然带来信用质量的下降："我认为，高杠杆化公司在经济下降的时候必定会受到更大的冲击。"①

所以，现在有误导性的货币政策已经到了不得不改的时候。可是，央行还是没有意识到，过量的流通性根本就是自己政策的失误带来的。由于短期债务的累加，长期资本的固定性，大量投资必然带来大量的投机资本，而这些资本会加大经济危机的风险。有很多风险其实是过杠杆化的影子银行系统带来的。当市场冷却时，结构性投资工具（SIV）等产品的投资人（主要是银行）将不得不承担损失。②

银行的日常活动也在一定程度上导致了财政的扩张。罗斯福时期的美联储主席马林纳·埃克斯（Marrinner Eccles）曾经说："银行系统的造钱能力是无限大的，与之相比，生产设备和劳动力的增长远远不能和造钱能力匹配。"③

---

① 资料来源：Henry Kaufman, On Money and Markets, McGraw-Hill, New York, 2000.
② 贝尔斯登和雷曼兄弟的案例也说明了这一点。
③ 资料来源：William Greider, Secrets of the Temple, Touchtone/Simon & Schuster, New York, 1987.

第五节　量化宽松

对市场影响最大的莫过于量化宽松政策了（Quantitative Easing，QE）。量化宽松政策最早起源于日本，当时是日本银行面对金融危机不得已的举措。这一举措在 2007~2010 年金融危机时被欧美政府仿效，给欧美经济增添了很大的风险。美联储和英格兰银行为了盘活金融政策，把利率降低到了将近零点。换言之，欧美央行用大量印钱的手法刺激经济，期待经济能够迅速回稳（可是事实并不是这样）。

无须解释，欧美央行的打算很多都落空了。更糟的是，QE 没有建立成熟的退出机制。批评观点认为，QE 的随意性正是市场缺乏信心以及"智慧"的表现。政策制定者正在摸着石头过河，虽然知道岸在哪里，可由于财政纪律和管理的缺位，他们如履薄冰，难以前进。从技术上来说，坚持 QE 的央行用新印发的货币进行购买资产，比如政府债券等。这些钱在流通了一圈之后，最后会回到央行的储备中。

为了揭开 QE 神秘的面纱，我们不妨先看一看它是从哪里来的。虽然很多人认为 QE 是美联储和英格兰银行在这一轮危机中发明的，可实际上是日本银行在 2001~2006 年施行的政策。这一政策迅速增加了日本商业银行的资金储备。

这一政策在日本产生的结果并不显著，以至于很多经济学家开始对日本从 QE 中获利这一观点表示怀疑。另一部分经济学家则大力支持这一政策，认为它能提供充足的资金供应，对社会经济发展有利。可是，他们的观点并不准确，要知道，过量的流动性会降低资产价格，使得市场波动性上升，造成很多意想不到的结果。

所以，很多人在充分分析后表示，QE 实际上是一把"双刃剑"。它对资产价格、政府债券、企业债券、联邦地方债券、流通性等方面均会造成影响。[①] 同时，它也会引发通胀的忧虑，以及社会对信用流监管失位的担心。不过，结构性问题不在 QE 的影响范围之列。

批评家认为，QE 虽然在美国、英国、欧洲、日本起到过一定的正效应，但 QE 没有在根本上改善国家的经济。他们还补充说，抛开通胀预期不谈，QE 没有修复到信用系统的最深处。英国 2010 年 1 月私营非融资领域下降了 2.7%。

支持者则认为，QE 的灵活性可以使它适应多种经济环境，能够稳定地为经济增长助力。他们不仅给出了日本的例子，还给出了美联储的例子：在 2010 年 1 月，伯南克说美联储主要聚焦在买证券的问题上，从资产角度解决财政缺口问题。[②]

QE 的支持者把 QE 看作是新的发明创造。然而，批评者却指出，日本和美联储的例子是自相矛盾的。日本注重于商业数量和央行控制的银行储备，不是从资产角度，而是从债务角度方面解决问题的。上面这种说法可是日本央行行长提出来的。他看出了美国和日本 QE 的相似性，因为债务角度和资产角度也是紧密联系在一起的。[③]

QE 不是调节的唯一工具。衍生品和 QE 也有相似的效果，对每个公司的财政情况有着相似的影响。

然而，批评者和支持者都同意的是（如果可以的话），QE 在很大程度上是在给银行重建收支平衡争取时间。从某种程度说，这是对公共财务的另一种浪费，从爱尔兰、英国、美国、日本的结果看，效果也没多好。[④]

抛开零利率和 QE 不谈，西方经济本身也处在病怏怏的状态。政府本身就高度负债，可经济增长却十分依靠政府的金元刺激。除此之外，美国、英国央行对私有市场的干预也使得情况变得越来越糟。QE 持续的时间越长，造成的影响可

---

① 事实上，英格兰银行利率委员会成员米尔斯（David Miles）就曾在 2010 年 9 月表示，量化宽松政策影响的不仅仅是伦敦的金融市场，其影响遍布英国的大街小巷。
②③ 资料来源：《经济学人》，2009 年 10 月 17 日版。
④ 在爱尔兰，安格鲁-爱尔兰银行早已经深受衍生品债务困扰，但是却被政府一次又一次地救助。据有关财经新闻显示，这种无力的救助已经导致了纳税人的不满。

能越大。

这可以解释为什么英格兰银行在 2010 年 2 月暂停了 QE 计划。可是，在当年 10 月，英格兰银行又改变了政策，继续执行 QE。即便这中间 QE 暂停了半年多，英国还是在 1 年的时间内向市场注入了 2000 亿英镑（约合 3200 亿美元）的资金购买政府债券等资产。另外，如果说英国的 QE 有退出机制的话，我们就需要问以下四个问题：

(1) 金融和货币政策该在什么时候收紧？

(2) 抬高利率，削减财政赤字是否重要？

(3) 如何把中央银行的盈亏稳定在正常水平？

(4) 削减财政赤字的举动会不会增强市场信心？

虽然这些问题的答案还不得而知，但是对于央行而言，当务之急是重新建立央行在市场上的地位；对于政府而言，它们需要采取真正的财政紧缩政策。总之，社会要增强对 QE 的认识，避免 QE 的负面作用。如果 QE 最终引发了新一轮的危机，那么政府的财政刺激计划是难辞其咎的。

政府给市场注入的资金最终催生了公共债务。央行也在给金融系统注入资金，购买抵债债券和政府债券。政府和央行的举动给通胀带来了极大的压力。

第六节　QE 和竞争性货币贬值

截至 2010 年中旬，QE 的支持者和反对者还在为 QE 到底是好是坏吵得不可开交，我们在前文已经描述了这一现象。可是，市场的态度在那时发生了大逆转：QE 突然间变成了货币贬值的现代手段。

动用央行力量贬值货币是另一场赌注，理解它需要强大的政治能力以及政府层面的决断力。在全球化背景下，很多人在批评这一政策，他们认为这种贬值方式会对世界贸易产生不良影响。

很多证据都表明，QE 不能使经济在此起步。此外，QE 还会导致货币进一步贬值，国家货币系统将受到很大程度的影响。有批评者说，QE 的本质是央行疯狂加印货币，使货币贬值。QE 的名字只不过是用来美化这一过程而已。货币的竞争性贬值可以刺激出口。这实际上是把复苏经济的主动权交给了其他国家。其实，第一次大萧条就是这么引发的（见上文）。

支持者认为，随着税负的上涨和财政政策的失灵，刺激经济的重任已经压在了央行肩上，QE 则是央行最后的武器。比如说，在把利率降低到 0 点之后，美联储用新印货币在 2008 年购买了 1.7 万亿美元的抵押债券，意图放开流通性，降低长期利率（可是失业率并没有因此而回升）。

国际上，围绕 QE 的贬值大战一触即发，每个国家都在争先恐后地印货币，生怕落在贬值大战的后面。所以说，推动美联储在 2010 年执行新一轮 QE 的不只是增长的乏力。即便美国经济实现了增长，增长的速度也赶不上经济的增长，在进口不断攀升的背景下，美国的出口相对而言也比较乏力。

这就是人们所说的"货币战争"。这场战争十分激烈，即便 IMF 央行和财长会议也无法调停国家间的冲突。最激烈的冲突莫过于中美贸易冲突了。美国指责中国阻止人民币升值，中国则指责美国的宽松经济政策增加了发展中经济体的不稳定性。

除了中美，其他国家也加入到了这场战争中。在 2010 年 9 月 27 日，巴西财长归多·门太加（Guido Mentega）曾说过，国际货币战争已经真正打响了。[1] 国际合作推动经济发展在今天已经不适用了。最近，国际贸易更多的是剑拔弩张的气氛，国家之间在以下方面互相指责：

（1）贸易壁垒；

（2）贬值货币的 QE 政策；

（3）货币汇率干预以及资本管制。

支持者表示，贬值货币这一招其实并不新鲜，人们早就开始采用这一方法了。很久很久以前，政府会通过减少贵金属在银两中的比例使货币贬值。当时贬值的效果和现在差不多，都造成了物价的间接上涨。

---

[1] 资料来源：《经济学人》，2010 年 10 月 16 日版。

我们可以看到，政府的货币政策忘记了考虑通货膨胀的因素，也没有考虑通胀可能引发的破产、金融危机等一系列问题。法国皇家银行（French Banque Royale）的破产和 1720 年约翰·劳（John Law）带来的密西西比的泡沫就很好地说明了这一点。我们可以看到，短期的政策是可以产生长期的负面效应的。

随着国际国内经济金融问题的复杂化，简单直接的方法已经不能解决新形势下的经济问题。对经济的大手术看起来不可避免。有些人认为，宏观经济金融的研究没有什么价值，甚至有时对经济发展会起到反作用，他们会一直说，凯恩斯认为如何如何……

凯恩斯的理论的确很有道理，对当时的经济制度提出了很多建设性的批评意见。相反，现在的凯恩斯学派则是商业现状的拥护者，这些人从 2007 年开始不但没有减少，反而越来越多了。

宏观经济学家往往来自大学、政府机关或者中央银行，他们缺乏经济领域的实战经验。所以，他们的做法往往和那些在实战中摸爬滚打的企业家、投资分析师截然相反。另外一些理论家则持着"市场总是对的"、"市场会自动改正自己的错误"这样的观点，所以他们会提出一些荒唐的解决方案，比如说：

（1）赤字财政；

（2）理性期待；

（3）有效市场；

（4）不干预理论。

这一轮深层经济危机已经表明，现在经济模型的疯狂状态必须要被制止了。现在的经济模型要么是不懂经济的数学家建构出来的，要么是不懂数学的经济学家凭空臆测出来的。这一系列数学等式缺乏现实的检验，自身也并不健全，会增加金融经济领域的系统风险。

第七节 "坏银行"、沃克规则和"生前遗嘱"

坏银行指的是那些自身坏账较多，需要政府支持才能解决自身问题的银行。坏账则被定义为那些有很大风险，或者难以变现，或者变现价值大大低于购买价值的资本。坏银行这个概念被用来：

（1）帮助金融危机的解决；

（2）帮助受损银行处理控股、不良借贷等"最坏资产"；

（3）预防坏账的抛售，帮助恢复其市场价值。

以上的目标是否能完成，能多大程度完成取决于坏账的多少以及坏银行自身的管理能力。专业精神也是完成目标的加分因素。瑞典资产管理公司（Securum）是坏银行的经典案例。[①]这一案例包含了瑞典政府、重建贷款、协商控股价格和参与度等多种因素。

虽然瑞典资产管理公司是坏银行的第一案例，但救助坏银行的概念却是在近几年才兴起的。这一概念最先开始于 1988 年。那时，美隆银行（Mellon Bank）把自己的不良贷款、垃圾债券、私有股权甩给了格兰特街道国民银行（Grant Street National Bank）。

正如美隆银行、瑞典资产管理公司和眼下坏银行展示的那样，救助计划是很灵活的，不同的人可以对计划有着不同的解读。经济学家约瑟夫·斯提葛里兹（Josef Stigilitz）表示，坏银行计划根本就是"用钞票换废纸"，但支持者却认为，这类计划有很明显的优势：第一，通过管理，坏账的价值可以得到很大恢复；第二，把不良资产剥离后的银行信用等级可以得到提升，寻找资本或买家的过程将会变得更容易。

---

① 在 20 世纪 90 年代早期，瑞典资产管理公司（Securum）接管了瑞典北方银行的不良资产。这些资产包括不良贷款以及存款。

重建资本的想法固然好，但实际上也有一些问题，比如，为坏银行埋单的最终还是纳税人。坏银行的坏账必须要有新实体出钱购买，要么就只能贱卖给其他买家。

简单来说，大部分借贷信息（不良资产）会以比较低廉的价格从坏银行那里转到政府或政府控制的中介手中。这个行为看上去很像证券化交易，但事实上并不是。这是因为这种行为基于合理分类、理性估值以及健康的资本转移。

因为借贷并不算作金融交易产品，坏银行会在救助过程中失去一些交易流和一部分优质贷款。与此同时，借贷的影响还会反映在证券资本和储备的减少上。此外，从资产和债务金融分析方面考虑，人们还要像处理终止确认（Derecognition）借贷一样处理对交易的影响。

整件事情积极的一面是，通过有效的管理，坏银行也可以扭转颓势了。瑞典资产管理公司在被委托之后的 6 年时间内，恢复了 85%的受损资本。如果这些资本在 6 年前被变现，瑞典资产管理公司获得的钱可能连一半都不到。

坏银行盈利的另一个例子则来自英国。北岩银行（Northern Rock）是 2007~2011 年经济危机以来第一个被救助以及第一个被国有化的欧洲信用机构。[①] 它在 2010 年年中终于实现了盈利，财务表现甚至比其他"好银行"还要好。

坏银行绝不止北岩银行一家，包括苏格兰皇家银行在内的很多银行都会在未来几年内通过政府援助渡过难关。如果金融环境在 2011 年没有好转，跨银行贷款等贷款连续到期的话，这些银行还将面临非常严峻的挑战。

所以，虽然坏银行救助战略有一定的好处，如果这些银行有一流的管理的话，政府还是对它们采取先发制人的策略来帮助这些巨型银行比较好。救助有三点先决条件：

（1）惩罚分明的系统；

（2）沃克规则；

（3）当银行金融状况较好时就要写下"生前遗嘱"。

很少有人能够意识到，当今金融系统的操盘者只有享受成功的权利，却没有

---

① 资料来源：Chorofas，Financial Boom and Gloom.

承担失败的义务。因此，银行家可以获得巨额利润，但却没有对自己的决策失误、管理失职承担应有的代价。

然而，有奖就应当有惩。有的读者可能会回忆起来，撒巴恩斯—奥克斯利法案（Sarbanes-Oxley Act）曾经对惩罚有相关规定，可是此类规定却被小布什政府和他的继任搁置了。大型金融机构手握财政大权，如果运用不当就可能会造成灾难性的后果。适当的惩罚系统可以保证银行家履行职业责任，把监管缺位的状况降到最低。

一个先决条件是哥拉斯—斯蒂格尔法案（Glass-Steagall）的现代版本。以前美联储主席保罗·沃克博士命名的沃克规则禁止储蓄机构在资本市场内部进行自营交易①。该规则也禁止储蓄机构参与对冲基金和私有股权的投资。这个规则一经出台，立刻受到了金融稳定委员会（FSB）的欢迎。作为巴塞尔协定下推动国际经济改革的实体，金融稳定委员会强调以上决定需要和更严格的资本流通规则联系起来，并通过行之有效的监管制度使规则落地。

在这里有必要和读者强调一下，沃克规则和哥拉斯—斯蒂格尔法案的不同点在于，沃克规则不要求商业银行和投资银行完全分离。这项规则也不针对那些巨人银行。它的目的是限制非储蓄债务的过快增长，针对西方银行链条的最弱环节对症下药。②

作为2010年财政监管的一部分（FINREG），这项规则在国会获得通过。但是，由于银行的反对，很多条款都被弱化了。这项规则使得银行的投机收益大幅减少。要知道，自营交易占到了高盛收入的10%，占到了摩根斯坦利和花旗集团的5%。虽然利益巨大，但这些利润背后隐藏着的也是巨大的风险。

在取消自营交易限制的呼声中，有人认为金融创新是储蓄机构神圣不可侵犯的权利。的确，每个人都有创新的权利，可是正如保罗·沃克在2010年2月2日接受国会质询时说的那样，没有证据能表明这些金融创新给美国带来了任何利益。反之，这些创新给美国带来了巨大的风险，金融的不透明性在升高，如果投

---

① 在自营贸易中，银行往往不会去用储户的账户，而是用自己的账户交易，所以储户的存款的风险就大大提升了。

② 美国国内存款的份额已经超过了10%。

机者失算，受害的将是每一位纳税人。

有趣的是，投资银行对沃克规则的看法也逐渐转变。摩根斯坦利同意剥离自营业务，其他曾经反对沃克规则的银行也在制定时间表计划 2014 年之前完成剥离。大银行的 CEO 看起来也看出了沃克规则的好处，如果剥离自营业务，它们能够获得监管者更大程度的信任。然而，有专家指出对沃克规则的反对实际上是一种谈判策略，即便剥离自营业务，投机者也可以通过其他方式获得巨额利润，这些利润后的风险也会导致银行的破产。①

这就涉及"生前遗嘱"的问题。"生前遗嘱"在银行界表示银行在破产或部分破产之前，就应当做好相应的备案，预防危机的各种情况。不论大型、中型、小型银行都应当有相应的备案，预防可能出现的危机。

巴塞尔银行监管委员会曾经特意解释过"生前遗嘱"的重要性：

"即便有些大型银行的功能是系统相关的……它们的商业计划却没有包含成熟的风险解决方案……因此它们需要在危机来临前对债务问题做好筹划，用切实有效的手段预防商业操作的风险。"②

通过制定"生前遗嘱"，银行管理层可以向股东和监管者解释银行将如何应对潜在的危机。现在流行的观点是，这类遗嘱可以被运用在当前危机中，以增加客户资本回流的速率（具体来说，现在"生前遗嘱"可以被用来处理雷曼的倒台）。

批评者认为，这项制度可能会打击债权人的信心，如果银行不能满足他们的要求，他们的资产将会向银行外流出。支持者却认为，"生前遗嘱"可以巩固信用机构的储蓄流程，给储蓄者全面的保障。③ 在其他一些方面"生前遗嘱"也有好处。

"生前遗嘱"的替代制度可以推动银行在政府干预的时候自动调整，防止出

---

① 除了自营贸易之外，面向拱石（Archstone）集团的 236 亿美元杠杆化投资也是雷曼兄弟破产的原因之一。

② 资料来源：Basel Committee, "Report and Recommendations of the Cross-Border Bank Resolution Group", BIS, Basel, March 2010.

③ 但这种做法却不等同于重新恢复了旨在分离美国商业和投资银行的格拉斯法案（Glass-Steagall Act）。

现局部的利益损失。"生前遗嘱"还可以建立良性的财政支出，给储户信心，同时也能防止浪费税收的情况，杜绝 2007 年以来财政浪费的行为。

然而，即便有以上三个条件，风险也不能完全被杜绝。风险的杜绝还取决于人本身的表现和道德，因为那样预防性措施的效果会更好，监管机构应当加强提前管理，努力打破布什时期开始的政治壁垒，对市场进行行之有效的管理。

第六章　财政政策、支出政策及其间的矛盾

第一节　政府的羊毛出在纳税人身上

很少有人能够意识到国家已经没什么钱了。国家的钱主要有两个来源，一是税收，二是央行加印货币（通货膨胀）。第一种方式要靠国家的财政政策支持，第二种方式要靠国家的金融政策以及政客的政治压力。这两个方式因为公民税收等级和社会承诺联系在一起，依靠税收、支出等方式构成了国家政府的财政体系。法国激进社会主义首相安德烈·塔尔迪厄（Andre Tardieu）曾经在 20 世纪 30 年代说过："我们必须向穷人征税，因为他们的数量巨大。"塔尔迪厄的说法不无道理。增值税（VAT）增加了政府税收的能力，不论穷人和富人交的税都增加了。

正如第五章阐明的那样，通胀对公民财产的压力虽然小，但足以致命。罗纳德·里根曾在电视讲话中向民众展示通胀的影响。里根一只手握着 10 美元美钞，一只手握着三美元硬币外加几个分币。他向民众解释，现在的 10 美元仅仅相当于"二战"后的 3 美元。

的确，随着加印的货币增加，更多资金流入市场，再加上政府财政缺口、错误财政政策、量化宽松以及其他（理论）因素的影响，政府财政支出随之不断膨胀。这部分贷款必须要被妥善处理。西方政府已经印了数万亿美元的钞票用来偿还债务，即便如此，国家破产的危机还是与日俱增。

　　加印钞票和超低利率带来的最深远的危机应该是席卷主要工业国家的主权信用风险。这类风险对市场是个不稳定信号，信用风险就像病毒一样，会在政府间通过互相链接的金融反馈系统进行传播，这对公众和私人财政平衡会造成巨大的影响。

　　杠杆化的趋稳降低了市场的动能。它也折射出政府内部和政府间的利益冲突。在通胀时期，资产价格脱离了实际价值，政府可以通过通胀还债。可是与此同时，政府高企的债务成本开始让它们意识到通胀的危险，毕竟如果市场的功能被损坏，货币政策失灵，国家财政就会失稳，政策就没有办法持续。

　　如果政府未能拿出魄力治理经济，经济最终失控的话，事情就会变得非常棘手。我们可以看到，魄力对于政府来说非常关键。21 世纪的德国和英国的保守党/自民党政府就是很好的例子。

　　当大多数发达国家缺乏领导魄力的时候，国家财政政策就有失控的风险。2010 年的美国就是一个很好的例子。当公共债务使得消费者和商人收紧钱包的时候，美国经济的负面效应开始显现。支持健全公共财政的经济学家坚持认为，对于财政赤字的管理减少了经济的不确定性，对于私有消费有促进作用。

　　可在大多数情况下，事情并没有想象的那么简单。很多政府为了解决 2007~2011 年经济危机，把私人债务转移到了自己的头上。因为税务无法缩减财政上的不平衡，巨额债务导致了政府财政领域的巨额差距。此外，Souk（第五章）的效应也在持续，包括私人尤其是家庭领域债务的增长，市场资本过热，这一切都可能导致未知风险的累积。

　　讽刺的是，为了缓解债务上的压力，很多地方政府现在开始投资它们并不了解的金融衍生品市场①。由于不了解衍生品和结构性工具的风险性，地方政府的财政风险也将随之上涨。

　　以上的一切会使得城市、县级、州级、联邦政府的债务持续上涨，经济问题可能会随之更为严重。抛去杠杆化不谈，资源的错误聚集模式也会拖累国家经济。另外，随着资产溢价，财富会在制造泡沫的（少数）人之间进行随机分配，

---

① 资料来源：D. N. Chorafas. An Introduction to Derivative Financial Instruments, McGraw-Hill, New York，2008.

可是一旦风险发生，埋单的将会是大多数人。

即便存在稳固财政的计划（西方国家中好一点的例子是德国），短期内政府大量的财政需求也将会使企业债券受到影响。随着借贷成本的增加，私人领域的盈利能力的复苏将会被限制，银行等行业的波动性仍然会维持在高位。

在 Souk 的影响下，人们不禁会问，像西班牙和葡萄牙这样的债务国家究竟有没有能力出台强有力的财政政策？正如希腊所展示的那样，公众可能会对财政紧缩政策产生反感①，政府考虑到选票可能不会出台强有力的政策。

此外，因为政客一般不会向公众解释医保、养老金等福利待遇支出的巨额成本，人们一般不会意识到这些福利制度实际上是自己花钱买的。在民主体制内，即便掌舵人知道以下几点，公众对"谁给福利埋单"这一问题讨论的缺乏阻碍了政府层面的政策制定：

（1）如果国家不采取行动，债务会越来越多；

（2）利息会随着债务的增加而增加，还款压力会越来越大；

（3）和个人以及企业一样，政府也会有债务极限，这个极限由偿还能力和财政历史两个因素决定。

所以，政府应竭力满足保持财政平衡的种种要求，而不是扩大财政缺口。强有力的财政控制是必需的，但如果现有计划不能扭转政府债务比例的话，一切都将无从谈起。当政府做出行之有效的计划，并且脚踏实地践行的时候，人们的信心才会真正提升。

第二节　财务整顿是最好的解决方案

虽然很多大型买家不会同意，但"政府赤字不会增加经济需求"实际上是最

---

① 尤其是出现是否应当进行跨国境补偿争议的时候。冰岛、英国、荷兰间对补偿储户的争议就是最好的证明。

基本的经济定律。那些替政府债务买单的消费者正在削减开支以应对高税率的预期。此外，在政府杠杆化的压力下，财政刺激的有效性可能会降低，市场信心会随之下降。

在 2008~2011 年的经济环境下，西方市场的公共债务迅速上涨，"先享受，后付钱"的风气仍不减当年。在发达国家，债务对 GDP 的比率已经在两年内从 80% 上涨到了 100%，IMF 预计其将在 2014 年达到 120%[①]。然而，政府还在大笔挥霍公共金钱进行大量投资。

有证据表明，那些财政纪律比较强的国家债务负担会更轻一些。大型投资计划所能提供的只是经济复兴的表象，这种表象能使得政客在无须平衡各方利益的情况下获得政绩。随着财税收入的增加，经济增长会降低财政赤字，使得债务压力减轻。

政府（以及最近一段时间的央行）应当减缓大型投资，理性分配纳税人的税收。政策制定者应当了解经济刺激是覆水难收的，经济会对投资产生依赖性。

刺激计划实际上和兴奋剂没有区别。讽刺的是，即便是稍稍减少投资规模，经济也会立刻回到低迷的状态中。[②] 2009 年买家税务信用政策结束后，美国的新房屋销量在 2009 年 12 月到 2010 年 1 月立刻出现了下滑。2010 年 9 月，房屋销量已经跌倒了谷底［虽然信用政策被延期到了 2010 年 4 月，2009 年 12 月房屋销量只有 342000 套，而在危机最高峰的时候（2009 年 1 月），房屋销量也有 329000 套。支持者认为刺激政策可能预防了房地产市场的下滑，然而这只是"可能"而已］。

事实上，经济的增长惯性很大，不是一纸行政命令就能解决的。处理赤字的最佳途径是快刀斩乱麻，斩断政府和私人领域的法定养老金年限，修改现行的养老金制度（比如，养老金一直是以工龄而不是工作表现计算的）。虽然削减政府官员，延长退休年龄等招数可能会滋生反感情绪，但从这些政策中获益的一定会是普通老百姓。

---

① 资料来源：《经济学人》，2010 年 2 月 13 日版。
② 1937 年的美国和 1997 年的日本也发生过同样的事情。

其他社会手段也很重要，这些手段包括增加劳动市场灵活化的改革。西方国家积弊很深，改革的想法也一直不受待见。可是，西方政府在这样的背景下仍然充满惰性，不愿实现经济可持续增长，也不愿通过增长拉动就业，更不愿建立健全的财政制度。

乐观的 GDP 预测一直被政府当作不愿改革的借口。但假消息是很容易被识破的。2010 年 3 月，经济学家预测美国的经济增长会在 2011 年达到 2.8%。6 个月后的 2010 年 9 月，这个增长就被下调到了 2.3%[①]。

政府说它们已经为经济长期持续增长添加了动力，可它们做的只是不断地借贷。这么来说，GDP 增长预期的下降也就无可厚非了。政府财政赤字的高企以及 2007~2011 年财政危机的解决特别依赖于私人领域的消费。

"在短期内，财政整顿会减少需求，短期内对经济活跃度会有不好的影响。" 2010 年 9 月欧洲中央银行的月报指出，"同时，可信并且有胆量的整顿会增加市场对未来的信心，促进经济恢复，这可能会抵消短期内的不良影响。"[②]

财政整顿不能光说不做，就像恢复财政平衡不能只靠语言一样。财政的基础在于可持续的金融稳定，如果想要维持稳定，势必要触碰一部分金融炒家的利益。这已经逐渐变成了问题的症结所在。

人们常说屁股决定脑袋，政府所处的位置决定了它不能对金钱进行全方位的把控。在欧元地震之后数月的 2010 年 6 月，希腊才宣布将整理职员资产，对公务员薪水进行把控，建立专门的机构监管公共领域支出。这一行动的目的是在经济复苏阶段改善公共领域政府财政水平，更合理运用公共财政。[③]

这种想法很好。但政府的方法也表明了政府其实缺乏准确可靠的数据，它们根本不知道有多少人在公共领域（包括政府和国企）工作，这种情况真的是太糟了。这个问题值得希腊各届政府好好反思，如果国家财政没有方向和责任感，这会是一件多么可怕的事情。

---

① 其他西方国家也下调了 2011 年经济增长的预期。唯一一个例外是德国，把 2011 年 GDP 增长从 1.5%上调到了 1.9%。
② 资料来源：European Central Bank, Monthly Bulletin, September 2010.
③ 资料来源：Bank of America–Merrill Lynch, Economic Analysis, June 8, 2010.

除此之外，纳税人不应该再去为银行官员和政客埋单了。正是这些人把债务的"九头蛇"一步步喂养长大，也正是这些人拖垮了国家的经济，维持了高税负。解决"九头蛇"最好的策略是告诉百姓问题的严重性，解决问题需要做什么，代价是什么，风险有多大。

政府对经济刺激计划永不满足，尤其是在选举即将开始的时候。很少有政客有智慧发现错误，有勇气承认错误。曾任英国劳动党首相的吉姆·卡拉翰在20世纪70年代召开党代会时曾经说过：

"我们都以为，大额支出可以改善经济，促进就业，削减税收，促进政府财政开支。不过我现在可以告诉你们，那种时代已经一去不复返了。即便是在过去，这种方法也只在特殊情况下才适用，通过向经济注入通货膨胀，社会下一阶段极有可能面临失业的问题。"[1]

随之而来的不仅仅是失业问题，还会有高税率的问题。希拉克（Jacques Chirac）在竞选法国总统时曾经说过："高税率会杀死税收。"可是，在他当选之后，他的态度发生了大转弯。在社会对国家超级市场福利的期待下，希拉克提高了税点，全然不顾纳税人需要休息的道理。

德国也是一个好例子。德国人缴纳的所得税和社保在发达国家位列第二，仅次于瑞典。纳税人的工资仅为平均水平的1.3倍，却要付42%的税收，这个比例对于富人来说更大。这一切打消了人们努力工作的积极性。

这一类政策正是西方社会的公民不愿看到的。政府不应该把公众当作傻子来愚弄。《经济学人》的文章表明美国白人选民正在放弃对奥巴马的支持。这不是因为他的肤色，而是因为他上台后的举动。《经济学人》的文章说，白人正在怀疑奥巴马的政策能否收到应有的效果。70%的人更喜欢小政府而不是大政府。"我不喜欢他大笔花钱的姿态"，来自阿肯色的焊工斯蒂夫·罗伯茨（Steve Roberts）这样说，"我认为人们应该自给自足。"[2]

---

① 资料来源：《经济学人》，2010年4月10日版。
② 资料来源：《经济学人》，2010年3月6日版。

第三节　财政政策对金融系统的影响

政府、财政政策和金融系统之间存在着直接和间接的关系。财政政策和金融系统的间接联系主要存在于家庭和工业企业间。如果这两个纽带出现问题，金融市场的稳定性势必会受到影响。直接联系更是如此了，如果政府的财政收支平衡被打破，整个市场都将遭受冲击。

另外，财政和经济的全球化也是财政政策和金融系统的间接纽带之一。如果任何一个大型账户出现问题的话，跨境交易等会迅速使财政问题放大蔓延，从而影响到其他国家。影响的外溢以及焦虑的释放会对联系紧密的国家产生协同负面影响。比如说欧盟，虽然说各国的财政政策都不相同，但它们有一套共同的货币系统，所以一个国家的问题可以迅速传导到其他国家。

所以，即使是像希腊或者葡萄牙这样的国家破产，欧盟也会遭受到沉痛的打击。它们从宽松货币政策中获得的好处也不会很多，因为很多效益会随着跨境交易而逸散。它们还会遭受消费者信心崩盘的危险。

对于像意大利有沉重税务包袱以及像西班牙这样税基崩盘的国家来说，如果国家破产的话，将会造成一场金融大海啸。所以，这些国家必须要考虑到投资者信心崩盘的风险，也就是说，它们必须出台举措以应对收支差距过大的问题，并且拿出魄力整顿政府财政。

政府和金融系统有直接的关系。这种关系主要体现在政府的融资以及对债务的管理。这种关系的成败主要取决于金融机构对公共债务的持量，金融机构管理的成熟度，以及跨银行政府借贷担保的占比。当然了，政府债券的信用违约掉期比率以及主权信用评级也会影响这种关系。

这些直接关系的行为特征规律可以通过分析财政政策、货币政策、金融稳定性来得到。此外，政府作为债务的管理者和监管人，可以给这种关系提出有价值的信息，通过税率和税务结构来影响金融业者的行为。

理论上讲，如果一个国家税率和税务结构可以保持良性，这个国家的财政是不会有任何问题的。可是，国家很难在这两方面一点错误也不犯。它们的做法通常导致了财务的持续缺口。另外，政府和财政政策的失误也会造成经济及金融上的问题，可能会造成严重的损失。失业率的高企就是一个很好的例子。

2007~2011 年经济和金融危机就是一个很好的例子。除德国的失业率有所下降外，西方大多数国家的失业率居高不下，年轻人普遍看不到未来的希望，商业信心急剧下滑。即便有保持低利率等刺激政策，西方经济体已经摇摇欲坠，几近崩盘。这一危机的两大背景原因是：第一，家庭、企业、政府都无法消化大量的债务；第二，政府和其他层面的大量赤字严重阻碍了经济恢复的可能性。

匈牙利科学院的蒂博·瓦莫斯一针见血地点明了最近经济出现的问题："现在公民、政客、银行满脑子都是钱，他们的贪欲催生了过度消费的庞氏游戏。"除了贪欲，造成这一切的还有其他原因。金融企业对它们的金融模型和金融远见过度自信，导致它们对风险没有正确的预估。所以，它们没有为未来做最坏的打算，所以不停地向政府要钱炒各种产品。

哈罗德·詹姆斯（Harold James）在他的著作《价值的生与灭》中指出，当今的经济危机和 1931 年席卷奥地利和德国的经济危机一样，都是大银行的政策失误带来的。[①] 当时和现在一样，对资产价值的不确定性引发了银行业的"地震"。1931 年，德国政府曾经给银行注入巨资，建立了独立的经济实体（见第五章关于坏银行的表述）以恢复资产价值。

听起来是不是很熟悉？这就是英美银行在 21 世纪前 10 年做的事情。1931 年，德国政府创立了新的机构，并允许德意志银行减少坏银行的无法交易或难以交易的账单，以期带动跨银行市场。这和美联储、英格兰银行、欧洲中央银行做的没有本质上的区别（虽然当今央行的做法反而发行了过多金融商业证券，加大了银行间的疏离）。这样的一系列做法增加了新印货币，而且还造成了更高的主权债务。1931 年和 2007 年的另外一点相似性就是，对银行的救助政策太过复杂

---

① 资料来源：Harold James, The Creation and Destruction of Value, Harvard University Press, Cambridge, 2009.

且草率了。政客在没有客观调查的境况下，就草率实施对经济有影响的大型行动，在书中，詹姆斯点破了一个问题，那就是1931年和2007年处理危机的方法在本质上并没有区别，政客、经济学家、银行家的争论不仅对结果没有任何帮助，对公民走出经济危机的伤痛也没有任何好处。

事实上，当经济危机来临时，没有人能够想出合适的解决方案。经济数据在不加干预的情况下开始一路走低。比如说，在1929年危机后，美国的经济总量缩减了1/4，失业率增长了25%。尽管数据没有那么早，但现在没有人能保证1929年的一切不会在今天重演。

有人认为，如果美联储和其他西方央行政府的财政水平得以恢复，这场危机就会马上过去。但由于大银行自身难保，低利率冻结储户和养老基金的信心丧失，大型投资计划打了水漂，这个理论只能是个幻影而已。正因为以上原因，这场危机的衰退阴影才会这么大，人们人才会把它和大萧条联系在一起。

有些人却认为，这场危机和大萧条还是有区别的。1932年1月，国会议员怀特·派特曼（Wright Patman）因经济犯罪和行为不当等原因公开弹劾了曾三次担任财长秘书的银行家安德鲁·梅隆（Andrew Mellon）。接下来的调查的确表明梅隆确实有一些不端行为，包括通过贿赂阻碍政府增税，命令财政部的税务专家修改他自己的税务账单，等等。[①]

可是现在呢，对银行系统官员的制裁政策实在是太少了。虽然大银行的管理一塌糊涂，股东深受其害，但只有一小部分信用机构的CEO受到了应有的制裁，更是极少有人会被起诉到法庭上。

对于花旗集团、美林投资银行、苏格兰皇家银行、法国兴业银行、法国农业信贷银行更是如此，虽然它们的CEO引咎辞职，但没有受到法律的惩处。即便CEO差点把公司带破产，董事会和广大股民也没有追究他们的责任，任由他们逍遥法外。

此外，由于缺乏系统的研究，政府和央行对超大银行的救助也让经济付出了很大的代价。国际清算银行在2009年报中对这一问题有很好的表述：

---

① 资料来源：Liaquat Ahamed，Lords of Finance，Windmill，London，2010.

"虽然有些银行是自己制造的系统风险，但是由于这些影响力太大了，社会不允许它们随便破产，这就带来了一个问题……这类企业的危机性并购和分离可能会成为应对危机的主流……此类机构的数量会增加……（而且官员们会）意识到（这）会变成一个不可持续的方法。"[1]

久而久之，对纳税人的钱的大笔挥霍会造成经济上升的假象。可是，这样的假象掩盖了金融系统真正的需求。除了雷曼兄弟，还没有哪个公司因为这场危机破产，正是纳税人的钱救了这些公司。人们常说适者生存，可现在的华尔街却密布了不适应当今经济环境的大公司。

从这个角度看，西方政府财政政策最终只会搬起石头砸自己的脚。因为债务问题，英、美、法、西等国的消费者还不能引领一个可持续的发展。他们需要先还上债务才能继续消费。除德国外，其他国家恐怕需要靠出口缓解经济压力，但新兴市场国家却不买它们的账。

第四节　经常账户赤字

经常账户（Current Account）指的是包含一切货品和服务的国际收支（BOP）的总账，也包括居民和非居民的收入以及货币转移。支付账务平衡是一个数据状态，指的是特定时间内，一个经济体与其他国家金融/经济交易的总和。

经常账户的以上概念来自欧洲中央银行，其他央行对 BOP 的定义略有不同。比如说，德国联邦银行认为经常账户平衡指的是存款总和的差值，包括资产账户平衡以及总净投资，也就是一个特定国家去掉通胀影响之后的总投资。如果存款总和比投资小，那么就出现了账户赤字，这个问题要通过减少支出或者贷款来解决。所以，以上两个定义大同小异，并没有什么本质区别。

不可避免的是，受到国际贸易的影响，在任何一个给定时间内（比如一年），

---

[1] 资料来源：BIS, 74th Annual Report, Basel, June 29, 2009.

必然会有一些国家是经常账户盈余，另一些国家是经常账户亏损，需要向国际借贷。短期的"+"或"-"提出了一个很有趣的故事，一年的盈亏其实不算什么，不过如果在以下情况下，那就比较糟了：

（1）亏损年复一年；

（2）国际债务累积；

（3）政府没有能力扭转逆差。

从长远看，一个国家的经常账户会给本身的经济发展和国际贸易提供非常重要的信息（尤其是宏观经济方面）。比如，外在债务是否有有效的投资管理，国家是否有财政纪律，专家是否专业，存款是否减少等都会从经常账户中看出来。

很明显，通常对于老龄化国家来说，净对外方式（Net External Position）是广受欢迎的。因为它们可以吸收未来的债务压力。在其他条件不变的情况下，外国存款渠道可以使得国内储户的资产风险多样化，从发展国家的高利率中获益。

尽管都代表着财务的不平衡状态，但内部政府债务和经常账户赤字不一定是相关的。它们是经济变化的标志，也有可能是经济缺乏竞争力的象征。

比如说，在西方国家，家庭和公共领域已经处在赤字及负债状态；但在某些国家，它们的赤字可以被集团部门所抵消。此外，在净借贷领域也有一些变化。如果经常账户的盈余变成经常状态的话，则意味着政府有能力扭转财政不平衡的历史问题。

我们在这里可以举一个商品赤字反例（Merchandise Deficit）。当政府加剧财政不平衡的状况时，商品赤字就会出现。当进口大于出口，贸易差距就会拉大。

我们以美国为例看一看贸易逆差。在 2010 年第二季度，美国的进口是出口的 3 倍，这造成了经常账户的大量赤字。时任奥巴马政府经济幕僚委员会主席的克里斯提娜·罗摩（Christina Romer）曾经悲痛地说："你们中有人一定会说，如果这些进口的都变成美国产的，那么美国的 GDP 将会有多高！"[1]

摆在美国面前的问题不仅仅是贸易逆差，还有自身增长动能的缺乏。此外，国际警察的身份也使得美国花费了大笔经费，使经济雪上加霜。在 20 世纪 70 年

---

① 资料来源：《经济学人》，2010 年 8 月 21 日版。

代早期，根据布雷顿森林体系，诺克斯堡（Fort Knox）的黄金储备大量蒸发，尼克松意识到了美国没有资源去主导黄金规则了。随着史密斯协定（Smithsonian Agreement）的签订，这一政策正式取消了。在国际贸易中的现状和未来会对一个国家的经常账户产生深远的影响。当某一货币的逆差增长时，它对这个国家的经济和国外债务的影响是毁灭性的。

不过，有时一个国家的经常账户数据隐藏了财政不平衡的真正原因。这些原因不能混为一谈，应该分别看待。我们经常听说，欧盟的经常账户平衡只会在赤字和稍微盈余中不断波动。每个国家其实都不一样，德国的盈余一直很多，法国赤字最多，意大利、西班牙、葡萄牙和希腊的赤字则已经到了红色预警的程度。

BOP 的不平衡表明，在与非欧盟国家的高盈余贸易中，德国通过自己巨大的贸易顺差，保持了欧元的财政健康。如果把德国剔除在外的话，欧盟的经常账户赤字会达到 1600 亿欧元，占到了 GDP 的 2.7%（2006 年）以及 3200 亿元，占到了 GDP 的 4.7%（2010 年）。[1]

如果没有德国强劲的出口，欧盟的处境会非常难过。大量证据表明，由于货币联盟的出现，交换率风险的消失加快了经常账户的不可持续发展。除此之外，欧盟内部证券市场的国家违约风险评级已经比 2007~2011 年危机之前还要低。

在出现欧洲货币联盟之前，一些国家的货币已经受到了经常账户赤字的拖累。它们的货币被国外交易率影响，出现大量贬值。在当时的调整机制下，国家的货币已经出现了非正常的变化。

不管有没有统一货币联盟的存在，经常账户平衡研究的广度也从另一个角度证明了经济运行的规律。一个基础条件是国家的通胀率。通胀会招致单元劳动力成本的上升，拖慢出口速率，增加进口增长，削弱国内顺差和国内市场的活力，这可能使欧盟外围国家遭到灭顶之灾。

经常账户平衡的一个变量是和其他同类国家相比的工业领域价格竞争力。这个竞争力通常可以用总销量的通货紧缩基础计算。可是，在处理经常账户亏空的核心问题的时候，通常是以政府的意愿为主，工业和百姓则处在不利的局面。

---

[1] 资料来源：Deutsche Bundesbank，Monthly Report，July 2010.

这一方向的成功做法包括对贸易逆差的正确分析以及对（哪怕是消极）未来的准确预测。比如说，美中之间的贸易逆差在 2010 年 5~6 月上涨了 40 亿美元，在 7 月，中国的贸易顺差已经达到了 287 亿美元（一年半以来的最高值）。

在国际化经济中，银行业已经考虑到了某一国家的经常账户平衡对经济发展的重要性。贸易绝对不是唯一的决定因素，国际借款也是一个方面，它可能导致国际货币借款的坏账，引发市场的焦虑心态。[①]

匈牙利就是一个很好的例子。在匈牙利，6.5%的家庭贷款是以瑞士法郎为主的国际货币。2010 年中期，瑞士法郎兑本地货币（以及美元和欧元）的大涨明显加重了匈牙利借贷者的负担，国际危机的渗入以及房屋市场的崩盘更使得匈牙利家庭雪上加霜。在经常账户赤字和信用危机的双重影响下，银行稍稍催缴国际贷款，经济就永远处在不利地位之中。借贷人自己也处在可能无法收回贷款的煎熬之中。

很多东欧的贷款都是西欧的银行发放的。如果这些贷款无法收回，对银行的影响是巨大的。欧洲复兴发展银行的皮洛斯卡·纳姬（Piroska Nagy）曾经对此表示："日本化的经济停滞可能要来临了。"[②]

第五节　主权债务和其对银行业的影响

通常讲，银行一般会大量购买本国的政府债券，如果一个国家赤字增多，该国银行的政府贷款也会增加。这会导致政府债券价值的下降，对银行的证券配比起到了反作用。除此之外，银行还会和政府就借贷保持一定程度的合作，因此，政府的破产会影响到银行业的发展。

当政府给国内银行施压，让它们借给自己钱的时候，它们并没有意识到自己

---

① 一个例子是瑞士法郎，它的利率要比本地货币债务低。
② 资料来源：《经济学人》，2010 年 8 月 28 日版。

已经犯下大错，把危机的解决推向了死路。政府证券流通性和在银行占比的下降是对金融资源有反作用的，这一举动最终可能导致跨银行市场流通性的减少。

此外，从银行资本要求这一角度来说，主权信用评级的下降也可能会引发银行持有政府债券部分资本风险的上升。这则是国际金融炒家希望看到的。传统意义上来说，主权风险的增加可以从政府债券价格的下降看出来。现在，人们更多的是看债务违约掉期（CDSs）。我们可以看到，AAA评级的国家财政的不平衡状态其实比较明显，投资者这时可能会趁机炒主权债券，使得主权的掉级风险和损失风险都大大上升。

2010年10月末，希腊和爱尔兰的证券就出现了这一问题。批评者认为国家范围内CDS的预测功能是值得怀疑的。支持者则认为，CDS代表了一个国家社区的指挥，它代表了市场对信用的判断，比信用评级更具可信度。①

CDS的确在2010年早期的希腊危机中成功引起了消费者的警觉，与此同时，投机者又马上了解了一些主权债务市场正在蒸发的事实。市场当时普遍怀疑地中海俱乐部四国（西、葡、意、法）到底能不能处理好国内的债务问题。

即便在2010年第二季度之前的几个月利率波动性一直维持在较低水平，主权债务的波动性也使得市场聚焦在了利率风险上。在这种情况下，收益的下挫会使得投资者进行相应的杠杆化操作，这种波动性会削弱市场的功能，带来更高的风险。

很多专家现在似乎都同意，银行业的危机和超高量级的除权债务正在改变经济游戏的规则。正如第一章解释的那样，从2007~2011年经济危机开始之前的20年有以下的几类特征：

（1）零现金；

（2）高杠杆；

（3）大量衍生品的压力；

（4）证券的过量回报（ROE）。

不过，这些特征已经不复存在，经济的规则正在被改写，政客、政府、央

---

① 我们应该记得，主权评级没能准确评价次贷风险、结构性投资工具风险、以及大银行的信用。

行、监管人员都会有深刻的改变。如果能出现以下情况，经济的状况将会被改写：

（1）宽松货币政策的结束；

（2）监管者的强硬姿态；

（3）放弃简单信用以及量化宽松政策；

（4）放弃缺乏管理的大型刺激政策。

承认金融风险的复杂性，明白当风险互相影响的时候，情况会变得越来越糟。

在民众社会中，决定政府政策执行力是广大公民（见下一节）。和过去的体制区别需要强大的领导力。2007~2011年经济危机其实给变革提供了外在动力。

此次危机中，信用掉级，巨额政府债券等内容都给我们提供了深刻的教训。依赖债务的经济发展模式显现出了弊端，这种弊端对经济活动和就业率都有负面影响。

具体来说，公共债务情况的恶化非常值得我们好好考虑。不断恶化的政府财政状况对国家的工业和银行业造成了十分恶劣的影响。因此，我们要好好考虑债务对经济的负面作用。比如说，银行对欧盟政府无条件的支持导致了政府间的CDS开始互相相关，进而信用评级开始断崖式、传染式下跌。信用评级机构并没有发现这一趋势，所以不得不对自己的评级体制开始进行审视，它们现在越来越多地使用CDS，通过CDS把一个国家拖下债务违约的悬崖。此外，现在机构评级和市场评级还有一个差别，那些刚刚进入某一国家市场的国外企业会更加注重探究该国的市场信用，所以它们的评级一般都比较有可信度。

在主权债务开始波动的过程中，有一点十分讽刺，那就是企业债券和CDS是用一种不考虑风险的比率计算出来的。有些人认为，AAA级的主权债务已经十分成熟、十分安全。往往高评分的国家里，企业发行的债券评分也很高。但问题来了，难道主权债务真的没有信用风险吗？

和大银行一样，国家政府也是现在经济局面的罪魁之一。对于银行来说，它们的罪在于发明了金融工具来钓家庭和投资者上钩；对于国家政府来说，因为它们缺乏对银行的监管，所以也难辞其咎。以下以时间顺序，列出了最近几年的经济问题：

（1）次贷、特殊目的公司（SPVs）、结构性投资工具（SIVs）及渠道危机，

2007 年 2~10 月；

（2）流通量危机，2007 年 11 月至 2008 年 8 月；

（3）房利美、房地美、AIG、雷曼兄弟危机，2008 年 9 月至 2009 年 2 月；

（4）零利率政策、过度印钞、量化宽松，2008 年末至 2011 年；

（5）主权债务泡沫，未来 3~4 年，解决办法暂时不明。

我们从以上危机中可以看到，宽容是多么错误的一件事。政客和央行高管自告奋勇当救火员，大笔消耗公共支出，对人民构成了实际失职。这种失职给了炒家和银行业者信心，他们认为自己的错误行动会被"双赢"的救市计划所弥补，这种想法本身就是对民主的践踏。

第六节　金融稳定性是民主的基石

在 20 世纪 70 年代早期，法国作家、记者、政治分析师雷蒙德·阿伦（Raymond Aron）曾经写过一篇文章[①]，在文章里他提到"二战"后生活水平年均 2%~3% 的增长是民主的基石。即便"二战"给世界造成了极大破坏，但之后的重建工作却提供了大量工作岗位，而且使得生活水平得到了提升，从这一点来说，阿伦说的的确是对的。

但是，阿伦的愿景正在逐渐消失。西方民主制度和经济制度已不能使人民生活得到稳步的提升。民众现在想要每年 5%~10% 的跃进式提升，所以，政府不得不借债以满足多出来的部分的发展。这对金融稳定性将会产生毁灭性的打击。金融稳定性现在被两个因素所左右：第一，美国民主在"一战"后变成了西方的资助人，为了维持现有体系而大量进行资本输出，为此不得不借下大笔贷款；第二，由于贫富差距的拉大以及中产阶级的减少，西方国家经济的困难在不断加剧。支出方面的巨大差距可以论证第二个因素。对华尔街公司的调查显示，即便

---

① 我忘记了这段话的出处，但是确实有人这么说过。

是在危机中的 2009 年，华尔街也增加了 17%，达到了 203 亿美元。对高盛、摩根斯坦利、摩根大通的补贴增长了 31%①，可与此同时，还有 10% 的美国劳动力处在失业状态。

虽然大银行还在靠纳税人的救助过活，可它们给高管发的工资却与日俱增。2009 年，华尔街的税后基本工资达到了 12.4 万美元，这比 2008 年增加了近 25%，也与美国山河日下的经济形成了鲜明的反差。

这也就是为什么联邦存款保险公司（FDIC）的主管贝尔（Bair）和美国证券交易委员会（SEC）主席沙皮罗（Shapiro）说银行的奖励制度正在一步一步拖垮美国经济。不仅对美国，这样的奖励制度对包括英国在内的很多国家都会产生损害。

超过 400:1 的工资比不仅在华尔街发生，由于这种差距是普遍性的，会对民主产生很大的破坏。根据劳动研究部的调查，英国前五大银行的高管的工资在 2005~2009 年达到了 5000 万英镑（约合 8000 万美元）。即便苏格兰皇家银行的 CEO 弗莱德·古德温（Fred Goodwin）差点使银行破产，他的工资却足足有 350 万英镑，与此同时，皇家银行却不得不依靠政府的救助存活。

似乎我们能总结出这样的规律，经济危机越深重，CEO 的工资就越高。英国石油公司（BP）的 CEO 托尼·海华德（Tony Hayward）就是一个很好的例子。即便他做了一个又一个失误决策，亲手导致了墨西哥湾的生态危机，造成了股东 300 亿美元的损失，他的工资却依然出奇的高。②

这些都是道德水准低下的表现，代表了大银行家、大商业家的绝对权威。19 世纪末，罗德·萨利斯布里（Lord Salisbury）和其他保守派政治家曾担忧借方的数量会远超贷方，进而投票权会被借方掌握，这种民主制度最终会导致私有财产制度的崩盘。今天，不论是在企业层面上还是在家庭层面上，借方和贷方早已不是一条绳上的蚂蚱，可是超高工资、巨额福利、名目繁多的津贴还是在不断提醒每个人收入的不平等状态。这会对金融纪律产生很坏的影响，使得社会阶层下层

---

① 资料来源：《经济学人》，2010 年 2 月 27 日版。
② 支持者认为海华德的 1200 万英镑（约合 1900 万美元）的收入和美国高管的收入相差其实还是很远的。不过，这个比较的观点在我看来是站不住脚的。

的民众有仇富心理，并使得这一部分人不断借债，企图通过贷款迅速改善自己的生活。

现在，民主的风险很大，因为金融稳定性和共和制度从本质上说是一个硬币的两面而已。现在公众的不满情绪已经开始转化成了疯狂的借贷行为。这种市场波动的风险已经成为了全球化的问题，政客和经济学家都睁一只眼闭一只眼，没有真正想过要解决这一问题。

我们之前在第三章提到过，为了掩藏贫富差距，政府已经开始疯狂提高福利，却忽视了经济体的承受能力。这部分福利包括从摇篮到坟墓的全民医保，提前退休制度和丰厚的养老津贴，高于工资的失业保险等。这些福利给经济体极大的压力，造成了结构性的财政赤字，使国家经济不可持续，并促进了以贷还贷的模式。

这个模式的确应当值得学界好好讨论了。教育系统难辞其咎，虽然现在教育系统教人读书写字，消除了文盲，但却没有教大家如何成为一个 21 世纪合格的公民。[①] 在教育系统中，对未来负责的态度和存款的概念一直被忽视。

这确实是非常遗憾的，因为存钱是保证一个人的人格独立很重要的方法。亨利·福特（Henry Ford）曾经说过，每个人存一点钱，整个社会就会多出一大笔保障。钢铁大王安德鲁·卡内基（Andrew Carnegie）曾经说过，即便是一美分也不能浪费。约翰·洛克菲勒（John Rockefeller）也给他自己的成功总结了两大原则：第一，要跟竞争者死扛到底；第二，要控制生产链，给压缩成本提供可能（卡内基也做了同样的事）。

对成本的把控以及对存款政策的控制不应只局限在工业领域，政府和家庭也应该学习如何把控支出。这里应当提到的是，低成本并不等同于低质量。宜家缔造者应瓦·坎帕德（Ingvar Kamprad）说过降低质量带来的低成本并不是有效的解决方案，反而是一个陷阱。

另一个陷阱则是对于收支平衡盲目的追求。2010 年，很多债务高企的西方

---

① 资料来源：D. N. Chorofas, The Social Cost of Business: Education and Employment in the European Union, Gower, London, 2011.

政府开始出售一些（低质的）国家资产，而在这之前它们已经贱卖了国有的电信业务、石油业务、电力业务。在英国，乔治·奥斯本（George Osborne）曾经列举了四个私有化领域，不过这四个领域看起来很难吸引投资：

（1）国有赛马博彩托特（Tote）；

（2）助学贷款；

（3）国家空中交通管制服务；

（4）曾经的英吉利海峡铁路，国家唯一的高铁"高速 1 号"。

这些都是英国政府新贱卖计划的项目，但政府已经很难将这些项目卖上一个好价钱了。在 2010 年 6 月，政府开始出售"高速 1 号" 30 年经营权，专家预计成交金额可能会是 15 亿英镑（约合 22 亿美元），这只占到造价的 1/4。

现在可出售的国有资产的确不多了，政府也越来越没有能力填补收入和支出的差距了，未来解决债务问题的可能性随之越来越小了。金融稳定性是民主的基石，可是如何让下一代人乖乖纳税，替上一代人的债务背锅呢？这可能会造成很大的政治动荡。

第七章　重建国家财务平衡

第一节　去杠杆化

日本长达 20 年的经济停滞应该给每个西方政府都敲响了警钟。正如我们在第四章讲到日本化时提到的那样，自从 20 世纪 90 年代早期银行业危机爆发以来，日本迟缓的增长以及冗杂的财政引发了通货紧缩。大量不成功的经济刺激计划使得日本债务比例不断扩大，但对经济的帮助几乎为零。可是即便如此，美国和英国竟然也在最近开始学习起日本。

由于领导力的缺乏，日本采取了两项非常错误的经济政策，引发了非常严重的经济后果。第一个是持续杠杆化，第二个是持续通缩。这再一次证明了通过刺激项目向市场砸钱不会有任何效果，英美持续量化宽松和刺激政策是愚蠢行为的表现。如果日本经济因为债务再次触礁，我们可以认为日本的一系列政策是完全失败的。

所以，在欧美，能真正带领大家走出危机的政策还在筹划过程中。现在政府债务只是简单替代了银行和家庭债务。这使得西方经济非常依赖于央行和政府现行的错误政策，如果这些刺激和支持退出市场，市场极有可能陷入新一轮衰退。

看起来，日本化丝毫没有影响到当今欧美经济的决策。政府虽然承诺要去杠杆，但一直没有付出实际的行动来填补巨额财政亏空，促进经济发展。养老金和医保也给政府债务带来了无限的压力。如果西方经济恢复增长，公共领域的贷款会对个人投资产生挤出效应，从而使增长潜力蒙上阴影。所以，现在就应去杠杆，而不是在遥远的未来。这需要货币政策完善退出机制，防止杠杆化对经济持续产生不良影响。

可是央行往往缺乏足够的决心与信心建立退出机制，日本银行、美联储、英格兰银行和欧洲中央银行都是如此。政府害怕经济停滞，不敢提升利率，即便超低利率和加印货币会使得通胀风险加大也在所不惜。此外，不得不提的是，现在还没有人知道该如何应对量化宽松的风险。

如果政府尤其是大型政府想要减债的话①，需要兑现长期财政整顿的承诺，加强结构性改革以及对支出的把控。这些承诺、改革和监管都是切实可行的，但必然会面临一定的阻力。比利时、芬兰、荷兰就曾经进行了大量的结构性改革，结果它们的债务和 GDP 的比例都成功地下降了。

财政整顿通常会给某些领域带来短期的负面效应。如果人们不能正确认识这些负面效应，金融纪律就得不到保证，就可能导致更大范围的调整。所以说，公众要对财政整顿政策有充分的了解，政府也需要强有力的手段推进财政纪律的建立。

比如说延迟退休就是财政整顿的一个好方法，它可以解决人口老龄化带来的一系列问题，缓解政府主导的社保系统的压力。可法国时任总统萨科齐在 2010年推进的延迟退休改革却遭到了强大的阻力，社会党和工会主导民众向政府施压反对这一方案，而他们认为向富人课以重税是更好的方案。

当时，数以百万的示威者手举标语，高喊口号，在巴黎和其他法国城市进行游行（第八章）。他们反对的是延迟退休，可是他们没有意识到，延迟退休实际上是去杠杆化的一小步，它可以挽救老龄化和管理混乱造成的福利体制危机，能使得福利体制尽早走出财政窘境。即便西方经济数据已经危如累卵，民众也没有意识到延迟退休的必要性。

在大洋对岸，美国国会预算办公室在 2010 年 8 月提出了预算的两个做法。

---

① 通常来说，如果政府债务超过了 GDP 的 77%-90%，那么就会对经济产生负面作用，这就是为什么《稳定与增长协定》把这一数值定到了 60%。

第一，2000 年小布什创立的减税方案应该按照既定计划停止；如果这样的话，财政赤字会从 2010 年的 9.1%降到 2014 年的 3.8%，并且会在 2020 年上探到6%。第二，继续布什的减税政策，这样的话 2014 年财政赤字会缩减到 6%，但2020 年会达到惊人的 11%，这足以摧毁美国经济。

这些数据表明了财政政策收紧的复杂性，也证明了财政阵痛是无法避免的。然而，从长期看，这些财政整顿政策又是必需的。因为需求和风险的双重降低，政府融资需求的减少会在长期内降低利率，使得财政收入可以良性发展，经济也会随之增长，减税的空间会随之加大。

综上所述，去杠杆是解决财务问题的一剂良药，现在缺的是能够玩转"去杠杆"的人才。虽然历史表明经济危机后政府通常可以成功减债，但 21 世纪初的这场危机之后到来的是经济的新常态，没人能够预测新常态经济的走势究竟如何，这使得去杠杆在以下过程中显得尤为复杂：

（1）使公众明白去杠杆不是经济复苏的可选步骤，是必选步骤；

（2）找到一批不被利益集团绑架，有主见和思考能力的经济学家；

（3）因为计划成功与否和可交付成果息息相关，所以去杠杆的多渠道和渠道分析十分重要。

这些计划的早期信号十分重要，这些信号关系到政策能否持续下去。从2010 年 11 月的债务/GDP 比例看，去杠杆化还没有在任何西方国家开始。理论上说，消费者信心在美国已经持续下降，但是下降的幅度其实并不大。不过债务已经逐渐由私人转移到政府层面却是不争的事实。

主权债务在欧美国家（除了加拿大）的大幅增长引发了经济学家的担忧，他们认为在当今形势下，去杠杆化的进程要比之前来得更困难。现在债务的规模更大，对全球经济都可能产生不利的影响。此外，政府层面的去杠杆还需要协调私人层面的去杠杆，这样去杠杆化才能发挥最大的效用。

经济学家认为，政府的高债比的核心应对方案应是财政整顿带来的初步供应[①]，这一改变应基于国家支出改革以及增长改革。不过有反对意见指出，当税

---

① 收支平衡的重要一点就是债务利息的偿还问题。

负负担加重的时候，基于税收的整顿政策的影响可能十分有限。

可能对去杠杆最有帮助的是早期的信号、信用恢复举措以及整顿政策的决定过程。这样一系列的政策可以释放市场风险，给市场释放政府的强硬信号，使市场安心。

总之，由于政府和公众还没有完全理解去杠杆，去杠杆政策是复杂且未知的。由于一些方法是第一次实施，成功的去杠杆需要成功的手段与应变能力以应付风险。

不仅是法国和美国，很多西方国家在实施去杠杆政策时都面临着相似的挑战。增加债务质量，提高政府信用都变成了政府的首要议题。此外，当今很多风险都是不对称的，可能这些风险的好处很少，坏处却很大，通胀和通缩就是一个很好的例子。

第二节　通缩风险还是通胀风险

通货紧缩指的是大宗商品价格持续、普遍的下降，它由于市场需求的下降引起的。与此同时，市场可能会产生恐慌心理，发生一系列不良后果。与之相对的，非通货膨胀（Disinflation）指的是通胀不断收窄的过程，它可能引发短暂的负通胀率，也就是通缩。

相比之下，通胀的定义则更复杂、更模糊一些。《韦氏大辞典》把它定义为由货币流通量上升带来的价格上涨以及货币价值剧烈快速的下探。《韦氏大辞典》还提到了通缩的影响，包括供小于求、纸币数量增加，等等。

不过，经济学家、数据家、政府显然对这样的定义不是很满意，他们又发明了"广义通胀"（Headline Inflation）、"核心通胀"（Core Inflation）、"进口通胀"（Imported Inflation）、"隐形通胀预期"（Implicit Inflation Expectation）等词汇描述通胀的不同情况。不过，这些定义的解释其实也是因人而异的。更糟的是，在不考虑保罗·沃克在20世纪80年代早期成功抵抗通胀的政策的情况下，在其余时间，美国的货币政策一直在打压通胀，也就是进行通缩。

其至有人还发明了"战略通胀"（Strategic Inflation）以引导政府不要全额偿还它们的债务。战略通胀曾经被预言对社会有利（可惜并不是），一些经济学家（尤其是伪凯恩斯派）对它往往投以同情的目光，但事实上情况并不是这样。

从长期看，通胀对公众的伤害是大于通缩的。一反赞美通胀好处的常态，很多经济学家都在质疑通缩究竟对经济有没有毁灭性的影响。那些不相信通缩毁灭性力量的人通常会如此发问："如果通缩来了，天难道会塌下来吗？太阳还是会照常升起。"

与之相对的是，支持通胀的学派坚持认为通缩比通胀更危险，在日本化这样的情形之下更是如此。这种说法没有充分考虑到通胀的后续影响。1923 年德国和 2008~2010 年穆加贝领导下的津巴布韦内部的恶性通货膨胀就是一个很好的例子。

理论上说，零通胀、零通缩的状态是最理想的状态。可根据海森堡原理，这种理想化情况太难发生了，所以人们也不应该把零通胀、零通缩作为经济的目标。即便是在零通胀的环境下，局部也会出现通缩情况。很多经济学家认为，1%~1.5% 的通胀率是可以接受的，但是在巨额债务、政府加印钞票、央行量化宽松的环境下，这种通胀率是很难达到的。尽管政府债务高企，经济学家还是建议刺激政策，因为他们担心市场上会出现供大于求的情况。所以为了应对这种情况，应该挽救消费者的低迷信心，防止债务问题越来越严重。如果信用缺乏，房地产还是一潭死水的话，经济情况很有可能出现反复的状况。在"通胀家"（Inflationists）的影响下，物价以及劳动力成本普遍上涨，使得出口竞争力下跌，公民对货币价值信心的丧失，因此，经济复苏之路的问题会越来越严重。

爱德华·歌特斯曼（Edward Gottesman）曾经在《金融时报》发表文章把所谓的通胀家批判了一番："1865~1895 年，美国处在持续的通缩阴影中。可是在那段时间，没有货币贬值，工业还是持续发展，商业创新能力不断加强，资本投资和人力资源水平不断上升。"[1] 他还比较了英美持续 40 年的通货膨胀以及通胀产

---

① 资料来源：《金融时报》，2010 年 2 月 15 日版。

生的恶果。

一些财政不平衡状况是由于 2008~2011 年对银行大量低成本的资助带来的。这些做法对银行资产、流动性恢复以及信用恢复没有任何帮助（因为西方经济的信用渠道已经被破坏，违约概率不断上升）。歌特斯曼说，除了公共领域对银行资本的支持，5 年的国际金融危机使得银行业仍然气喘吁吁。

所以，通缩风险现在应该不是财政货币政策制定者的优先考虑对象。在主权债务的高企、大型银行的生存、政府财政制度的健全化没有解决之前，解决通缩只能是空谈。

不过，我们对通缩的风险也不能轻视，因为通缩的惯性很大，很难在短时间内扭转。社会很有可能陷入到支出减少、物价下跌的恶性循环中。总之，通胀和通缩都是瓷器店的大器件，需要被好好关照和处理。

和其他问题一样，解决成本和渠道问题是解决通缩的关键。成本的例子就是西方政府近几年推行的大型刺激计划①，有人认为，"水总比看到的要深"，所以就对现实充满悲观，这种态度是绝不能被接受的。要想解决杠杆化带来的一系列问题，就必须敢于告诉公众事情的真相，领导人要敢于像丘吉尔在"二战"时做的那样，号召人们贡献汗与泪②，让公民直面风险。

第三节　社会的力量

在 2008 年、2009 年、2010 年有一个神奇的悖论。在中国、印度、巴西，经济在消费者购买力的刺激下保持着高效率高增长，然而在很多欧洲国家以及美国，事情则恰恰相反。由于领导力、决断力的缺乏，再加上利益的冲突，以及很多错误政策（比如大规模刺激计划）的落地，西方政府一直未能做出

---

① 据说，这些不同刺激计划的主题都存在腐败。比如说，2009 年美国的问责和透明度委员会（RATB）就开始运用云分析软件来寻找腐败证据。

② 这也解释了为什么公众对预算控制政策无感的原因。

有效的决断，没有执行健全的经济政策，导致了政府和公民想存钱却存不住钱的境地。

法国的 500 强企业其实比德国多，但法国的公众各自为政，丝毫没有凝聚力。这也反映在了财务分配上："在其他地方，物质上的成功是被夸赞仰慕的。人们羡慕其至嫉妒百万富翁们，人们对企业家持夸赞态度，尤其是崇拜那些白手起家的富豪。"法国政治评论家曾这样说："在法国，事情则彻彻底底反过来了，财富是罪恶的化身，金钱则成了恶势力的帮凶。"[①]

"朋友至上"[②] 曾是法国的名言，法国却没有实现。美国现在也犯了同样的错误。这是很有趣的文化反转。18 世纪，罗素认为社会会奴隶人民，使人们变得空虚贪婪。而亚当·史密斯则认为，社会应该是积极的。美国经济曾是亚当·史密斯的证明，不过现在看来，恐怕证明罗素的说法更准确一点。

在史密斯的首部著作《道德情感》中曾经驳斥了罗素的观点，但是，文化差距的观点却一直不绝于耳，很多人都支持这个理论，他们认为政府不应成为社会的保姆，用国家超级市场等政策养活社会。

这涉及管理原则的问题。在健全的管理制度下，如果危机发生在一个机构身上，解决危机的应该是机构本身的高管和职员，经理必须要有再组织、再建构资源的能力。如果缺乏这种能力的话，机构很可能会最终垮台。

2009 年以及 2010 年的拉脱维亚就是一个最好的例子。拉脱维亚不惜得罪社会主流群体，即使身处金融危机的"泥石流"中，拉脱维亚还是坚持将本国货币与欧元挂钩，通过内在贬值使市场恢复竞争力，随着工资和公共开支的降低，拉脱维亚把债务控制到了占 GDP 的 14%~18%。

拉脱维亚的公民深思熟虑，对政府的举措表示理解，这一点从紧缩政策在国会 58.6%通过率就可以看得出来。整个国家也看到了紧缩政策的好处。

然而在欧洲其他地方，民众受过去 30 年宽松政策的影响，对紧缩政策的施行普遍持反对意见。2010 年 9 月 29 日，西班牙和其他欧洲国家就爆发了大规模

---

① 资料来源：《经济学人》，2010 年 7 月 24 日版。
② 首先就是政治上的盟友。

的示威活动，抗议政府的紧缩政策。

西班牙的工业和部分交通部门进行了大规模的罢工，数千人走上街头，抗议开支削减以及新劳动法对解雇条款的放松。在布鲁塞尔，大约 5 万名欧盟工人占领了欧盟总部所在地舒曼区。他们抗议欧盟应对经济危机的措施，并且指出如果国家不能改善财政状况，持续对国家半自动地收取罚金的话，他们会持续抗议下去。

受到这股"反民主"旋风波及的不止比利时、法国和西班牙。在雅典，公交系统职员也就工资削减开展了好几个小时的罢工；深受债务影响的国家铁路也受到了 24 小时罢工的冲击；卡车司机则因为政府决定放开卡车市场而进行了长达 3 周的罢工。

简单来说，西方社会和政府面临的挑战还是纯理论化的。要做出经济决断必须有清晰的认识，否则政府、企业、家庭的债务只能越来越多。如果通缩和高利率是拯救社会的良药的话，政府必须贯彻执行这些政策。

不过这带来了另一个问题，那就是政府会在债务压力下面对通缩的新挑战。这需要政府采取严格的紧缩政策。紧缩政策不是社会的敌人，我们会在下一节讲到这一点。

我们在这里要的不是日本化的通缩，而是能够使政府和家庭真正实现收支平衡的紧缩政策。如果不能做到，日本化很有可能会到来（第四章）。可以说，通缩不是日本得的病，而是病的一种症状。日本长期衰退的真正原因是内部体制的僵化以及人口的老龄化。

不过，如果在日本经济泡沫破裂①后没有采取正确的金融货币政策的话，经济的情况只能越来越糟。卡门的维森特·莱因哈特（Vincent Reinhart）曾在 2010 年 8 月末的杰克逊霍尔研讨会上指出了合适的政策。他们指出，去杠杆化可以成为一个退出的机制。

去杠杆的一个真正问题是，在几乎所有国家，货币政策都是高度政治化的。由于没有成熟的目标和先例的参考，国家能拿出的办法实在不多。

---

① 资料来源：《经济学人》，2010 年 7 月 24 日版。

很多政客都把通缩趋势当作财政紧缩政策出台的借口。由于政治的介入和退出机制的缺乏，本该短暂出现的通缩长期持续。如果通缩持续，会产生严重后果。这是因为它会使债务的真实价值升高，产生负面影响。

总结以上观点，当今的货币经济政策已经开始让很多经济学家、中央银行高管、商业银行高管和投资者思考这个问题，那就是通胀和通缩究竟哪一个对经济的威胁更大。这个问题还没有解决[①]，家庭、企业、投资者和政府都应该好好考虑这个问题。

通缩、通胀、停滞、违约，每一个都似乎会对经济产生副作用。对于国家来说，保增长，减税务应当是第一要务，不过在金钱流动的国际市场里，经济增长对西方国家并不容易[②]。因此，西方国家更应该进行深层次的改革，给市场创立新的工作机会，使经济复苏成为可能。

第四节　紧缩政策也没有那么糟

1933 年 3 月，罗斯福上台之初，美国国会通过了经济法案（Economy Act），降低了雇员 15% 的工资，削减了近 10 亿美元的公共财政支出。紧接着，公民保护集团（Civilian Conservation Corps）成立了，这个集团给年轻人提供了消防、洪水治理、维修道路桥梁、基建等很多工作机会。罗斯福的确很有才能，找到了应对危机的有效方法，他的紧缩政策值得布什和奥巴马政府学习。

这种政策应当被最高领导人而不是下属官员制定执行。毕竟这些政策可以有效地调和经济问题。1930 年布吕宁成为了德国总理，他上台后立刻采取措施，削减政府的赤字：

[①] T 尽管 2010 年中旬，政客都认为经济的风险是通缩而不是物价上涨。

[②] 资料来源：D. N. Chorafas, Globalization's Limits: Conflicting National Interests in Trade and Finance, Gower, London, 2009.

（1）公务员的工资削减了 20%[①]；

（2）减少失业补贴；

（3）以及其他紧缩政策。

为了防止德国走 1923 年恶性通货膨胀的老路，政府并没有采取印钞借债的方法。这时和那时一样，施行紧缩政策不仅需要勇气，还需要经济结构的大力支持。

尽管大量民众反对，希腊还是在 2010 年早期执行了紧缩政策。我们应该记住，在国家负债、重建之路困难重重的背景下，最重要的因素是紧缩政策和执行紧缩政策的意愿。紧缩政策的是否持久将决定经济的恢复是否成功。基础建设、开支削减都是紧缩政策的成果。当政府开始紧缩时，企业就会感受到压力，减少开支，降低就业和冗余工资，这时候家庭也会感受到未来税务上涨的压力，开始减少消费。

和其他计划一样，紧缩计划需要良好的管理。如果有人认为，人们只需要欧盟和 IMF 的贷款，不需要别的，那他就大错特错了。即便有钱不知道怎么花仍能获得最大的收益也不行。如果不能妥善管理，希腊的悲剧很有可能会再次上演。如果没有强有力的措施，危机有可能会持续。就钱而言，因为政府可以掌控经济，紧急救助贷款是排除了希腊债务违约的可能性的。

在瑞士最古老、管理最好的威格林银行看来，希腊就等于 2008 年差点破产的贝尔斯登银行，所以如果接下来欧元区的仲夏夜之梦结束，有哪个国家像雷曼兄弟一样倒下了的话，我们应该一点都不稀奇才对（参见第四章）。[②]

威格林的话所言非虚，现在高负债国家都危如累卵，必须要好好把控本国金融市场。稳定手段越快完成，政府抵御下一场危机的能力越强。至于那些紧缩政策限制经济发展的言论，其实没有什么事实依据。在治理有方的前提下，紧缩政策也能带来经济的回暖，这又是另一层因果关系了。

在检视过 112 个金融风险案例后，欧洲经济研究小组伦敦分组得出了一个结

---

① 总统的工资也被削减了 20%，相对基层的官员和州政府雇员的工资则被削减了 6%。
② 资料来源：Investment Commentary，No. 271，June 28，2010 Wegelin & Co.，St Gallen，Switzerland.

论：大量且快速的紧缩政策可以削减财政开支，进而减少债务/GDP 比例，促进经济发展。他们还发现，在财政紧缩和之后的两年内，国家经济会有 2.8% 的年均增长。[①]

虽然以上数据和美林银行的研究有所出入，但紧缩政策能促进 GDP 增长的结论毋庸置疑。国际货币基金组织的一项最新分析表明，紧缩政策加上结构性改革可以获得更大的收益。

不过，要想进行这两项调整，政府必须做到有计划。不论对于家庭或者政府，减少基金成本的上升都是调整财政赤字的先决条件。美国的深层经济危机表明，这个全球最大的经济体也受不了自小布什政府上台以来的"消费、消费、消费"的支出态度了。相似地，国际清算银行第 80 财年年报也指出：

"虽然经济和金融正在复苏，但这种复苏至少在主要经济体内部是脆弱的，是不完全的，除了一些国家的中立政策外，其他国家的政策还是偏刺激性的，财政政策的'摊大饼'使得政府债务已经涨到了很高的地步。"[②]

因为几乎每个国家都有不同的问题，所以采取统一方法解决所有国家的问题是十分荒谬的。此外，我们也在第一章讨论过危机的因果关系，我们应该借此看到财务不平衡状况的真正原因。

在看到众多真正原因后，我们还应该探讨怎样走出危机。如何能让脱轨的经济回到正轨上来呢？仅靠财务整顿有用吗？应该先执行哪项结构性改革？该调整那些部分？具体来说，是该更关注工业基础还是工资增长（下文会谈到这个问题）？

很明显，债务负担高的国家调整的任务也更重一些。不过，这又涉及一个问题，那就是把这些负担分配给整个社会。社会学家认为："税务应该按照每个人的能力调整。"不过，这种共产思想已经被证明是不可行的了。

另外，我们还应该考虑到共享货币国家的问题，比如说欧盟。因为相对价格不会受利率影响而调整。调整措施应包括财政赤字的减少以及通货膨胀的管控。

---

① 资料来源：Merrill Lynch Wealth Management, Issue 151, August 2, 2010.
② 资料来源：BIS, 80th Annual Report, Basel 2010.

欧洲中央银行的月报就此指出：

"由于长期财政赤字以及竞争力的缺失，主要国家现在急需改革。改革应当涵盖工资的减少，使得工资与失业情况以及国际竞争力相匹配。"[1]

此外，人们还应该限制经济领域的债务以及杠杆化的问题。以美国为例，从主要经济数据看，1970 年债务主要来自非金融业公司，家庭和政府的债务紧随其后。相比较而言，那时金融机构的债务仅占总债务的一小部分。在那时，美国的债务虽然可控，但也达到了 GDP 的 145%；1980 年，虽然总额没有发生很大的改变，但政府的债务却大幅缩水，工业的债务却翻了一番。

那时，美国的总债务约占 GDP 的 160%，在 10 年内增长了 10%。1990 年里根下台之后，金融业利用杠杆迅速积累了大量债务。

1990 年，美国的总债务达到了 GDP 的 230%，在 10 年内增长了 44%。在 2000 年，金融业一举成为最大负债行业，仅金融业的债务就占到了 GDP 的 85%。因为克林顿的财政平衡政策，政府债务的排名滑落到了第四位。

那时，美国政府就应该采取紧缩政策，因为债务已经占到了 GDP 的 260%。不幸的是，当时美国并没有采取紧缩政策，此外，政府和监管机构一直对金融业的债务疯狂累加视而不见，加剧了事情的恶化。

在泡沫破裂一年之后的 2008 年，美国的最大负债行业银行业的负债率已经占到了 GDP 的 120%。受到银行业超杠杆和低信用标准的影响，家庭负债也不甘落后，占到了 GDP 的 100%。

到了 2008 年末，债务已经占到了美国 GDP 的 360%[2]，如数据所示的那样，趁为时未晚，金融业最应当抓紧采取紧缩政策。此外，由于政府大笔接管了私人债务，相比于财政稳定性以及财政平衡，也需要考虑通胀相关的政策。

---

[1] 资料来源：European Central Bank，Monthly Bulletin，July 2010.
[2] 现在美国的债务比例已经从 360% 的高点下探了一些，但是没有人知道这种下探趋势是暂时的还是长久的。

第五节　削减财政以及 B/S 重建

说到专家，我们不得不提到奥巴马政府第一位高级官员，经济政策团队的一哥，管理和预算办公室（OMB）主任彼得·奥查格（Peter Orszag）[1]。有消息指出，他正是因为美国未能出台紧缩政策拯救高债务所以才辞职的。

据说，奥查格经常和奥巴马的国家经济委员会主席拉里·萨默斯（Larry Summers）围绕财政整顿的时间和程度吵得不可开交。[2] 政治分析师认为，在这种争论下，OMB 会为政府准备两套预算方案：一套是政府要求的小型财政冻结方案，另一套是财政削减达到 5% 的方案。很明显，奥查格把第二个方案当作了重建政府财政平衡的方法。

奥巴马团队另一个争论焦点则在于医保改革。奥查格认为，如果想要控制美国的巨额债务和财政赤字，控制医保规模是必须的。但政府最终的方案和奥查格的方案差距非常大。

由于政府害怕削减福利的社会效应，国会一直对这部分议题讳莫如深。美国和欧洲都陷入了福利危机，但却缺乏足够的领导力去解决这方面的问题。因此，政府的债务"九头蛇"已经在以下几方面体现：

（1）养老金系统；

（2）失业补助；

（3）医保服务的增加；

（4）社会财富分配标准；等等。

这些方面加起来对西方社会（尤其是西欧）的影响超过了老龄化。政府似乎也对庞大的福利体系感到无所适从。从这一点看，公众正活在债务的美梦中。

---

[1] 在被任命之前，奥查格已经是国会预算办公室（CBO）的主任了。

[2] 萨默斯随后也辞职回到哈佛了。

公众通常会认为，政府来钱太容易了，所以维持高福利也没有什么问题。殊不知，政府的这些钱也没用在正地方。在爱尔兰，政府救助银行的错误决定不仅没有使爱尔兰联合银行和安格鲁—爱尔兰银行从高达500亿英镑（约合740亿美元）的债务中走出来，也使得爱尔兰的财政赤字在2010年10月达到了GDP的11.9%。如果把银行债务加进去，政府的财政赤字将达到GDP的32%。

如果有人想要了解什么叫作几度不平衡的账户，看看爱尔兰就够了。所以这就是为什么即便爱尔兰执行了3年的紧缩政策，家庭财富缩水了1/3，爱尔兰民众仍然看不到复兴的希望。民调显示，70%的人认为现在是国家经济最糟糕的时刻。[①]

作为爱尔兰的邻国，英国则正在保守党/自民党政府以及卡梅伦和克莱格（Nick Clegg）的指导下，筹划预算平衡的进程。他们正在筹划工业世界最大的财政削减计划，这项计划的长度竟然达到了40年。新政府准备拿学校、警察和福利制度开刀减少财政赤字。

然而，他们的想法却与国家健康服务（NHS）掏空纳税人的想法相悖。据说，英格兰银行还要为了抵消政府财政支出的削减，印更多的钱去买政府债券（详见第五章，量化宽松）。卡梅隆/克莱格削减开支的好处是，削减开支这一项就占到了政府节流的75%。很多政府机构会被裁剪25%。这一做法的坏处是，他们削减占GDP 11%政府赤字的计划会触怒工党以及NHS。

美国的奥查格和英国的奥斯本都强调应采取严格的财政政策。如果不采取这类政策，华盛顿和伦敦的政府就有违约的风险。政府不一定会意识到，缺乏计划的去杠杆化计划也会造成经济的衰退以及很多意想不到的后果，比如投资的缺乏。

究竟什么样的计划算是好计划呢？我们不妨看一看瑞士。在经历了20世纪90年代的政府赤字和债务增加后，瑞士通过了债务剥离机制。这一机制意在达成结构性的收支平衡，防止债务增长，给调整支出留出空间。这一机制在2003年正式生效，给瑞士经济和公民立刻带来了切实的利益。为了增强国际竞争力，

---

① 很多人都认为，政府的改变其实对经济没有什么帮助（资料来源：《经济学人》，2010年10月9日版）。

瑞士将重点放在了高附加值产品和服务上。为了保持竞争力，瑞士还把通货膨胀维持在了比较低的水平。

为了达成这一系列目标，瑞士在新社会项目上的支出仅仅占 GDP 的不到0.5%。这在通缩压力的背景下是非常重要的。在这种情况下，工人和员工将因为低失业率而获益。与之相比，其他国家政府则太没有魄力和决断力了，其他国家的公民也明显感觉到危险正在一步步逼近。

除了经济刺激计划和对大银行的救助，民众没有感觉到任何救市措施，反而感受到了金融市场的压力、物价的上涨、贸易保护主义的抬头、国际秩序的失衡。[1]

因为政府相比于政绩显然更在意选票，所以它们不敢采取任何激进但是有效的措施进行自我革新。彼得·德鲁克（Peter Drucker）曾经说过，如果政客们真的对政府的"再投资"感兴趣的话，他们应该追根溯源，首先想一想政府的服务范围是否科学，或者对预算的把控是否合理。根据德拉克的观点，政府当然对"再投资"不感兴趣，他们缺乏作为组织者和革新者应有的政治勇气。

正如多次国会质询中提到的那样[2]，重建政府财政不是仅仅要考虑哪些政府机构是无用的，更应当考虑哪些公共服务的浪费情况比较严重，玛格丽特·撒切尔（Margret Thatcher）曾经为了增加政府效率向官僚动刀，但是最后，她建立的政府官僚机构更多，更加不能很好地为人民服务。

在美国，奥巴马建立了一个"首席表现师"的新机构，但看起来这个机构只在花钱上面表现不错，在处理经济表现的问题上表现得不是很好。如果奥巴马真的执行了全民免费医保的话，美国的经济表现将在一定程度上被拖累。

然而，如果政府能够重建财务平衡，恢复还是很有希望的。所以，政府一定不能在效率和行动方面有所马虎。

---

① 资料来源：European Central Bank，Monthly Report，August 2010.
② 资料来源：《经济学人》，2010 年 1 月 23 日。

第六节 "长发方案"和货币错觉

所谓的凯恩斯学派认为，财政开支的削减会破坏经济复苏的萌芽，使得西方经济陷入通缩。保罗·克鲁格曼（Paul Krugman）曾经说过削减财政是傻子和疯子才会做的事情，但是他没有注意到，因为无限制的花费政策，公共债务占 GDP 的比例已经超过了 120%，这个数字甚至超过了日本化的债务/GDP 比率。

在财政上不负责任的不只克拉格曼一人。盖布莱斯（J. K. Galbraith）也曾经认为无限制的刺激对经济有好处。他有关大额支出最著名的表述是这样的："这没有操作上的限制，联邦政府花多少钱都行。"[①] 可真的是这样吗？政府想花多少钱就花多少钱本身就是不负责任的表现。如果一些"长发"经济学家还在混淆该做什么和能做什么的概念，那么经济将会随时有崩盘的风险。

虽然人们对债务的处理方式各有不同，但债务这个敌人是每一个人都需要共同面对的，对于高负债国家来说，债务的困难可能更大一些。每一个国家都需要平衡收入和支出，处理公共财政的可持续性问题，处理财务失衡状态，使得市场出现稳定信号，从而改善经济活动。为此，国家需要：

（1）减少政府的行政开支；

（2）降低公务员工资，裁减公务员数量；

（3）重构福利体制，使它对纳税人金钱的浪费降到最低。

另一个办法是通过直接税和间接税的方式增加税基。税务的增加会对经济活动产生反作用，但同时也传递了政府下力气整治私人领域债务的情况，让私人领域客观意识到自己的消费能力。事实上，政府超过税务上限的福利和支出根本是国家层面的庞氏骗局。很多证据都表明，政府财政的杠杆化会增加债务，使得下一代的民众最终为这一代的福利埋单。

[①] 资料来源：Wegelin & Co., Investment Commentary No. 272, August 23, 2010, St Gallen, Switzerland.

从全球角度看，西方国家内部出现财政赤字的国家已经越来越多，它们的欠债情况越来越糟。这导致了人们开始质疑政府能否在宏观层面运用政策维持财政平衡。比如，在欧洲，很多国家都已经开始加强信用，调整供求关系。在美国，奥巴马的政策也没有达到预期的效果。

所以，这个疑问反映了人们对货币的错觉。政府对"单纯减少逆差拉动内需的做法对经济是不负责任的"这样的正确建议充耳不闻，这可能会导致财政的崩盘。

所以，奥巴马政府一直在对默克尔施压，要求德国增加进口、政府支出以及工资增长，进而使德国通货膨胀。这个建议理论上应该降低德国的经常账户盈余，帮助美国等赤字国家恢复经济。中国也在承受着同样的压力。美国要求中国进行贸易的"对称调整"，以减少美中贸易逆差。

批评者认为，贸易的对称调整本身就是不合理的。这个调整的依据是，顺差国家对逆差国家有着很大的影响。可数据表明，这样的说法并不正确。如果德国的进口增长了 10%，西班牙、葡萄牙、希腊的正常账户的第一轮增长只会有0.25%，爱尔兰的经常账户增长也只有 1%。[①]

这种对称调整通常都要求顺差国家增加工资、物价，这会给顺差国家的经济造成很坏的影响。所以有人认为，市场输出的受益者会因此而改变。不过这个猜想也是很不靠谱的。大型、持久的经常账户赤字只有通过受影响国家自身的改革来缓解（第六章）。

美国的例子已经表明，对称调整对本国的经济没有帮助。美国政府已经试了一段时间，但收效甚微。而且经常账户赤字也不是美国的唯一问题。现在西方社会政府控股或者政府控制的经济实体太多了，这些钱本可以用在还贷或者促进就业，可政府却用这些钱雇用了一群经济"废柴"，拖垮了自己的账户。

这个问题其实是工业国家的通病，即便政府进行了名义上的预算削减以及预算重构，西方经济的恢复还是有很长的路要走。乐观的经济学家认为经济很快会恢复，他们只关注到了市场的基调和乐观的预期。可是不用多说，这些不成熟的

---

① 资料来源：Deutsche Bundesbank，Monthly Report，July 2010.

解决方案不会奏效。

另外，一些经验成熟的经济学家可能会有不同的观点。他们往往经历过 20 世纪 70 年代的经济危机以及 20 世纪 80 年代的通货膨胀，所以他们不认为神话会发生得如此轻易。根据他们的判断，西方国家的财政赤字不会永远搁置下去，总有一天，债务的泡沫会破裂。

除了这些对风险、政策和经济形势的理解差异，人们也还没理解债务/GDP 的比例究竟对一个国家意味着什么。我们在之前已经谈过这个问题。根据马斯特里赫特条约，欧盟国家的这一比例被政治决定强行限制在了 60%①。不过，现在所有的欧盟国家债务比例都超过了 60%。此外，由于杠杆化，经济变得十分脆弱，公司和家庭的财务平衡将无从保障。即便数据表明政府债务有时候不需要全部偿还，但国外借贷的部分是必须要偿还的。这时候，国家可能又陷入了用新债还旧债的恶性循环。

总之，政府有责任确保债务在合理区间内，不会阻碍经济的发展。一些经济学家认为，当债务/GDP 比例从 60% 上升到 100% 时，债务的成本会随之增加 2%。所以，政府必须控制债务的持续性增长和财政失衡情况，同时尽可能把债务带回危机发生之前的水平。

---

① 很多大型经济体在危机之前的债务/GDP 比大概就是 60%。

第八章　欧盟金融一体化之殇

第一节　强核心，弱边缘

笔者写这部分文字的时候，正是 2010 年末，彼时德国通过国际制造业、重构的经济以及涨幅回收的欧元，引领着欧盟经济的反弹。法国和意大利的经济有所向好，但欧盟的外围国家依旧受到经济危机的影响，没有好转的迹象。爱尔兰的银行救助计划差点使自己陷入破产，西班牙和葡萄牙正在衰退泥潭中挣扎，希腊则已经在事实上陷入了衰退。

好消息是，希腊正在触底反弹，西班牙的债务危机警报也马上可以解除。有乐观人士预计，即便主权债务危机和财政赤字还在阻碍欧盟的增速，但欧盟马上就可以解决内部的种种问题。悲观人士和投机者有着完全相反的观点。

欧盟外围国家的脆弱性会阻碍欧元区的进一步发展。在经过 10 年的发展之后，欧元区的矛盾已经开始显现，金融一体化的副作用也开始出现。人们原本以为，货币的一体化会挑战成员国的稳定性，但政府层面对经济和金融的松懈以及大型投资政策阻碍了财政纪律的形成以及经济的增长。

欧盟作为一个整体，已经有了一些明显的产出效应。现在欧盟内部已经分为两派，一派想通过建立财政纪律来保值欧元，另一派则想继续执行国家超级市场这一类吸血政策。后一派的成员有穷一点的国家，也包括富一点的国家。

欧盟内部有许多人都支持金融稳定政策，他们指责那些"纪律派"成员国只考虑自己的利益。这些人真可谓扫除了民主的又一根支柱：既然选举人已经同意了财富的转移，他们肯定会觉得财富的接受者是有能力管好这些钱的，但事实可并不是这样的。

欧盟的协商机制有一个缺点，拿处理财政平衡这件事来说，必须要到火烧眉毛的时候各国才能做出最终决定。最后，爱尔兰处理财政平衡的态度最为积极，希腊则被要求削减开支以及增税，西班牙和葡萄牙也在一定程度收紧了预算，但其他地方还没有任何的财政紧缩计划。

说到管理失败的经济体，就不得不提到西班牙。西班牙为了拿到欧盟及欧盟国家的经济援助，在表面上假意建立了财政纪律。2007 年，政府债务只占到GDP 的 43%，政府对银行的监管似乎也不错，财政甚至实现了盈余，不过这一切都只是表面现象。

其实，西班牙经济已经出现了杠杆化的趋势，房价开始随之暴涨，融资则主要来自于国外渠道。大量且不可持续的现金流从欧洲其他地方（尤其是德国）涌入，使得西班牙经济迅速增长，同时产生了严重的通货膨胀。这个时候西班牙的专家也没办法了，社会极端化开始出现，最终房产泡沫破裂，经济危机开始了。

至此，西班牙的经济开始了大转弯，失业率攀升到了 20%。政府出现了大量的赤字。在这里有必要提示读者，西班牙奇迹并不是出现赤字的原因，而是出现赤字的结果。当泡沫破裂以后，经济恢复可并不容易。

西班牙不是缺乏经济和金融纪律的孤例。现在回头来看，爱尔兰也做了一件又一件的蠢事。三大主要银行的过度杠杆化（并且逃过了监管）以及政府的巨额银行救助基金使得政府雪上加霜（详见第九章），俗谚有云："亡羊补牢，为时已晚"，对于希腊、爱尔兰、葡萄牙和西班牙来说，加入欧元区就相当于进入了水草丰茂的圈养牧场，但它们却忽视了周围的风险，明知道主权债务的狼来了，它们却无处逃脱。

由于经济和金融纪律的缺位，单一的货币加速了爱尔兰、西班牙、葡萄牙、希腊的杠杆化。这四个国家享受到了欧元区的好处，却没有准备好应对风险。的确，在加入欧元区之前，有经济学家表示这些国家还需要补很多功课，不过这些国家却忽视了警告，这么看来危机也是不可避免的了。如果欧盟的限制继续增加，摆在这些国家面前的只有两条路。第一，它们会退出欧盟（这绝不是不可能的），这样这些国家就会用回它们的本国货币，这样它们会面临高利率以及各种还债问题①；第二，它们必须让欧元区变得更好，它们必须建立全欧盟的财政纪律以及财政平衡，并且通过欧洲中央银行或者新的监管单位建立成熟的监管体制。这意味着整个联盟要团结协作，共同应对危机。

不管选择哪条路，国家都要采取成熟的政策。比如说最近欧盟内部在没有政治联盟的条件下协调财政政策就是不成熟的。即便各国已经对核心议题达成了一致，协调 17 个独立成员国的财政立场将会是非常困难的事情。

另外一点需要讨论的是，每一个成员国的利率负担都在变化，这导致了成员国实际赤字可能是变化的。然而只有长期在官场中摸爬滚打，却没有取得什么成绩的官员才会想到这个问题。

好在市场还是有利好消息的。2010 年 5 月 9 日，欧洲经济及财政事务理事会（Ecofin）同意建立综合方案以维持欧洲的金融稳定性（包括欧洲金融稳定机制）。该方案要求成员国提供约 5000 亿欧元（约合 6150 亿美元）的融资基金，不过给受惠国附加了很多强硬限制条件。据悉，IMF 也会加入这一方案，并且提供至少一半的基金，也就是说，最后这部分基金将超过 10000 亿欧元。

这部分基金究竟有没有用，有多大用，只能等待时间给我们答案了。而且，虽然有关于建立财政纪律，削减开支的要求，有些国家做得还远远不够好。

此外，如果欧盟想要建立财政纪律的话，就必须要得到布鲁塞尔专家的建议。不过这些专家的价格并不便宜，有超过 1000 名欧盟官员挣的比英国首相还要多。此外，欧盟议会也不消停，里面竟然还有英国独立党的成员（UKIP）。②

---

① 虽然《里斯本条约》在法律上给予了欧盟国家自由退出的权力，但是退出欧元区却绝非易事，退出欧元区涉及建立新货币、重新设立独立的央行等种种复杂问题。

② 资料来源：《经济学人》，2010 年 7 月 3 日版。

第二节　金融稳定性和经济一体化

根据欧洲中央银行的定义，金融稳定性是金融中间机构、市场、市场基础（构成金融系统的基石）抵御金融波动以及经济危机的能力。在这层定义中，金融机构和市场应有持续的能力集合资本，创造可盈利的投资机会，并且能降低金融风险和风险中的潜在损失。

要想解释清楚什么样的公司和市场才叫稳定，我们有必要解释一下不稳定时间的来源以及其中的风险。此外，为了保证有效的金融监督，确保市场透明，我们还有必要解释一下金融不平衡和不稳定的负面作用，并重点关注其对经济过程的干预甚至是干扰。

理论上说，一个国家的金融稳定性和其与所在区域的联系紧密性相关，应考虑与区域内其他国家经济一体化的情况。可事实上人们却不会这么做，欧元区的例子已经表明，经济及货币的一体化并不会像想象中那样给组织内国家带来无限好处。

而且，理论上说，一个一体化的金融市场机会会更多，效率会更高，政策会更宽松，经济体的体量会有上升规模。可事实上，缺点也是十分明显的，一旦出现金融危机，整个一体化市场就会出现波动，危机可以极快的速度在组织内的国家间传导。

这种传导还会在公共领域和私人领域同时蔓延。企业为了躲避货币交换风险，扩大发展，为金融市场一体化助力，通常会在货币联盟内部进行大量的跨国境投资。由于同一货币联盟内部的公司间的投资活动会非常密切，一旦危机出现，传染速度非常之快。

可是，货币联盟的一体化并不会使得成员国的经济表现趋同。虽然德国火热的工业活动和出口数据继续反映了国际市场（尤其是亚洲市场）对德制汽车和机器设备的需求，但法国和意大利的出口及制造却依然十分乏力，其他欧元区外围国家则更是如此。

这是因为，德国的经济纪律要比其他欧元区国家高得多。德国的工业和经济数据已经表明了这个国家重构经济的彻底性，即便受到欧元区其他国家的拖累，经济却依然一枝独秀。相比之下，其他欧元区国家的国际贸易数据就没有这么亮眼了。

以上事例佐证了一些经济学家的一个理论，那就是政治联盟缺失下的货币联盟是注定会失败的。事实上，欧元区根本就没有建立起一体化的经济机制，比如说：

（1）欧元区缺乏对财政赤字的统一管理；

（2）各个成员国对危机的看法莫衷一是；

（3）无法建立起协同的补救措施处理财政赤字。

因此，很多经济学家和政治分析师都认为，不仅是欧元区，现在整个欧盟都在面临着合与散的历史选择。这种合与散具体体现在是否统一国家支出政策、是否建立中央税务、是否平衡各国公民的福利待遇等议题的争论上。

不用解释，收入、税务、支出、社会保障（医保、养老金等）的分歧已经在国家间产生。由于老龄化的到来，社会福利的需求越来越旺盛，资源竞争越来越激烈，再加上国家财政在一步步缩水，建立一个稳定的福利机制对每个国家来说都是很严峻的挑战。

"风险共担"曾经是金融一体化的特点之一。不过，在司法缺乏纪律，人们一味要求提高福利的条件下，这个特点根本无从谈起。现在市场上都是用钱买选票，所以缺乏财政纪律的主权国家往往就会气喘吁吁。

在过去的 20 年里，投资者制定了很多有关基金流的新规矩，主权债务的问题对他们决定的影响越来越大了。现在，金融的稳定性是投资的首要考虑因素，人们已不再关注单一货币或者理论上的经济一体化了。现在欧元区国家过度支出的行为已经让人们看到了雷曼兄弟破产的影子。

从风险的角度看，2011 年可能会是这个世纪的分水岭。随着证券化的加深以及金融工具的运用已经使得银行增加了转移信用风险的能力，这导致了风险的逸散。现在金融市场上有这样一个趋势，那就是银行的杠杆化正在被政策和金融

工具加深，经济有崩盘的危险。

从单一经济体这个角度看，当每个国家政府都在考虑笼络国民选票而不是促进财政平衡的时候，经济体就会变得十分复杂。反过来，投资者会认为处理赤字和经常账户亏损问题已不是国家的首要任务。

如果任凭这场借贷闹剧继续演下去，欧元区的政府将不得不实现"经济的一体化"，各国政府都会在过量借贷的泥潭中挣扎，会在这泥潭中一错再错，最终不得不自食高借贷带来的高利息的苦果。

面对这种情况，政府不能再坐视不管了。2009 年 12 月中旬，希腊危机愈演愈烈的时候，欧盟经济和货币事务大使华金·阿尔穆尼亚（Joaquin Almunia）就曾对西班牙报纸《国家报》说，希腊不能一味依赖欧元区其他成员的救助："如果希腊不采取切实手段应对本国问题的话，欧元区很有可能会踢出希腊。"[1]

面对欧元区的政治和市场警告，希腊在 2009 年开始急切地考虑恢复国际信用。在惠誉（Fitch）将希腊的评级下降到 BBB+，标准普尔可能继续给希腊降级，国家债务在 2010 年涨到全欧最高之后，这种需求就变得更为迫切。在一年之后的 2010 年 11 月，葡萄牙和爱尔兰也步了希腊的后尘。

与希腊、葡萄牙、西班牙和爱尔兰不同，山姆大叔的风险更高，在证券未能筹集到预期资金之后，国际金融市场的风险就更大了。如果一个国家政府出现信任危机，这个国家将会何去何从呢？它是会以超高利率用新债还旧债，还是采取紧缩政策处理危机呢？

今天，因为其他两个国家的债务偿还[2]，并且考虑到自身的体量、财富、政治以及立法稳定性，美国还是世界上最大的负债国，处在英国"一战"之前在世界上的位置（美国比英国在两次世界大战期间的债务还要好一点）。然而，2009 年早期，美国政府还是没能筹措到足够的资金。

---

① 资源来源：《经济学人》，2009 年 12 月 14 日版。
② 这里有个反例，1933 年，美国就废除了用金子偿还证券持有人本息的政策。

第三节　统一的货币政策是个危险的游戏

由于欧元区成员国的政治、社会、财政、经济统一规则的缺乏，统一的货币政策可能使系统失稳，造成一系列不良后果。如果欧元区持续被试探，最终落得失败，统一的货币可能会造成负面的影响。

从现在看，统一的货币政策会造福希腊、葡萄牙、西班牙、爱尔兰等国，使它们可以获得贬值。然而，这也会导致更宽松的货币政策以及更强烈的通货膨胀，如果传统升值方案无效的话，地中海俱乐部的成员国将丧失竞争力。

欧元区的贬值以及信用的缺失使得欧元区的外围国家受害于低国家储蓄利率。地中海俱乐部的成员国已经成为了开销巨大的国家。反过来，不良贷款将使得这些国家不能受益于储蓄的习惯，也不能够模仿日本的延续 20 年的举债刺激经济的模式。

此外，欧元区外围国家的政府没有注意到低存款的国家往往经济增长也处在低位，它们对外部资金资源的依赖会与日俱增。反过来，这会影响政府财政的稳定性，因为公民已经开始相信其他人总会为自己埋单的。

抛开结构性赤字不谈，"考虑到前内部市场大使马里奥·蒙蒂（Mario Monti）的政策的计划以及欧盟委员会主席巴罗索（Jose Manuel Barroso）的命令，欧洲可能会出台税务一体化政策，这将导致增速的减缓以及国际竞争力的下降。"瑞士最古老私有银行[①]威格林银行第 269 号投资评论如是说。订约方补充道："欧盟的现状经不起重构税务的折腾，欧盟要么被强权压制，要么就可能分崩离析。"

这些都是不成熟方案惹的祸。很多官员、央行高管、经济学家都错误地估计了 2007~2011 年经济危机。他们过分关注了统一战略，可是这种统一战略缺乏对不同细节的尊重，没有考虑到欧元区国家不同的国情。所以，模型的精确性大大

[①] 由合伙人海默博士（Dr Konrad Hummler）一手扶持起来。

降低，经济危机的退出机制也没有很好地建立起来。

如果单一货币仅仅出现在 1957 年欧洲共同市场五国（德国、法国、荷兰、比利时、卢森堡，不包括意大利）中①，货币联盟内部的相似度还会再高一些②。可是，货币联盟的制度和管理模式都没有完善，对于管理的把控也几乎为零。《稳定和增长条约》现在被很多人当作耳旁风，金融政策的纪律和债务制度也远远没有在联盟国家内部建立。2006~2009 年希腊增长了 40% 的主权债务便是最好的证明。

欧元区的其他外围国家也和美国、英国、日本一样，债务大量增长，达到了公共财政承受能力的边缘。在过去，高福利文化和高支出政府只有几个国家，可现如今，这种状况已经风靡了整个西方世界。

在这种财政阴影的影响下，能够拯救经济的只有政府自己。政府必须要用强大的意志去扭转经济颓势，用强大的信念使经济平稳向好。毕竟，政府面对的危机巨大，财政问题已经十分明显，给债务的再融资难度也是很高的。

由于公共财政支出的高企，金融分析师已经把法国列为了除地中海俱乐部、爱尔兰以外的另一个高危国家。如果不增税的话，减少政府机构开支以及福利会是应对财政危机的一个好方法，但迫于公众的压力，政府可能会做完全相反的事情。公众长期形成的心理和习惯也是统一的货币政策无法实施的重要原因。

另外，统一的货币政策还会给劳动关系蒙上阴影。通常来说，欧元区的国家需要强有力的劳工改革来增加灵活性和收益性，但是，一些成员国的重构比其他国家更彻底。劳工法案和实践被看作是神圣不可侵犯的。现在在欧洲大陆，雇佣和解雇的成本都很高，这给扩大生产，进行劳动资本替换带来了挑战。

在欧洲国家，大工会、大财团、大政府控制了经济政策的走势。很多国家都是不同政党联合执政。然而，这些政党的经济政策是互相矛盾的，这造成了政府对社会制度改革的软弱性。③财团想修改劳工法，但它们缺乏足够选票的支持。

---

① 那时意大利央行行长坚决不加入共同货币组织。
② 芬兰其实还算满足条件，但其他地中海俱乐部国家则完全不满足条件。
③ 一个例子是，英国政府在削减国家医保服务的失败。

工会则可以通过发动游行来维持福利现状。

这样的结果是，改革的步伐几度放缓，甚至陷入停滞。即便"铁娘子"撒切尔夫人也没能重构劳工制度。在德国，施罗德（Gerhard Schroder）则成功重构了劳工市场，但受到地中海俱乐部和法国高失业率的拖累，德国的劳工市场也将受到冲击。

在一些欧元区国家，工会的随意罢工使得经济雪上加霜。根据《经济学人》的报道，每1000个工人的年均罢工天数已经达到了：

（1）西班牙，130天；

（2）意大利，92天；

（3）芬兰，62天；

（4）德国，只有4天。[①]

另外，由于各国的社保水平不同，劳动的成本也有所不同。表8-1比较了3个欧盟国家和3个非欧盟国家社保水平的不同。我们可以看到，不同国家企业对社保的贡献的差距有440%之多。

表8-1 社会保障消费在工资中的占比

单位：%

	公司工资中占比	工人工资中占比
法国	57	19
意大利	38	8
爱尔兰	13	6
英国	13	11
美国	10	10
日本	16	14

如果想改变以上局面，必须要减少政治上的改革阻力。如果不能成功改革，只能是搬起石头砸了自己的脚。更糟糕的是，政治上的阻力会增大支出，扩大财政支出，使得经济陷入恶性循环。

---

① 资料来源：《经济学人》，2010年4月24日版。

第四节　欧元区不对称的后果

其实欧元不是欧洲的第一次联合货币尝试，它充其量排在第四位。前三个可以追溯到 19 世纪。第一个出现的是持续了 78 年的德国货币联盟（GMU）。GMU 在 1838 年成立，自那时，北德意志联邦、巴伐利亚王国、奥匈帝国的货币被绑在了一起，这个联盟在"一战"后倒台。

第二次尝试是所谓的拉丁货币联盟（LMU），由比利时、法国、希腊、意大利、瑞士于 1865 年成立，持续了足足 61 年。

我们可以看到，LMU 当时只包括金币和银币。每个国家当时都保留了自己的货币，只不过汇率保持在 1∶1。然而，这个联盟的财政纪律并不好，意大利私自增发了货币，这种情况随着"一战"的开始越来越严重。1926 年 LMU 宣布解散。

第三次尝试是斯堪的纳维亚货币联盟，这一联盟持续了 42 年。它创立于 1872 年，成员国之间保持 1∶1 的汇率，参与国家包括了丹麦、瑞典、挪威，在 1914 年"一战"开始时宣布解散。

不过以上这些例子都不能告诉我们欧盟能持续多少年。毕竟，平均数没有什么意义，财政赤字的情况相比较之下更能说明一些问题。

所有 17 个欧元区国家的财政缺口率都超过了《稳定与增长协议》规定的 3%。3/4 的国家债务超过了规定的 60%。如果金融危机在欧盟爆发，这些国家可以运用逃避条款躲过处罚。与此同时，该如何监管也仅仅处在设想层面。所以，有很多人现在都怀疑欧盟没有能力监管财政不平衡状况并且建立新的金融监管制度。

由于官方数据可能存在虚报状况，管理的效用也随之降低。因此，经济增长会立刻带来不平衡问题，这种问题在繁荣时期是很少出现的。财政纪律的缺乏也很致命。很多政府都相信，进入欧元区意味着可以不必那么担心财政状况，信用问题以及竞争力问题。

以上观点证明了，不以政治联盟为基础的货币联盟是没有意义的，如果没有一个跨国机构来协调不同国家的不同国情，建立统一的货币财政制度，一切都只是泡影而已。

同样地，在没有制裁机制的情况下，签署一些协定也是没有任何意义的。人们都不会害怕纸老虎的。

正因为统一货币联盟的先决条件还没有达到，欧元区的实践变得很危险。每个国家的财政和支出政策都不尽相同，有一些甚至和邻国构成了矛盾。[1]

正是由于财政制度、债务水平、支出政策的多样性，欧元区的经济表现才会如此不景气，经济的一体化也才会有这么多的问题。由于欧元区的扩张，再加上管理计划的缺位，情况还有可能继续变糟。

正如投资者指出的那样：

"欧元区的成员国正在被不切实际的转换率蒙蔽了双眼，边缘成员国正在享受本只属于德国、荷兰等健全市场的种种融资福利，这刺激了相对弱势的国家借债来刺激国家经济的行为。"[2]

和那些政策预想的恰恰相反，健全国家政府不得不采取更加谨慎的政策。没有竞争力的那些工会必须要被移除。传统经常账户赤字国家必须要制定长远的战略产出和市场计划。否则，国家就会像西班牙那样，在没有竞争力和没有信心的泥潭中挣扎，最终拖累了整个欧元区的总体表现。

此外，单一货币联盟的成员国也会失去从货币联盟获益的机会。这些国家的领导层太依赖于欧盟自身的恢复能力了，他们并没有意识到欧盟的竞争力是每个成员国一起带来的。他们没有意识到，自己国家的大量经常账户赤字，持续的财政亏空都在侵蚀着欧元的竞争力。

按理说，欧盟的主要成员国应携起手来一起面对挑战，但事实上政客们往往同床异梦。此外，外围国家的表现以及财政上的不负责任正在摧毁欧元的两大支柱：物价稳定以及金融稳定（从市场角度考虑）。经济上有一条规律，那就是出

---

① 资料来源：D. N. Chorafas. Globalization's Limits: Conflicting National Interests in Trade and Finance, Gower, London, 2009.

② 资料来源：Wegelin, Investment Commentary No. 269.

现财政问题的国家（比如地中海俱乐部）绝不会有稳定的货币体系。可是，每个成员国都不在乎系统的稳定性，只是一味地借贷以提升国民的福利待遇。

综上所述，欧元区的衰退看起来是理所当然的了。对于一些欧元区的外围国家，比如爱尔兰、葡萄牙、西班牙、希腊，GDP 的下降是由于出口下降带来的。但危机正在持续，本地经济的问题正在被国际衰退所渐渐触发。

地中海俱乐部的一个问题是，在这几年里，国家工业基础衰退得太厉害了。一部分原因是亚洲产品竞争力实在太强，另一部分原因就是内部货品的需求超过了国内生产的能力，这样进口产品就会源源不断输入到本国，陷入了恶性循环。

通货膨胀也产生了消极的影响，比如说，葡萄牙就无法遏制国内单元劳动成本的提升，使得经济的可持续发展蒙上了阴影。希腊的情况也差不多，最终陷入了长期的债务危机。

欧元区的初衷是让成员国的经济更有活力，但现在看结果恰恰相反。现今的联盟内部存在着一股离心力，财政不平衡造成了内部的紧张局面，随着经常账户缺口的越来越严重，国家经济的前景和稳定将会蒙上一层阴影。

在这种条件下，欧元区必须要建立长期的金融紧缩方案。然而，这类方案会受到两重阻碍：第一层，公众对紧缩政策的反应会产生连锁反应，这种连锁反应会在联盟内部造成更深更广的经济危机；第二层，对于希腊、西班牙、葡萄牙以及爱尔兰来说，离开欧元区的选择也可能带来绝无仅有的危险和复杂性。这种选择会使得银行业受到重创，本就摇摇欲坠的政府可能陷入赤字泥潭，甚至彻底破产。和很多经济学家一样，马丁·伍尔夫（Martin Wolf）在接受查理·罗斯（Charlie Rose）采访时表示[1]，现在已经不能排除德国脱欧的风险了。德国人已经被其他欧元区成员国的表现拖累得够呛，他们可能会选择建立自己的一套独立货币体系。如果德国脱欧的话，欧元区顷刻间就会烟消云散。

---

[1] 资料来源：彭博财经网，2010 年 5 月 6 日版。

第五节　欧元走强好还是走弱好

2010 前半年，临时救助希腊计划以及 IMF 干预计划前后，欧元区正在被危机能否解决的阴云以及欧元区外围国家的弱势表现所拖累。对欧元区的反应也是空前的，在德国，大多数人都希望重新使用马克；2010 年 2 月的一次民调显示，法国有 69% 的人后悔放弃了法郎，这个数字在 2002 年只有 39%。[①]

经济学家和金融分析师总结了欧元的走势。有些人预计欧元的价值会逐渐和美元持平，有的人则认为欧元的价值最终会低于美元。但他们都错了，世界上最敏锐的投资者相信，由于地中海俱乐部国家的表现实在太差，欧元只能一跌再跌，永无止境。

这种跌势已经被市场初步证明是错误的。欧元兑美元的比例已经从 1.2 上升到 1.3，并且在 2010 年 11 月突破了 1.4。所以看起来预测永远不是准确的科学。

金融分析师把汇率的上涨归因于美联储和英格兰银行的通胀举措，以及欧洲相对稳定的经济态度。不过他们同时也认为，投资者现在都在关注欧元区在希腊危机之后将会何去何从，会不会有以下风险：

（1）一个或多个国家的破产；

（2）地中海沿岸国家私人经济的衰退；

（3）有国家退出欧元区；

（4）欧元区承担大量债务，造成货币贬值。

因为有这么多的风险因素，现在对欧元的走势还没有统一的定论。投机者此时则在关注货币的交换率以及波动性，期待从中牟利。

有经济学家表示，相比于美元、日元、人民币的弱势，德国制造业的国际竞争力受到欧元走强的影响比较大。不过，包括很多德国制造商在内的人认为强势

---

① 资料来源：《经济学人》，2010 年 2 月 20 日版。

货币也有好处，会对稳定物价有切实帮助。

问题来了，在欧元区内部，每个国家的利益和想法都不尽相同。德国人可能会重点提到财政纪律的问题，相比之下，法国人则寻求其他国家宽松经济工具的废除以及更多的国家干预，比如更弱势的劳工法以及市场的自由化。

同时，究竟是欧元走强好呢还是欧元走弱好呢？这个问题涉及经济、社会、政治的限制，工会和商业的反馈，货币的交换率，国际市场进出口的竞争，所以十分复杂。

戴姆勒主席戴特·蔡彻（Dieter Zetsche）曾经告诉《金融时报》欧元兑美元汇率的走强可以在短期内带动出口，但是"在长期，我只想说两件事，第一，强势的欧元可以使企业得到很好的锻炼，在这种货币环境下弱者更弱。第二，强货币是强经济的表现。"[1]

此外，欧元的走强和走弱不是抽象的概念。必须与其他货币比较才有意义。其他货币在绝大多数情况下指的是美元，自"二战"结束后，国际货币一直都被美元主导。美元主要用在了[2]：

（1）86%的国际交易；

（2）62%的国际储备；

（3）近60%的银行储蓄；

（4）53%的银行贷款；

（5）48%的债务证券交易。

美元在近65年的时间里保持了宏观经济层面的独立性。欧元则是没有国家基础的货币。德国和荷兰的纳税人都在担心，给予弱势国家的支持会使欧元走低。他们认为法国对欧元区成员国困难的怜悯会使得紧缩政策很难成功制定。从长期看，集体保险可能是集体崩盘的关键。全权委托的做法不会促进协同纪律的形成，也无法抑制滥用储备基金的问题。事实上，金融、财政纪律以及对邻国怜悯的缺乏一起出现并不会令人感到意外。它们就像鱼和水一样互相依存，在错误

---

① 资料来源：《金融时报》，2010年3月8日版。
② 资料来源：《经济学人》，2010年11月6日版，且基于国际货币基金组织数据。

的状态下，财政纪律是不能被成功执行的，《稳定和增长协定》就是最好的例子。

所以，欧元稳定性的整个逻辑都是有问题的。给债务国家巨额罚款可能是建立财政纪律的最差方案了。除此之外，联盟对成员国，尤其是欧元区几个最大经济体反复违规的宽容也很有问题。这样的话，欧盟还有什么脸面让恪守规定的国家继续恪守规定？《稳定和增长协定》应该怎样发挥税务重构效用，防止经济体出现崩盘？密特朗（Mitterand，时任法国总统）和安德雷奥蒂（Andreotti，时任意大利总理）劝说德国放弃使用马克的《稳定协定》如何摆脱纸老虎的印象？这些问题的内在是一个假说，那就是欧元仅仅是模仿法郎和意大利里拉贬值的工具，并没有起到像德国马克一样维持金融稳定的作用。密特朗—安德雷奥蒂集团骗取了时任德国总理科尔（Kohl）的好感，希拉克紧接着又在都柏林拿出《稳定协定》，使得德国放弃了马克，接受了新货币。

所以，欧洲中央银行应当给欧元区包括主要国家和外围国家的各国派发任务，决定各国应该践行什么样的承诺。考虑到（三年内）经常账户和财政预算的不足①，央行应当衡量成员国的潜在债务违约的后果，防止出现阿根廷那样破产的危机。

在处理不良状况方面，政府不应该局限于现有规则，因为经济规则的设定本身意义不大。比如说，欧元区 2010 年对希腊的借贷已经违背了货币联盟之前的规则，甚至违背了德国宪法法院的决定。1993 年法院曾经判决，如果货币联盟成立的话，必须要满足《稳定和增长协定》的条款，如果有国家违约，德国将退出欧元区。可是，很多国家都违约了，德国却还在欧元区。

所以，阻止希腊破产需要政治和金融的联合发力。如果希腊破产，欧元区将不仅仅是遭受重创，而将会是直线下跌，万亿投资将会泡汤，德国、法国、英国、美国的大银行将会遭到重创，无法收回对希腊的贷款。

这一切不是没有先例。在 20 世纪 30 年代，英国政府因为英格兰银行黄金储备的减少，放弃了黄金标准。法国银行当时持有相当于 3500 万美元的英镑存款，当英镑与黄金脱钩的时候，法国血亏了相当于 1250 万美元的英镑，相当于其股

---

① 这里的预算不仅仅指本金，还包括产生的各种利息。

权资本的 700%。[1]

第六节　不应该忽视信用违约掉期风险

"考虑到欧洲严重的债务问题，我赞成'债务急刹车'"（Schuldenbremse），[2] 奥地利财长约瑟夫·普罗尔（Josef Proll）如是说[3]。法国总统萨科齐也表达了支持财政平衡的观点，给税务国家制定恢复财政平衡的路线图。可问题来了，如果给财政纪律开一个又一个的特例的话，这种特例就会逐渐变成一种常态。客观的工具可以确保系统不被搅了浑水。

究竟应该用什么样的方法呢？我们不妨从金融业中寻找答案。债务调整现金流（DACF）就是很好的办法，它能准确区别传统意义上相似财政状况公司的不同内在情况。

我们采用的方法应该是连贯的、不变的。然而，我们却总能找到一些特例：比如说，"缓慢增长"一直处在《稳定和增长协定》的观测之外。没有人注意到金融市场是用钱说话的，不会把"缓慢增长"当作借口。

在 2007~2011 年经济危机之前，信用评级基本可以保持客观，但随着次贷以及次优抵押贷款的出现，信用评级已不能客观反映国家的信用。[4] 今天，追踪违约行为一般都通过信用违约掉期（CDS）[5]。CDS 基于群智群慧，虽不是极度完美，但也可以反映一个市场对国家信用的估计，也就是对主权风险的估计。

首先，信用违约掉期能够转换订约双方的信用风险。在一场交易中，买家想

---

① 资料来源：Liaquat Ahamed，Lords of Finance，Windmill，London，2000.

② 也就是给债务提供喘息的机会。

③ 资料来源：《金融时报》，2010 年 5 月 17 日版。

④ 资料来源：D. N. Chorafas. Financial Boom and Gloom. The Credit and Banking Crisis of 2007–2009 and Beyond，Palgrave Macmillan.Basingstoke，2009.

⑤ 资料来源：D. N. Chorafas. An Introduction to Derivative Financial Instruments，McGraw –Hill.New York，2008.

要寻求信用保障，卖家可以用固定收入工具（企业债券、资产债券）来保证信度。CDS 实际就是场外交易（OTC）的衍生品，通过对合同的转换来达到支出的变化。

因为信用违约掉期在 21 世纪早期的风靡，保险也随之大幅增长，CDS 合同的买家需要支付周期性的费用来换取卖家的担保。但自从信用违约掉期买家不必承担风险就可以获利的时候，投机资金开始大批量地涌入。

其中的一点好处是，因为 CDS 合同是市场对市场的（这一点和保险合同不同），可以衡量订约方的信用。这个作用是我们在本节一直强调的，投资者已经不再把政府债券当作无风险的投资了。

正如读者在其他章节看到的那样，很多国家政府的巨额债务不仅是因为错误的货币政策，还因为它们对主要私人领域（主要是银行以及通用这样的大企业）的估计不足。CDS 可以反映主权信用危机在这些政策层面的风险。

在实际操作层面，CDS 的普遍化证明了天下没有免费的午餐，债权人也不是没有信贷风险的。从国家政府层面看已经证明了，政府债券的收益有的时候甚至高于企业债券。我们可以拿德国的 CDS 差举个例子。2010 年 1 月，希腊的税基差有 236 个税点（bp）[①]，爱尔兰是 114，西班牙是 84，葡萄牙是 75，意大利是 73。[②]

综合对比企业的 CDS 看，联合利华的风险和德国是一样的，法国电信的风险比它们高 10 个税点，比德国邮政高 11 个税点，比道达尔高 13 个税点，比西门子高 30 个税点，比安盛保险高 36 个税点。换句话说，希腊的违约风险比安盛高 655%。4 个月之后的 2010 年 5 月，希腊与德国的 CDS 差已经达到了 750 个税点（之后有所下降），葡萄牙是 400，西班牙是 200（和匈牙利相等），意大利是 150。[③]

CDS 与国家联系的波动性使得人们对高涨的信用产生了疑问。相比较而言，德国、挪威、瑞典、瑞士的 CDS 水平是比较相近的。CDS 的评级加剧了主权债务问题国家的分化，CDS 已经通过数量结果清晰地表明了这一点。

---

① 税点是 1% 的 1/100。
② 资料来源：《金融时报》，2010 年 1 月 13 日。
③ 资料来源：Bank of America Merrill Lynch. Global Strategy Weekly，May 6，2010.

批评者认为，CDS 纯粹是投机者的工具，即便投机资本也会被考虑进来，不过这个观点恐怕不成立。如果没有激情或者成熟的条件，"央行的央行"国际清算银行就应当更好地反映主权债务违约掉期的信度和效度。CDS 的确是衍生品工具，但因为它是用来反映信度的，所以应当把它和其他工具区别开来。西方政府违约的可能性第一来自于深层经济危机，第二则来源于国家主义的观点。

巴克莱资产专家曾经说，CDS 在债务工具里就像"鸽子群里的猫"。这意味着炒家可能不会推动 CDS 价格，赚取巨额利润，因为他们往往没有那么多的资金。而且，这种行为的风险性也很高。亨特兄弟在 20 世纪 80 年代早期曾试图撬动银市场，但他们却血亏了数百万美元。

在希腊危机的最高峰时刻，有谣言说索罗斯、佩莱格里尼、保罗森已经加入到了使欧元贬值的队伍中，期待从中获利。人们不禁想到索罗斯和罗伯逊在 20 世纪 90 年代卖空英镑赚取巨额利润的时候。谣言曾经说他们正是通过 CDS 攻击欧元的，不过截至 2010 年 9 月，佩莱格里尼和保罗森都亏钱了。

国家政府和央行应当利用 CDS 打击投机者。为了避免 CDS 的过热，政府应限制财政以及经常账户赤字，消灭市场恐慌。人们常说，方法往往会夸大现实。但当国家面临破产，急需国际救助的时候，测量工具必须要证明这个国家是否有能力偿还债务。

第九章　希腊的主权危机

第一节　希腊的危机只是一切的开始

虽然希腊已经造成了欧元区的紧张局面，但对于希腊来说，危机才刚刚开始。政府首脑、财长、中央银行行长都没有意识到，这场危机的症结不仅仅在于政策的失误以及预算的赤字，真正的问题比这要深入很多。

"对希腊能否解决问题的疑问已经给国际资本市场造成了新的恐慌。"德利万邦 G7 市场总管雷纳·可米雷瓦（Lena Komileva）如是说[1]。可是，只是希腊有这样的问题吗？这已经成为了一个国际问题。IMF 一直在倡导财政节俭，希望政府把债务控制到 GDP 的 60% 以下。比如说，如果想达到 IMF 的标准，美国要连续 15 年保持预算盈余 4.5% 的增长。日本则需要连续 13 年保持预算盈余 15% 的增长。很多国家也需要保持相似的预算盈余增长才能解决问题。

对于发达国家，比如说美国、日本、欧盟，债务的问题来源是多方面的，与发展中国家相比，它们有以下一些劣势：

（1）因为民众支持，社会无法革除 19 世纪以来形成的一些不适合现代社会的制度；

（2）福利制度越来越冗杂，且没有精简的迹象，使得政府不堪重负；

---

[1] 资料来源：《金融时报》，2010 年 5 月 6 日。

（3）由于结构缺陷，高人力成本，灵活性低，发达国家要面对发展中国家强大竞争力的威胁；

（4）经济领域的官僚制度，再加上监管缺位以及贪欲的驱使。

危机的社会根源主要是以上四点。此外，由于对"新贫困国家"的认识不足（第二章），危机可能会一步步走向深渊。没有人意识到大法官布拉迪斯（Louis Brandeis）的深意。他说："阳光是最好的解药。"

避免变革现在已经成为了西方政府的主流，现如今，没有人会愿意承担责任，引领变革。然而，变革总会来的。人们要么做出改革，要么债务违约。如果是后者的话，经济调整就是围绕防止破产进行的，这时候改革的痛点可能会更大、更严重。所以说，太迟缓或者太轻微的改革最终都必将失败。

此外，如果没有合适的计划，经济和社会政策改变债务问题的努力也将失败。当软弱的政府没有办法出台强力政策扭转危机的时候则更加无法解决超过GDP 一半的政府债务了。以希腊为例，公民的福利等占到了 GDP 的 51%。希腊政府本应当通过裁员的方式控制支出，可是在 2009 年，希腊又招募了 29000 名公务员代替 14000 名退休的公务员。

自从希腊 1830 年独立以来，希腊的自主脚步一直被战争所阻挠。自独立的180 年内，有至少 90 年希腊都处在财政困难时期。所以，在进入欧盟以及欧元区之后，希腊本应进入经济发展的黄金时期。

可是，连续几届政府都采取了超大规模的支出政策①。此外，它们还放纵腐败以及逃税行为，自身也深陷丑闻之中，逐渐丧失了民众的支持，降低了自身的领导力。在所有地中海俱乐部国家，都或多或少存在美国次贷危机中的问题，那就是政府和简单信用都对市场问题视而不见。

政府没有理由忽视这些违法的问题。在债务"九头蛇"之后，腐败"九头蛇"也接踵而至。现在许多国家都会出现这个问题，那就是政府制定政策时很少考虑到未来。

除了北欧国家，腐败已经在其他国家蔓延。斯洛伐克是最近加入欧元区的两

---

① 一个例外是小帕潘德里欧政府。他的政策中心恰恰是削减债务。

个国家之一。最近一些公共领域专家在斯洛伐克发起了"政客替换"（Replace the Politician）运动，这场运动关注的是投票的公正性，重点关注了官商勾结的行为以及流入警察系统、法律系统的黑钱。

在美国，新泽西的居民弄了很多有趣的标语指责系统内的腐败行为，包括"新泽西：不是所有的官员都是贪官污吏"、"新泽西：我们也恨你们"等。有FBI特工指出："腐败问题已经在社会的各个阶层爆发。"[1]

在中国，领导层已经意识到了腐败是执政的主要威胁。但中国的制度看起来并不能根除腐败的出现。理查德·麦克格雷格（Richard McGregor）就曾说过："腐败已经成了统治阶级灰色收入的一种'交易税'，这时腐败使得整个系统团结在了一起。"[2]

腐败和经济危机息息相关，它摧毁了国家的威信，给了其他不法行为繁衍的空间。这类经济的蛀虫可不是一天就能养成的。从任人唯亲开始，经济一步步从腐败走向过度支出，并走向债务积累，最终使得经济系统不堪重负。

所以，我们必须要采取合适的方法，并且对这些方法进行仔细研究，充分了解它们的合理性、紧迫性、不可缺少性。虽然政客（以及很多民众）希望自己弄清楚这些方法，但大家都知道他们的能力是有限的，所以社会必须要进行仔细研究。希腊在这方面绝不是孤例。正如本节展示的那样，希腊的危机只是一切的开始，其他国家很有可能步入希腊的后尘。从2009年的预算空洞看：

（1）希腊的财政赤字为13%[3]，英国为14%，爱尔兰为12%，领跑第一集团；

（2）西班牙为11%，美国为10%，第二集团；

（3）葡萄牙、印度、法国、日本、俄罗斯均在8%左右，第三集团；

（4）德国、加拿大、巴西、中国的表现最好，仅为3%~5%，位列第四集团。

从以上数据看，最有可能紧随希腊脚步的是第一集团和第二集团国家。问题是，这两个集团包含了很多大型经济体。如果英国或者美国像雷曼兄弟一样破产

① 资料来源：《经济学人》，2010年5月1日。
② 资料来源：Richard McGregor, The Party: The Secret World of China's Communist Party, Allen Lane, London, 2010.
③ 最近涨到了15.4%

的话（第四章），金融海啸将会不可避免。

早在 200 多年前，美国首任财长亚历山大·汉密尔顿（Alexander Hamilton）曾警告过高福利国家，他说，如果它们的信用出现了问题的话，就必须付出代价。2010 年，希腊、爱尔兰、葡萄牙都证明了汉密尔顿所言非虚。美国和英国还没有丢掉 AAA 信用评级，但很多金融专家认为这是早晚的事。

第二节　华尔街帮助国家政府隐藏债务

现在，很多国家都在改革市场和（错误的）保增长两个方向不断摇摆。华尔街的会计工具则成为了政府兼顾两头的重要手法，高盛就是一个非常经典的例子。

很多国家都曾经用金融衍生品工具来消除巨额财政赤字以及债务带来的市场恐慌。2010 年 10 月，有人爆料希腊在华尔街的帮助下向欧盟掩盖了整整 10 年的债务问题。高盛帮助希腊在欧盟眼皮子底下掩盖了数百万欧元的债务。更糟的是，在危机行将爆发的时候，投资银行还在帮助希腊掩盖问题，这就在事实上构成长期的欺骗。

比如说，2009 年 11 月，也就是雅典成为金融“地震”震中的几个月前，高盛的团队带着全新的逃避方案来到了雅典。这些金融好手设计出了一款全新的金融衍生品工具，这些工具表面上解决了财政紧张问题，实际上却推动了希腊医保债务越来越高。

然而，2009 年 11 月并不是政府与投行界的第一次碰头。有消息指出，希腊早在 2001 年就开始利用衍生品工具修改数据了。投资银行把政府的数十亿欧元的借贷做成了货币交易，这样绕过了欧盟的财政规则，使得政客可以继续大肆花钱。

这种利用衍生品工具避债，绕过金融标准的行为可以追溯到 20 世纪 90 年代。那时日本一些公司利用衍生品掩盖损失，或者用日本谚语来讲，“使它们远走高飞”。

通过运用自己发明的市场外利率以及汇率，交易者可以使单据真正价值和显示数值产生差值。银行可以操纵未来付款价值低于账单上的数值，这样的话，公司就可以把合同中本该是正价值的部分转换为利润。当下很多投机者就是这么获利的。这种行为造成了很严重的后果。一是影响了管理决策，二是破坏了市场风气。

另一个有名的利用金融工具诈骗的行为出现在 2005 年左右。很多美国银行和房地产抵押商都制造了虚假的利润。这些证券化的数据使它们的评级保持在 AAA。这样的话，它们就可以用虚假的评级欺骗客户[①]。

不过有趣的一点是，虽然以上的例子是彻头彻尾的诈骗行为，但美国、日本、希腊司法机构却没有给它们相应的制裁。这些诈骗涉及的有首相、财长、企业老总、投行高管，可是除了温柔的谴责以外，它们没有受到任何惩罚，有时候甚至连一句谴责也没有。

相比之下，有一些政客则显得更有魄力一些。比如说，2010 年 2 月 17 日，德国首相默克尔就公开批评了过去几年投行帮助希腊隐藏财政问题的行为。她认为如果投行还继续帮助政府篡改财政报告以及数据，继续为危机推波助澜的话，那将是彻彻底底的"耻辱"行为。

的确，这种行为已经不能用耻辱来概括了。因为这种行为逃过了法律制裁，助长了各级政府继续篡改财政数据的风气。一些国家早已深受其害。投资银行就劝服了米兰和其他意大利城市用衍生品融资得到政绩，这种行为使得债务飞涨，城市深陷赤字无法自拔。可是在米兰等城市的例子中，法官惩罚了一大批知名银行以及高管。但在国家政府层面，还没有人受到应有的制裁。

可以说，新会计工具已经充斥了市场。1996 年 12 月，意大利政府用货币交换的方法阻止了约合 16 亿欧元的日元债券从日元贬值中获利。事实上，这是伪装成货币交换的借贷。意大利表面上在利率上亏了，实际上意大利利用获得的现金填补了财政亏空，使得赤字下降了占 GDP 的 3%，这也是绕过欧盟监管的一种

---

① 资料来源：D. N. Chorafas. Financial Boom and Gloom. The Credit and Banking Crisis of 2007-2009 and Beyond，Palgrave Macmillan. Basingstoke，2009.

方法。

以上耻辱的证据给经济造成了破坏性的影响。总之，这些都是坏交易。政府诈骗和操纵者并没有意识到他们的欺骗行为带坏了社会风气，怂恿公民去进行类似的欺骗行为。

在创意性会计工具的影响下，不论有没有衍生品，对国家财政的控制都变得十分艰难。因为可靠可行的指导性意见的缺乏，对于衍生品交易的全面监管近乎是不可能的，这样的话，贪婪的财政专家和客户就可以在黑暗中牟取巨额利润。

高盛不是帮助政府利用金融衍生品掩盖高额债务的唯一公司。JP 摩根据说也在这一领域与高盛争夺希腊、意大利等客户。在商业竞争中，腐败也成为了重要的特征。据说，银行为了在欧洲争夺订单，会直接给政府提供现金，获取交易上的优势①。这样的话，债务不会在报表上显示，银行也可以获得巨额利润。

不过现在，公众似乎已经逐渐意识到了大型银行和欧元区政府的合作可能会有很大危险，这对市场的构建来说是一个利好。我们可以看到，2010 年 2 月欧盟委员会要求希腊提供其与高盛及其他银行的衍生品交易记录。这些记录之所以没有被公布，一部分的原因就是衍生品交易太过复杂，没有什么交易细节。此外，复杂的衍生品交易涉及很多新型金融工具，有一些甚至连发明者都没有完全理解。

衍生品工具就是故意被设计得很复杂，这样的话，它们就很难被成功追溯②。这些工具就是要保持神秘性，使得它们难以被成功记录。这样的话，没有谁知道衍生品的坑究竟有多深。此外，我们现在也不知道有多少欧元区政府运用了衍生品工具。不过我们确实知道的是，那些后加入欧元区的国家的财政赤字问题要比欧元区创始国更严重。这些国家政府应当着力增加税收，减少支出。然而，它们却和银行合作，通过金融衍生品工具掩盖自己的财政赤字。

所以，解决这个问题的唯一办法是把卷入肮脏交易的人绳之以法，让他们互相检举，弄清楚事情的真相。从道德和纪律两个角度看，这种做法都是很有必要

---

① 据说，希腊要靠出售彩票系统和机场建设费收费权来还债了。

② 资料来源：D. N. Chorafas, An Introduction to Derivative Financial Instruments, McGraw-Hill, New York，2008.

的，其对重构金融市场有着积极的作用。

令人惊奇的是，华尔街和欧洲的勾结并没有引起美国的注意。按理来说，证券和交易委员会（SEC）应当介入此事进行调查的。虽然希腊、意大利和其他国家的债务问题不是投行造成的，但银行也不能再给政府提供灰色贷款，让它们增加开支了。这虽然合法①，但绝对是不道德的。所以结论就是，如果银行和政府想要舞弊的话，它们可以用很多工具达到这一目的。从这一点说，投机者和高债务政府是相互依存的共生关系。

创造性会计工具并不仅仅在政府和企业领域使用，银行间也会有腐败交易的发生。2005 年，高盛卖给了希腊国家银行（希腊最大信用机构）一笔利率交换。三年后的 2008 年，高盛帮助银行把交易放在了一个叫作提特罗斯（Titlos）的合法实体里。这样的话，就可以给欧洲中央银行的贷款做担保②。

第三节　经济学的课本解决不了当下的危机

希腊政府掩盖债务问题的事实表明，希腊的经济和预算肯定有非常严重的问题。利用衍生品工具掩盖赤字不可能真正解决问题，如果再不采取措施，下一步希腊就会破产。

希腊和其他地中海俱乐部国家的主权债务来源于 2007 年开始的金融及经济危机。此外，这也是政府慢性管理失职的后果，是欧元区结构性改革缺位的后果。另外，宽松的货币政策也是危机的原因之一。

欧洲的问题如此严重，美国也将势必遭受波及。瑞士的私有银行威格林曾经说：“希腊只是这场危机的一部分，真正的问题则更严重，更不应该被忽视。现在，因为国家成为了债权人，财务的系统稳定性受到了严重的挑战。”③

---

① 虽然这些勾当很不齿，但是由于国家政府借款法律的缺位，这些做法实际上是合法的。
② 资料来源：《国际先驱导报》，2010 年 2 月 15 日版。
③ 资料来源：Wegelin, Investment Commentary No. 209.

虽然很多国家的财政系统还十分牢靠，但现在已经不能说它们不存在财政风险了。它们可能成为套牢投资者的新风险。讽刺的是，本·伯南克发起的低利率政策从这点来讲还是有好处的，因为他使得投资者逃离了政府债券市场。

投资者应当对经济体是否有能力还债有很好的判断，比如美国、爱尔兰和希腊肯定不是好的投资对象。当危机在 2009 年末 2010 年初爆发的时候，希腊的债务已经足足有 3000 万亿欧元（约合 4000 万亿美元），这一数字使得雷曼兄弟的欠款立刻相形见绌。对于巨额主权债务来说，希腊银行持有约 400 亿欧元债务，这几乎等同于希腊银行的全部资产。此外，21 世纪初的另外 60%的希腊国债买家则来自于国际市场，其中约一半来自银行。

所以，希腊债务的重构会导致贷方银行的巨额损失，而这些银行很多是欧洲的信用机构。从比例上看，美国的银行持有的希腊债券要少一些，不过有关人士估计，美国前十大银行持有爱尔兰、葡萄牙、西班牙、希腊的债券已经达到了 1800 亿美元。

西班牙、葡萄牙、希腊、爱尔兰、意大利在繁荣时期进行了过量的借贷活动，所以，当坏日子到来的时候，它们极有可能透支自己的信用。虽然相关资本市场还在，但利率肯定会随之大涨。这种情况会持续多久呢？这些国家的例子已经表明，宽松的货币政策已经不能阻止冒险的金融行为，没有合理经济的财政政策的简单货币肯定会有很多问题。

对于希腊来说，持续多年的经济问题在 2009 年 10 月 4 日泛希腊社会运动党（PASOK，中左派社会主义政党）赢得大选之后不久爆发的。在新政府政策的刺激下，2009 年国家债务从占 GDP 的 12.7%猛增到占 GDP 的 113.3%。削减开支的政策则一直处在缺乏状态。此外，新政府还一直在批评上一届政府及首相的财政紧缩政策。

所以，2009 年 12 月，三大独立信用评级机构——标准普尔、惠誉、穆迪都下调了希腊的评级。雅典股市因此大跌。2009 年圣诞夜，国会批准了旨在减少 9.1%财政赤字的紧缩计划，但由于计划缺少执行细节，并没有认真贯彻下去。

2010 年 1 月，欧盟委员会和欧洲中央银行的专家齐聚雅典，对政府账户进行核查。IMF 也派出了代表团进行监督。2010 年 1 月中旬，政府推出了温和的紧缩方案。可市场对这一方案并不买账，希腊的长期利率在年末已经增长到了7.15%。

在 1 月推出温和方案后，希腊总理帕潘德里欧（George Papandreou）宣布冻结公共领域月薪超过 2000 欧元的人的工资。这一消息立即引起了轩然大波，公共领域雇员开始罢工游行，随即引发了一场全行业的罢工，这一系列罢工使得经济继续恶化（见下文）。

与此同时，欧盟成员国则正在讨论应该如何救助希腊。在大选前，2010 年 3 月 17 日默尔克曾经表示，其不能排除那些不能满足条件的成员国离开欧元区的可能（如果真是这样的话，希腊、西班牙、葡萄牙、爱尔兰、意大利都有可能离开欧元区）。

欧元区的财政首脑在 2011 年 4 月 11 日聚会，决定以 5% 的利率给希腊 300 亿欧元的贷款，这再次引爆了市场。根据估计，希腊需要 1500 亿欧元才能偿还 3 年内的债务，至少 750 亿欧元的援助才能使希腊起死回生。这一次，希腊真的站在了悬崖边上。

不过并不是一切都是那么糟。2010 年 4 月 11 日，欧元区成员国承诺将筹集 300 亿欧元（约合 400 亿美元）用来支付希腊 2011 年的贷款，这对市场和欧元本身都是一个利好。此外，IMF 也会额外拿出 150 亿美元给希腊渡过难关。

对于一个欠款 3000 亿美元的国家来说，虽然 300 亿美元是小数字，但足以使经济获得一些喘息的空间。但是，留给希腊喘息的时间并不多。哈佛经济学教授马丁·费尔德斯坦（Martin Feldstein）认为，希腊只是在以更划算的利率"休了一个假"。撒切尔政府财政大臣里昂·布雷坦（Leon Brittan）也认为，希腊应该对国内和国际货币进行一体化的管理。

批评者认为，这种救市做法意义有限，希腊退出欧元区，与大货币挂钩的做法意义不大。专家认为，希腊现在只有可能和美国挂钩，而且这种可能性已经被政客所推翻。我们看到，阿根廷比索曾经是和美元挂钩的。但经济管制的放松以及 2001 年末的货币危机最终还是使得阿根廷破产了。

第四节　引发救助的一系列事件

很多经济学家都建议希腊应当进行财政整顿。一些细心的读者可能会注意到，充分计划的财政整顿可以减少政府财政、金融业以及经济体互相联系的系统风险。

但问题是，在预算灾难面前，没有人注意到财政整顿的必要性。由于政治意愿、必要技能以及可靠财政账户的缺乏，这种整顿现在还很难落地。可是，欧元区政府也明白解决危机的急迫性，整顿的延迟毕竟是致命性的。

毫无疑问，希腊危机已经成为欧元区以及欧洲中央银行的首要问题。通过加印钞票解决债务危机的呼声不绝于耳。但是，这并不应该成为欧洲中央银行的任务。

的确，欧元区财长寻找临时性措施解决欧洲危机的做法是件好事。但是，这种暂时性措施不应该以牺牲欧洲央行的独立为代价。截至 2010 年 4 月中旬，雅典还没有提出贷款的请求。

希腊现在已经开始对借钱轻描淡写，这将使问题进一步复杂化。特里切说，这一切是"无法容忍的"①。希腊政府必须要"切实"执行自己的责任，但事实上希腊并没有这样做。虽然希腊现在还没有债务违约的风险，分析师已经认为债务的再融资会变得极其困难。

2010 年 4 月 14 日，希腊议会通过了旨在减少公共赤字，对抗腐败的财政重构法案。希腊政府、欧盟委员会、欧洲央行以及国际货币基金组织在一周之后开始进行正式的会谈。数据的可靠性成为了讨论的焦点。在接下来的几天里：

（1）欧盟统计局（Eurostat）认为希腊的公共赤字已经达到了 13.6%；

（2）市场对数据给予强烈回应，希腊 10 年国债利率已经突破了 8.8%；

---

① 资料来源：《国际先驱导报》，2010 年 2 月 5 日版。

（3）欧元兑美元汇率创一年新低；

（4）帕潘德里欧要求欧盟和 IMF 立刻执行援助计划。

2010 年 4 月 26 日，默克尔承担了很大的政治风险，公开表示德国将会援助希腊。一天之后，标准普尔将希腊的信用调整到 BBB+级。一天后，欧盟主席范龙佩（Herman Van Rompuy）宣布将（5 月中旬）召开欧元区峰会以讨论希腊危机。

2010 年 4 月 30 日，希腊宣布将会得到 450 亿欧元的经济救助（2/3 来源于欧元区，1/3 来源于 IMF），这笔救助将会在 3 年内达到 1100 亿美元[①]。总结了对希腊的种种援助，市场在 5 月 2 日认为：

（1）16 个欧元区国家应当提供 800 亿欧元的双边贷款，由欧盟委员会协调，并在第一年提供至少 300 亿欧元；

（2）国际货币基金组织也应在第一年提供相当于 150 亿美元的欧元贷款帮助希腊；

（3）国际社会应该按季度审查希腊的综合表现，并以此决定接下来的救助计划。

所有欧元区国家应该按照欧洲央行的规则将贷款利率限制在 5.5%。很多分析师都认为这个规定是一个彻头彻尾的笑话。爱尔兰、西班牙、葡萄牙等国已经深陷债务泥潭，哪有钱再去借给希腊呢？这份计划要求葡萄牙提供 14 亿欧元，西班牙提供 65 亿欧元，但是，最大的贷款方还是德国。

因此，欧洲央行决定延长特殊担保机制，允许持有希腊债券的银行用便宜的央行债券交换自己的资产。这项规定在事实上给希腊和债权人额外的金融支持。

为了获得这笔贷款，即便经济在 2010 年缩水了 4%，在 2011 年缩水了 1%，希腊必须要减少 300 亿欧元的支出并且增税。这样的话，希腊可以在 2010 年减少占 GDP 5%的财政缺口，在 2011 年可以继续减少 4%。所以，支出减少的压力将不可避免地落在支出最多的区域，比如：

（1）公务员工资面临削减和三年的冻结；

---

① 这相当于国际货币基金组织对希腊援助的 40 倍，对拉脱维亚援助的 12 倍。

（2）津贴的削减；

（3）废除第 13 个月和第 14 个月工资的政策，即便可能会引发民众的反感。

间接税收也是增加收入的好方法。三种增值税可以使总税务水平提升 10%。私人公司必须要一次性付清 2009 年利润的增值税，这种情况和之前一年六个月的利润支付差不多。看起来，走出危机的实践必定是惨痛的。

总理帕潘德里欧曾经在紧急会议中告诉内阁："我们的首要任务就是防止破产，这是我们不能逾越的'红线'。"[1] 他的话太对了。在数十年的高额支出之后，雅典必须要进行财政紧缩计划，在 2015 年之前解决 15%的财政赤字。这一做法的前提是，IMF 和欧元区不增加希腊贷款的利率，可鉴于希腊的表现，利率的一切浮动都是有可能的[2]。

这就是为什么经济学家认为现在政府处理预算危机就像走钢索，两边都是危险，只有华山一条路。随着 GDP 的走低和通胀的走高，希腊必须要在政府层面拿出勇气处理危机，地方政府、社保、医保基金也要配合政府的努力。

此外，财政风险也会因为紧缩政策有所增加，如果收入的短缺影响了预算分配，而现金支出分配不能及时随之调整的话也会引发一系列的问题。为了解决这一风险，财政目标顺利达成，政府必须同意欧盟委员会、欧洲央行、国际货币基金组织的联合干预计划[3]。可是，税务收入的短缺可能会成为一大问题，使得预算目标难以达成。

在宣布救助计划之后，分析师有时间思考这些救助操作。市场的建议认为，在短期内，欧盟委员会、欧洲央行、国际货币基金组织的联合干预计划可以给希腊债务的重构争取数年的时间。简单地说，希腊短期债券的高利率可以充分下降，市场的信心将会回升。

事实上，2010 年 9 月中旬，希腊向市场募集了 12 亿欧元（约合 16 亿美元）的二轮六个月短期国债。投标金额是募集金额的 4.5 倍，但市场期待的利率（4.85%）却比 2 个月前（2010 年 7 月）还要高（4.65%）。这其中的问题在于，

---

[1][2] 料来源：《金融时报》，2010 年 4 月 28 日。
[3] 资料来源：ECB Monthly Bulletin, September 2010.

短期债券虽然风险比较高，但偿还时间短。如果投资者只购买短期债券的话，说明市场信心还没有完全恢复。

此外，爱尔兰和葡萄牙的经济问题也加剧了市场的恐慌心理。2010 年中旬，市场长期的走向是不可预期的，很多分析师还坚持认为现有做法不足以阻止希腊破产。

一些经济学家区分了希腊问题近期的不可解决性以及远期的可解决性。他们在分析后认为，虽然希腊在 2010 年或者 2011 年不会违约，但在未来总会违约的，毕竟希腊总体的财政表现并不好。这一结论同样也适用于其他地中海俱乐部国家。

第五节　游行害的最终是自己

在希腊，虽然很多专家都还认为政府做得远远不够，但民众都反对政府的紧缩计划。《金融时报》援引一位雅典银行高管的话说："希腊该如何避免长期的紧缩计划还不得而知。"①

雅典不是爆发示威的唯一希腊城市。限制大规模开销，保持金融稳定的做法远远没有被公众所理解，公众对政府的看法也呈两极分化状态。公务员在发现自己成为紧缩政策的开刀对象后，立刻开始上街游行示威。示威的激烈程度会让人们误以为他们被直接解雇了。可是，独立观察家并不认同示威者的观点。一位外国记者在观察了雅典中心的示威后指出，如果这些人真的是没有钱生活的话，他们的境遇还很值得人们同情。但他们看起来生活得还不错。可能，这些公务员的愤怒来源于对失去休假等特权的担忧。

一份左翼雅典报纸《自由新闻报》曾经警告公众新政策可能会带来税负加重以及延迟退休，报纸在头版指出："希腊的好日子已经到头了。"可是，公众却希

---

① 资料来源：《金融时报》，2010 年 2 月 5 日。

望继续在好日子里面生活，所以社会的不安气氛逐渐膨胀。在这方面，希腊的办法也确实不多。

因此，过半数的希腊人对未来逐渐感到失望。在这场示威中，妥协的要么是政府，要么是广大公众。政府在这种情况下应当让公众全面了解紧缩政策的必要性，如果希腊破产的话，每个人，尤其是年青一代必将深受其害。就像1930年的德国，1933年的法国，2009年的爱尔兰一样。

（1）首相、部长、议员应当身先士卒，在减薪方面给普通民众做出表率；

（2）政府除了减少津贴，还应当注意控制贿赂问题（Fakelakia）①；

（3）政府应该革除腐败，尤其是医保和国防领域的腐败。

在危机当头，政府有责任成为榜样，建立一个可以预测的恢复机制。2009年9月，帕潘德里欧在峰会上就曾经试图重拾欧盟成员对希腊控制腐败的信心。可是，腐败问题并没有得到改善，人们在医保等问题上还是习惯通过贿赂来解决问题。

参加到罢工中的还有税务员以及出租车司机。后者则是因为开发数据的问题才走上街头的②。2010年3月11日，雅典街头爆发了警察和年轻人之间的骚乱，当30000人正在全国范围内进行示威的时候，数百蒙面持棍年轻人③袭击了警察，警察则用催泪瓦斯和眩晕弹进行还击。

这场骚乱一直持续到了3月末，警察在这段时间里一直要面对石块的攻击。暴乱者用大锤砸毁商店、银行、珠宝店、电影院的橱窗，2010年4月，这一危机还在持续，公众不满情绪仍在扩大。

2010年5月早期，希腊爆发了新一轮抗议紧缩计划的示威。有3名抗议者在示威中死亡，这更加刺激了罢工者的愤怒情绪。当议会讨论紧缩方案的时候，反紧缩示威者集结在议会大楼门口，高喊议员是骗子，并让议员出来与他们当面对质，有人甚至叫嚣放火烧了议会。

示威者还在银行纵火。然而，事实上，这一切的政策都是为了解决包括

---

① 尤其是那些在黑暗角落里进行了金钱交易。
② 这个收据问题其实很难解决，因为雅典出租车允许拼车，同一辆车里的乘客目的地可能是不同的。
③ 同样违法的事件也在法国发生。

2004 雅典奥运会在内的过量政府支出。只要这场闹剧不结束，大量合法/非法移民就会来饭店上班、清理街道、收获农作物。

2010 年 6 月，工会先要在 7 月掀起第六轮罢工示威来抗议政府的紧缩政策。那天正好是议会就养老金改革投票的日子。希腊政府试图改革养老金体制，将退休年龄提高到 65 岁，并且给养老金加收每月 1400 欧元的税务。与此同时，公众的观点也在悄悄发生着转变，民调显示，约半数的希腊人认为养老金改革是有必要的。虽然生活会受到紧缩政策影响，但半数希腊人都认为应当处理国家经济财政的种种问题。

所以，毫无疑问，抗议的呼声肯定会越来越小。2010 年 10 月，警察用催泪瓦斯驱赶了文化部雇员对雅典卫城的封锁。他们本想占领卫城，抗议政府的 300 名裁员计划，使政府修改短期的紧缩行动。

此外，希腊国营铁路公司（OSE），同时也是国家资本最大亏损公司的雇员也进行了 24 小时的罢工来抗议 2500 名的裁员计划[1]。正如财长在接受欧盟、欧洲央行、IMF 贷款时说的那样，希腊员工的工资并不高，但雇员实在太多，所以支出也变得很多，这也是很多西方国家都在面对的问题。

此外，帕潘德里欧还要放宽某些行业不得雇用非工会会员（Closed Shop）的规定，这样的话，工会就不能绑架整个行业。这类行业包括卡车司机、律师、药剂师、土木工程师，等等。

在欧盟和 IMF 的压力下，雇用非工会成员的任务将在 2010 年 12 月之前完成。这一日期比计划提前了好几个月。包括律师以及殡仪管理员行业的超过 70 个"封闭"行业的约 15 万人被工会把持，这使得劳动成本变得非常高。根据估计，解放劳动市场可以使希腊经济在三年至四年提升 13%[2]。

希腊不是需要结构性改革的唯一国家，它只是从 2010 年中期开始的新常态的序幕而已。在这场新常态中，还将有很多的变数会发生。比如希腊 33000 名"自驾司机"在 2010 年 8 月正值旅游高峰的时候抗议政府大量发放卡车执照、允

---

[1] 公司的亏损已经超过 10 亿欧元，债务（在 2009 年）已经达到了 100 亿欧元。
[2] 援引希腊智库希腊经济与工业研究基金会（IOBE）。

许私人开办长途运输公司的行为。8 天的罢工造成了石油短缺，使得数以万计的希腊人和外国游客无法出行，进一步伤害了国际经济。但政府此时必须坚持下去，做好对陈旧经济系统的改革。

第六节　光靠欧盟的钱是不管用的

托马斯·L.弗雷德曼在文章中说，"希腊已经变成了国家中的通用汽车。"[①] 和通用的管理差不多，因为共同市场的成员制问题，希腊政客运用快钱和补贴增加国家的综合竞争力，但用弗雷德曼的话来讲，"这些钱使得国家更加腐败，收税的意愿更小，国家的竞争力越来越低。"

虽然话说得很狠，但道理确实是这个道理。弗雷德曼补充道，正是因为老通用的决策失误，一辆车里员工医保的成本比铁还要高，希腊也是如此，医保的成本、失业补贴、养老金正在拖垮希腊的经济（从 21 世纪初美国修改会计条例开始，通用汽车每年约亏损 245 亿美元，其中 235 亿美元亏损来自于医保成本，只有 10 亿美元来源于操作成本）。

此外，和美国、英国的去工业化进程一样，希腊也任由工业衰退的发生。当笔者年轻的时候，正值"二战"结束，那时候希腊的纺织业和制造业都是一流的。可是，这一切都被亚洲国家强大的竞争力所冲垮，国家的官僚部门越来越多，政府却对此没有任何作为[②]。

官员除了不作为以及贿赂以外，还会想尽办法让这些效益较好的工厂出点血。所以，在这样一片萧条的土地上，为了拯救经济，政府必须削减公共开支，冻结津贴，减少不必要的岗位。政府还要减少福利，斩断影响国家经济腾飞的种种不利因素。

---

① 资料来源：《国际先驱导报》，2010 年 5 月 10 日。
② 这和那则老笑话里说的一样："你知道木头和官员的区别吗？""区别就是，木头还能取暖，官员却什么用都没有。"

随着希腊经济和外汇收入逐渐转移到旅游业（但是其实旅游业也受害于全球经济和国内罢工），即便议会通过了一系列法案，国家的经济也很难在短期内进行复苏。债务小范围违约在中期范围内看起来不可避免。我们甚至不排除短期内债务违约的可能。

希腊只是经济危机的开始的原因是，美国、日本、英国等西方国家已经不能在经济新常态下维持旧系统中的种种社会承诺，因为新常态意味着社会、经济、金融的多重压力。

和西班牙、葡萄牙一样，希腊的问题也绝不仅仅是巨额债务，同时还有发达国家工业竞争力急剧下降的问题。所以，希腊更应该把欧元区国家和 IMF 提供的资金当作变革的种子基金，而不是白白地把钱浪费掉，如果浪费掉了的话，欧盟、欧元区、IMF 的联合救市计划相当于打了水漂。

不过，其实希腊还是有未来的，经济的复兴也是完全有可能的。不幸的是，恢复的希望还是有待观察的，对于希腊来说，接受救助是现在唯一的选择，也是市场的期待。但是，光靠救助消除不了债务违约的风险，希腊面临的是深层次的长期危机。那么问题来了，接下来会发生什么呢？如果欧元区以及 IMF 的 1100 亿欧元救助成功防止了违约，如果希腊经济也开始反弹，那么结果还算是好的。不过如果上面的两个"如果"没有成立，国家就会继续陷入衰退，银行将会遭遇重创，希腊财政将会被踢出资本市场，政府也将随之倒台。

还有一种应对危机的方法，那就是希腊用欧元区/IMF 的钱以 65% 折扣左右的价格购买长期债券。这可以减轻政府的债务负担，而且 35% 的折扣也是欧元可以承受的。

这么做的风险是，如果贷款的折扣越来越大的话，爱尔兰、葡萄牙、西班牙就会迅速效仿希腊的模式。可是葡萄牙和西班牙的债务高达 1.2 万亿欧元，这足足是希腊的 4 倍。意大利也有 1.5 万亿欧元的债务，如果折扣出现的话，谁来填补折扣的亏空呢？答案就是，没有人。

另外，如果延迟违约出现，并且无序状况增加的话，欧元、希腊经济、银行等都会遭到重创①。当然，这不意味着故意破产之后经济就会获得强势增长，经济的增长必然需要财政纪律，也必然会有创伤。政府需要：

（1）强大的财政紧缩政策；

（2）前所未有的去杠杆化过程；

（3）GDP 高达 15% 的缩减（可参见 2009 年的拉脱维亚）。

然而，如果没有有序破产，以及有规律的经济重建恢复的话，希腊可能会从发达国家变成发展中国家。如果欧盟、欧元区、IMF 的联合救市计划只是短期做法的话，那么我们就会回到第四章的问题，如果希腊是政府界的雷曼兄弟，谁将会成为下一个破产的贝尔斯登？如果想找到答案的话，我们必须要回到原点。威格林投资评论曾经提到以下问题：

（1）什么是金融危机的导火线？银行的巨额债务；

（2）为什么会有巨额债务？因为它们忽视风险进行自营交易；

（3）为什么它们忽视自营交易风险？因为交易忽视风险进行抵押；

（4）为什么它们忽视抵押风险？因为它们相信了房地美和房利美的鬼话②。

苏格拉底的方法在经济领域也很实用。现在我们能够用同样的逻辑推导来猜测哪个国家会是贝尔斯登了。

---

① 在 2010 年 9 月初，希腊国家银行（NBG）曾经宣布将筹集 28 亿欧元（约合 38 亿美元）。NBG 认为，此举可以用来偿还希腊政府在债务危机中欠下的 3.58 亿欧元的债务。

② 资料来源：Wegelin, Investment Commentary No. 270.

第十章 德国、法国、英国、爱尔兰、地中海俱乐部

第一节 德国经济

正如图 10-1 显示的那样，在 2008 年末随经济危机出口下跌之后，2009 年

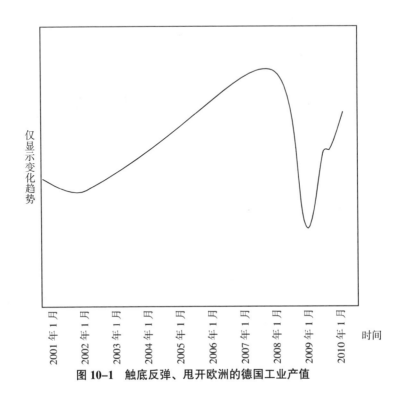

图 10-1 触底反弹、甩开欧洲的德国工业产值

第二季度，德国的出口带动以及投资带动经济再一次开始了增长。这一轮增长一部分原因是国际制造业的循环，但真正原因则是工人和企业为经济稳定做出的努力。

出口、投资、创新带来的增长使得德国再一次占据了世界经济的鳌头。德国没有像其他国家一样爆发罢工，即便德国消费者的存款率由 2006 年的 10.5% 上升到了 2010 年的 11.6%。

因为经济的回暖，德国既没有陷入通货紧缩，也没有陷入通货膨胀。生产力一直处在充足的水平，物价稳定，需求稳步上升，失业率逐步下降，经济预期十分优良。然而，德国的发展并没有出现在其他欧元区国家，我们可以拿信用评级为例：

（1）2000 年，希腊的评级是 A-，2003 年是 A+，2010 年是 BB+，2011 年初变成了 B+；

（2）葡萄牙进入欧元区时评级是 AA，2010 年评级是 A-；

（3）西班牙 2000 年是 AA+，2005 年是 AAA，2010 年是 AA；

（4）爱尔兰从 2010 年的 AAA 下降到 2011 年的 AA，这对爱尔兰来说是个打击，爱尔兰的债务压力不比希腊轻松。

以上 4 个国家都没有政客能够采取强硬措施，在社会和经济层面保持像德国一样的发展。虽然德国放弃了马克，加入欧元区，被其他成员国拖累，但德国的经济并没有被欧元所影响。和其他欧元区国家不同，德国工会的雇主有意压低了劳工成本①。政府致力于解放劳动市场，减少社保的压力，这在一定程度上弥补了 VAT 高的风险。

德国工业精神的恢复离不开德国官员、工人、雇员的努力。因此，德国公众是不愿意进行大规模的经济刺激计划的。这和德国的一些邻国民众想法根本就是两个方向。

德国的民众已经对支付大规模刺激计划的金钱表示了厌倦，他们不想再为希

---

① 从 2000 到 2008 年，德国的单位劳动成本已经在一年内下降了 12.4%，相比而言，其他欧元区国家的劳动成本都增加了。

腊或者其他欧元区/欧盟国家自己的错误埋单。为了应对此类问题，默克尔游说了自己的政党以及盟友，并且祈祷卡尔斯鲁厄的宪法法院不要判决自己的行动违宪。

经济纪律和经济整顿是共生关系。从第一天起，欧盟救助的启动就有三个条件：第一，欧元区的稳定会遭到冲击；第二，其他方式无法救市；第三，如果国家接受了欧元区的贷款的话，就要进行财政削减，经济和劳工改革，增加经济体的竞争力。

这些条件涉及很多政治领域的信息。德国总理也意识到了放弃马克加入欧元可能会使得民众不满情绪增加。不仅仅是德国，荷兰等国的民调显示，民众对加入欧盟普遍持消极态度[①]。

比如说，在英国，只有30%的民众认为欧盟会产生积极作用，只有22%的人会选择相信欧盟。在法国这个比例稍高一些，分别是48%和42%，在意大利是48%和52%，在德国则是44%和近60%[②]。为什么44%的德国人认为欧盟有积极作用，而有60%的人选择相信欧盟则成为了一个谜。

2010年早期，德国对救助计划的质疑好像正在被欧元区国家的表现所证实。随着爱尔兰和葡萄牙的债务膨胀，2010年11月中旬欧债危机随之进入了一个新阶段。外围国家债务的增长必须要通过重构债务解决。虽然要求证券持有人平摊损失是正确的，但欧盟承担不起爱尔兰和葡萄牙被排除出资本市场的后果。

不只是公众，现在很多（深知经济金融纪律的）政客、经济学家、金融分析师也认为，当德国20年前签署《马斯里赫特条约》的时候，政客们并不知道这在法律上意味着什么。现在他们明白了这些条约对国家经济产生的不良后果。

尽管德国经济很强劲，但没有到能引领欧元区的程度。希腊也不是欧盟唯一一个有财政纪律以及经济竞争力问题的国家。即便德国、法国以及其他欧元区国家不附带条件地给希腊贷款，西班牙、葡萄牙、爱尔兰的坑也是欧元区填不满的。

在政府、企业、公民的交易中，健全的交易体制要求双方都能够有重构的能

---

① 奥地利、法国、丹麦、荷兰和瑞典也出现了极端国家主义，但是在德国并没有出现。
② 资料来源：《经济学人》，2010年4月3日。

力。如果没有重构能力，债券的收益将会受到风险的影响，债务违约的影响，大型支出的影响。

所以，借方是完全有理由要求降低贷款风险的。钱不是大风刮来的。此外，借方，比如说德国也有自己的问题。自从联邦共和国成立以来，德国出现过三次债务高峰：

（1）1973 年以及 1979 年油价风波之后；

（2）两德统一后一直到 1996 年；

（3）受经济危机影响，从 2008 年开始以后。

我们可以看到，从 20 世纪 50 年代到 70 年代早期，德国的债务/GDP 比一直稳定地维持在 20%左右。但 80 年代之后，这一比率在油价危机以及通货膨胀的影响下增长到了 40%左右。德国的统一更增加了公共融资的风险①。不必解释，高额公共债务以及继续借贷的行为的不利因素包括：

（1）未来税务以及社保压力的增长；

（2）私有经济的不确定性以及挤出效应可能会增加；

（3）债务融资的方案将会减少；

（4）财政政策和货币政策的冲突会带来宏观经济成本的增加；

（5）由于问题解决的不确定性，资本市场的风险将会增加。

由于德国经济的健全性，出现最后一点的可能性其实很小，不过这一点在欧盟其他成员国身上很有可能发生。所以，德国在借给希腊 83 亿欧元之前，特意要求希腊先建立强健的经济政策②。

总之，如果考量全局的话（相比之下，示威者的视野实在太过狭窄），欧洲必须要建立健康良性的经济秩序，这需要成员国持续的努力。如果成员国没有通过救助建立起经济纪律的话，解决问题的成本将会更高，效率会更低。有些人曾经提出是投机者毁了一个国家的经济，默克尔对此指出，苍蝇不叮无缝的蛋。

---

① 大量资金被用来加强前东德的基础设施建设。
② 这些政策包括剪裁臃肿的公共机构、减少公务员工资和养老金、增加燃油税、酒品税、烟草税、上涨增值税税率等。

第二节　法国经济

到现在为止，只有一人敢道出法国经济的真相。2007 年，弗朗西斯·法伦 (Francois Fillon) 宣布："法国已经破产了。"[①] 2010 年 11 月中旬，在被提名首相之后，他曾说他的首要任务是削减赤字。

2010 年，法国的赤字已经占到了 GDP 的 9%，政府承诺在 2011 年减到 6%，在 2013 年减到 3%。听起来政府可以通过建立紧缩政策以促进经济平稳健康发展，但自 1995 年以来紧缩一直都是法国政治的禁忌。当时，朱佩（Alain Juppe）为了平息示威已经抗议，不得不把紧缩踢出了政府议程。

但是，朱佩的紧缩想法却是正确的。他的想法是激进地缩减预算。在 2010 年开始的主权债务危机中，希腊和其他外围经济体已经给法国敲响了警钟，法国也很有可能步它们的后尘。

在希腊，民众对紧缩政策的态度基本上是五五开，好吃懒做之徒基本上都是反对紧缩政策的。政府现在很期待 2013 年的经济增长。据预计，2011 年希腊经济增长将会达到 2.5%。欧盟委员会已经指出经济增长的乐观态势，不过同时也指出 2011~2013 年的财政赤字风险可能比预期的要大。与德国相比，法国经济在 2010 年第一季度和第二季度丧失了增长的动能，私有和公共消费的增长乏力，投资已经连续八个季度下跌，库存的增长已经在七个季度第六次缩窄。

好消息是，工作市场的稳定以及住房存款的比例逐渐升高。现在，消费者消费能力需要提高，制造业也需要恢复。由于劳动成本高企以及其中的结构性问题，出口问题也没有解决。

为了推动法国经济复苏，法国政府已经准备了一系列的整顿计划，包括政府就业率的减少，提高退休年龄，增加房产税、企业税供给养老金，减少中央政府

---

① 资料来源：《经济学人》，2010 年 11 月 20 日。

的开支。但是公众对这一系列计划却并不买账。

细心的读者可能会发现，法国在 2010 年 9 月、10 月、11 月爆发了大规模游行，当时百万人走上街头，抗议政府把退休年龄从 60 岁上升到 62 岁。这已经是法国政府组织养老金系统破产的最后努力（讽刺的是，很多抗议人群是年轻人，他们不能理解，当他们退休的时候，不管退休年龄是 60 岁、62 岁，还是 70 岁，养老金系统早就该崩溃了）。

受到法国前总统密特朗（Francois Mitterand）的影响，60 岁退休的法国人平均能够领 24 年的退休金，这比经济合作与发展组织的平均水平高出了整整 6 年。此外，法国的养老金数额也很高。普通居民可以拿到他们最后 6 个月工资的 75%。

不出意外的是，截至 2030 年，养老金的缺口将会在 2030 年达到 350 亿欧元。经济学家说解决问题的唯一办法是将退休年龄推迟到 65 岁，但这样的话民意肯定会出现剧烈波动。所以，政府决定进行温和改革，将年龄控制在 62 岁（其实远远不够）。可是这样政策也被延迟到了 2018 年施行。

此外，虽然法国政府采用一些政策来应对经济缺口问题，但却没有对劳工法案进行有效的改革。法国的劳动法基于宽容的社会模型。经济可能会被员工税所拖垮，这对就业会产生不良的影响。我们可以看到，法国的税收楔子（Tax Wedge，用来描述企业支付工资和雇员拿到工资的差值）足足是爱尔兰的三倍。

所以说，法国现在满是福利国家以及国家超级市场的影子。政府的财政正在被自己制造的债务一步步拖垮。经济学家对这种保姆式国家的做法持怀疑态度，他们认为大型的公共以及福利支出会使得法国面临的问题比其他欧元区国家更为严重[1]。现在还没有人注意到，巨额的财政赤字已经使经济腾飞的可能化为了泡影。

因此，即便改革会使得经济的不确定性增加，法国的经济学家也坚信应修改游戏的规则。法国政府除了减少开支别无他路。除了减少公务员数量，法国还要注意支出的冻结以及养老金的改革。

---

[1] 除了 GDP 连续四季度增长乏力之外，法国国债的收益也比德国大幅下降，经济的衰退使得法国公共财政雪上加霜。

解决财政根本问题的时间已经到了，政府必须要削减福利，减少公共财政浪费，使公务员结构合理化。毕竟，留给法国处理问题的资金已经不多了。

2010 年 2 月上旬，法国审计法院发布年报称，国家的财政正处在非常危险的境地，除了经济危机之外，国家的结构性赤字正在恶化，社保的融资已经很难完成。因此，涉及福利的税负必须要增加①。

不仅在法国，在欧美很多国家，（理论上）血与泪换来的福利已经走到了历史的十字路口。在新常态下，国家应适当地削减部分福利，以使福利规模能与国家的收入水平相匹配，实现福利的可持续性发展。

解决方法包括名义冻结中央政府开支，减少免税额度，终止无效的经济刺激计划，减少预算。巴克莱资本的劳伦斯·伯尼（Lawrence Boone）提到法国 2011 年财政时说："法国现在削减的赤字都是财政性的，这非常好。法国应当尽力达到减少占 GDP 6%的赤字的目标。"但是，谁也无法保证 2011 年之后会发生什么。

人们应该不会忘记，法国的财政赤字已经持续了 30 年。正如一直致力于恢复财政透明性的古松（Charles-Amedee de Courson）所说的："当没有了管制，人们就将为所欲为。"②

以前，有一篇文章也表达过相似的观点。在经济困难的时候，政客们都在大笔挥霍着纳税人的钱，那时候，怀念戴高乐是法国树立道德标杆的方式。③ 1958 年，他临危受命，挽救即将垮台的共和国。他坚持紧缩政策，告诉公众："如果没有控制力量，没有必要的牺牲，我们就无法强大，只能被其他国家甩在后面。"

三个世纪之前，法国作家罗什福科（Francois de La Rochefoucauld）曾经在给读者回信时说过："有的时候我们太习惯于伪装自己，最后我们连自己都不知道自己是什么样子了。"这一点对于欧洲及欧美现在也同样适用。

---

① 资料来源：《鸭鸣报》，2010 年 2 月 10 日版。
② 资料来源：《经济学人》，2010 年 7 月 12 日版。
③ 即便身为总统，戴高乐也坚持自己付煤气和水电费用。

第三节　英国经济

对于英国来说，2009 年绝对是"二战"后最困难的一年，GDP 在当年缩水了 4.9%，在 2007~2011 年危机中缩水了 6%多，这几乎是 20 世纪 90 年代早期经济危机的两倍之多。

2010 年第一季度，英国 GDP 同比增长了 0.3%，经济学家预计在当年经济可能会有 1.2%的增长。这一切可能与英格兰银行的量化宽松、超低利率以及相对较低的交换率有关。[①]

相比较而言，消费者支出在 2010 年仍处在低迷之中，失业率高，财政收紧，实现财政平衡的举措都是支出低迷的原因。在意识到用钱救助大型银行这一政策的错误后，工党政府在 2010 年早期开始将重点放在修复国家财政上。

对于英国来说，坏消息是通胀的影响已经开始显现，能量价格和 VAT 影响也开始发挥作用，此时空闲经济和工业能力会对经济的发展起到反作用。英国的经济弱点在于，工党政府效仿小布什政策，用数万亿美元的资金救助银行，使得公共债务直线攀升。

2009 年末，工党政府终于要开始提高税率了。时任英国财相达令（Alistair Darling）继续了他对高收入人群的增税计划，这部分收入将用于补贴养老金以及推出银行红利的统一税务。

但正如 1930 年法国社会主义首相塔迪厄说的那样，政府收入的一大部分来自老百姓，而不是少数富豪。塔迪厄的建议火了 80 年："我们必须向穷人收税，因为他们的基数巨大。"

伍尔夫（Martin Wolf）曾经在《金融时报》撰文评论达令的财政计划。他说："现在摆在政府面前的是一个两难的选择。政府究竟要不要，有没有能力在失望

---

① 不过交换率和美国相比还是很高。

的市场中提供希望呢？现在首要的问题是恢复市场的信心。"[1] 这句话不仅对英国，对包括美国在内的其他西方国家同样适用。

现在托利党一直在向公众解释恢复财政不只是少数人的责任，也离不开广大公民的共同努力。经济分析师也一直在帮助经济体进行自我定位。根据分析，现在英国的国债占到 GDP 的 100%，比美国（110%）略好，但比加拿大（70%）和德国（90%）略差。

债务问题不会凭空消失，也不能靠政客一己之力解决。经济不会自己募集资金恢复自身。只有长期的财政纪律整顿才可能使英国（和其他西方国家）恢复繁荣。

伍尔夫所言非虚，的确，现在我们正在经历的危机标志着新经济时代、新政治时代的到来。其他经济学家也认为未来经济的增长取决于公共财务方面的大胆决定以及政治党派的勇气与魄力。英国就曾经经历了一段时间的管理失位。有人曾经于 2010 年 4 月 23 日在网上写过这样一段话，没想到却一语成谶："圣乔治曾经是希腊、葡萄牙、英格兰的王，现在我们是不是应该把地中海俱乐部换成圣乔治俱乐部了？"这样的说法其实有自己的依据。根据希腊贝尔斯登假说，下一个破产的雷曼兄弟很有可能就是英国（或者美国、日本）（见本书第四章）。

确实，2010 年之前，谁能借到更多的钱，谁就可以赢得大选。2010 年 5 月 5 日，欧盟委员会说英国政府要"在接待方面超过当前财年的计划，在 2010 年英国将成为欧盟最大的负债国"。[2] 保守党也承认现在稳定公共财政是英国的第一要务。

英国新财相奥斯本批评了前财相戈登·布朗以及达令的政策。他说："总体来看，他们是靠修改数据来调整预算，但事实上我们应该靠修改预算来调整数据。"之前，政府都是靠虚报预报的形式达到调整预算的目的[3]。

现在，很多英国权威经济学家都在建议政府削减财政赤字[4]。他们说，在缺

---

① 资料来源：《金融时报》，2010 年 3 月 26 日版。
② 资料来源：《华尔街日报》，2010 年 5 月 6 日版。
③ 资料来源：《金融时报》，2010 年 5 月 17 日版。
④ 包括前英格兰银行的政策制定官员。

少信用计划的前提下，政府的经济政策有降低信用风险的可能。这会导致货币失稳，长期利率上升。

奥斯本的财政削减计划显示了他在政治上的魄力，但计划中的一些数字有些问题。奥斯本计划削减1630亿英镑（约合2520亿美元）的赤字，但这并不是一个小数目，必定要对社会结构进行大手术。2010~2011年度削减60亿英镑的目标已经在2010年5月宣布。剩下的1570亿英镑的削减计划也即将在2010年6月出台。考虑到种种情况，虽然这样的计划可以使英国摆脱财政危机的困扰，但很多人都在质疑英国有没有能力执行这样的削减计划，毕竟这样的计划需要重构英国的国际角色、和利益受损方进行合作、对全新经济领域进行探测。这些计划想要执行都不简单，必须要面对重重的压力。预算制定者需要在两个方面着重考量：第一，即便数额巨大，医改也不能触及红线；第二，如果将国防预算削减10%，英国的国力必将大减，而且很难再次恢复。

英国的国防预算是450亿英镑（约合780亿美元），其中46亿英镑用在了伊拉克和阿富汗的军事任务。讽刺的是，现在工党军事上支持美国的行动，但不愿意承担军事行动的经济成本。这就是摩擦的来源。

一些托利党/自民党政府的经济学家以及很多金融分析师都在批评政府不改革医保的做法。现在，国家健康服务（NHS）体制体量巨大，效率低下，成本飞起，浪费巨大[①]。考虑到政府的财政赤字（2000年占到GDP的13%）以及巨大的债务/GDP比，对其中劳动制度的改革看来不可避免。

麦肯锡的报告表明，NHS在未来五年内需要砍掉10%的工作人员，[②]这也是所有西方政府都要面对的问题。老龄化带来的巨额医保开支不仅仅是英国的问题，也是所有西方国家的问题。这就是为什么很多专家都建议政府采取有魄力的措施以降低NHS的巨额成本。

此外，财政也要拿高等教育开刀。在2010年11月，大学学费已经上涨了

---

① 国家健康服务系统的核心雇员在2009年增长到了62000人，雇员总数达到了162万人，达到了历史上的最高值。

② 资料来源：EPG Bank，Quarter Review，Spring 2010.

300%[①]。这在伦敦引发了捣乱，学生示威者洗劫了保守党在米尔班克的办公室，并且破坏了其他建筑物。虽然因为涨学费就砸坏别人的东西这种举动很奇怪，但这确实证明了高等教育的投入的确有一部分被浪费了[②]。

第四节　爱尔兰经济

在加入欧元区的前 10 年内，爱尔兰经济大部分受益于欧元。爱尔兰在那一阶段获得了历史性的增长，尝到欧元区经济一体化的甜头之后，政府开始吸引跨国公司进驻爱尔兰。

政府的这些计划立刻收到了成效。但在 2007~2011 年经济和银行业危机中，爱尔兰的境遇和冰岛相似，坏消息越来越多。冰岛和爱尔兰有一些相似性。爱尔兰的经济增长很依赖金融业，这样的话，次贷和其他通胀资本很有可能产生经济泡沫，所以，一旦金融业出现问题，爱尔兰就出现了类似第一次大萧条那样的衰退。

经济学家一直在讨论，爱尔兰究竟要不要花大笔金钱，拯救三大爱尔兰银行自己制造的次贷问题（对于冰岛政府来说，问题也是相似的，只是条件略有不同）。

2010 年 11 月中旬，爱尔兰政府预计将投入 500 亿欧元（约合 700 亿美元）的资金救助银行，而且这部分未来可能会继续投入。虽然这种救市计划的效果还处在未知状态，爱尔兰公民的困惑和英美公民是一样的，那就是为什么纳税人需要为银行的债务买单。

不仅是爱尔兰公民要为银行买单，德国、法国等欧洲国家也要为各大银行买

---

① 国家超级市场的一大福利就是从摇篮到坟墓的免费教育。随着老龄化以及经济增长的放慢，这种免费教育模式的压力越来越大。更糟的是，这种政策会扭曲教育的意义，降低教育的标准，原因是政府拿不出那么多钱来支付与这些受教育经验阅历相匹配的工资。

② 资料来源：D. N. Chorafas, The Social Cost of Business: Education and Employment in the European Union, Gower, London, 2011.

850 亿欧元的单。在自由政策以及监管缺失的影响下，爱尔兰银行一步步悄悄地拉垮爱尔兰经济。根据都柏林的智库经济和社会研究学院的调查，2010 年 4 月至 2012 年 4 月有 10 万人离开了爱尔兰[①]。

从爱尔兰的 850 亿欧元救市基金看，政府的失误正是由于对经济膨胀风险的估计不足以及对爱尔兰银行深陷危机的程度的预计不足造成的。爱尔兰政府在没有充分调研的基础上，就急于拨款解决爱尔兰银行的问题。在这 850 亿欧元中：

（1）100 亿欧元用来重构资本；

（2）250 亿欧元用来支持银行系统；

（3）500 亿欧元用来解决爱尔兰政府预算融资需求，这些赤字主要来源于失败的金融机构。

据悉，爱尔兰将会投入 175 亿欧元支持银行系统。其中，50 亿元将用于缓冲财政压力，125 亿欧元将投资国家养老金储备基金。剩余的 450 亿欧元将从外部筹集，225 亿欧元将会来自欧洲金融稳定机制（EFSM），177 亿欧元将来源于欧洲金融稳定基金（EFSF），48 亿欧元将来源于双边贷款（38 亿欧元来自英国，6 亿欧元来自瑞典，4 亿欧元来自丹麦）。

IMF 的偿还机制将在 4.5 年后开始，在 10 年后结束。爱尔兰救助方案的利率会在 6% 左右，再加上约 300 基点的市场率。作为回应，爱尔兰将会在 2015 年将GDP 的赤字削减到 3%（和希腊的例子一样，IMF 会在每一季度评估爱尔兰的综合表现）。

爱尔兰银行的混乱管理把市场搅得一团糟，在 2011 年第一季度它们接受了市场压力的测试。但事实上它们还是救助计划的受惠者。因为它们在市场之外游离了近一年，它们现在需要这笔钱重回市场，这使得它们非常依赖欧洲中央银行的基金（讽刺的是，正是欧洲央行引发了证券持有人的担忧，这样的话，爱尔兰银行就更需要市场更长时间的救助了）。

现在社会上一直有这种呼声，那就是"爱尔兰的财政无法救助足 6 个银行，并且降低它们的市场风险"。在 2010 年 9 月，纳税人终于对政府持续援助

---

① 资料来源：guy.chazan@wsi.com

安格鲁—爱尔兰银行进行了抗议，他们认为这种做法会对国家财政产生非常负面的影响。

根据专家的说法，爱尔兰政府应当从 6 个银行中选出 2~3 个效益比较好的银行进行救助，这样的话，钱才能真正花在刀刃上。[1] 但爱尔兰只是简单模仿了英美两国的救助政策，虽然政府着急灭火，但银行自身问题实在太多，短时间火难以扑灭。爱尔兰政府和英国工党政府的区别是，爱尔兰立刻进行了紧缩政策，而且这些政策没有遭到大规模的抵制，这说明人们还是理解政府的种种行为的（紧缩政策可以阻止财政赤字的扩张，对恢复经济秩序很有好处）。

此外，爱尔兰政府还试图恢复银行业的信心，但这种扩大问题银行股权的做法再一次伤害到了纳税人。现在的一揽子计划很不明智，因为在监管缺位的前提下，爱尔兰银行在经济发展时期欠下了太多债务，这样当危机来临时，就会转化成巨大的亏损，从而拖累国家的经济。

不过，与其他国家相比，爱尔兰政府的失误比较少，魄力也还算比较足。如果瑞典央行能够有爱尔兰的决断力的话，瑞典在 20 世纪 90 年代早期也就不会陷入银行业危机，瑞典的很多银行也就不用进行资产重组，或者被国有化。

无论政治家怎么说，分析师都认为，爱尔兰对安格鲁—爱尔兰银行的救助最终可能会达到 250 亿欧元（约合 400 亿美元）。一些专家指出，安格鲁—爱尔兰银行从一开始就不值得被政府救助。这个银行的赤字体量都快和国家的赤字相当了，这样的话，安格鲁—爱尔兰银行在英国和美国很难再有翻身之日。安格鲁—爱尔兰银行预计将拖累爱尔兰 12%的 GDP。在英国，救助苏格兰皇家银行的计划只占到 GDP 的 3.3%，在美国，对花旗集团的救助只占到 GDP 的 0.5%。

所以，政府也拿这样的救助计划无能为力。2010 年 9 月，爱尔兰政府宣布将会拆分安格鲁—爱尔兰银行[2]，将银行国有化，并分为两部分。一部分是管理存款的"基金银行"（好银行），另一部分是处理债务的"资产恢复银行"（坏银行）。一部分银行实体可能会被出售。其实这样的决定在一开始就应该被执行。

---

[1] 最终，爱尔兰银行被选中，安格鲁-爱尔兰银行则被淘汰。

[2] 2010 年 8 月 31 日的报告显示，安格鲁-爱尔兰银行在 2010 年上半年已经损失了 82 亿欧元（约合 127 亿美元），这已经创造了爱尔兰公司的历史纪录。

有意见指出，爱尔兰、英国、美国是经济环境新常态的三个经典国家。由于银行大量出现问题，再加上退出机制的缺乏，三个国家的国民都将在新常态的困境中挣扎。爱尔兰在危机之前的债务并不多，它的主权债务只占到 GDP 的 25%。但银行的天文债务最终加重了政府的债务压力。

根据权威预测，爱尔兰的公共债务会在 2014 年达到 GDP 的 140%，那时候柏林的担保以及预计损失将会在国债领域得以体现①。这一债务比例比危机之前上升了 560%，这标志着新常态的出现：国家超级市场成为了公民的必需品以及债务的源泉，大型经济体的损失不是由自己而是在短期、中期、长期由全体公民共同买单。

批评者认为，当政府已经习惯于接盘的时候，自由市场也就失去了它的意义所在。这样的话，国家超级市场也就失去了它理性的一面，成为压在所有纳税人胸口的一颗巨石。

第五节　爱尔兰、冰岛、葡萄牙、迪拜

如果借方对贷方违约的话，那么就将受到法律的制裁。如果一些手段使借方逃过制裁的话，贷方肯定会备感愤怒。爱尔兰司机把印有"安格鲁—爱尔兰银行有毒"标语的泥罐车开到议会的门口②，这虽然违反了爱尔兰法律，但这位司机却道出了该银行的本质。他想给议员传达的信息是，不要再向这个没有希望的银行注资，也不要为银行的错误买单，而是应该将制造这一系列混乱的人绳之以法。

爱尔兰的银行管理的确不够明智，它们的两个主要业务领域——资产和衍生

---

① 资料来源：《金融时报》，2010 年 9 月 22 日。《金融时报》的预期已经达到了 136%，但是一些分析家指出，其主权债务可能会超过 140%。

② 2010 年 9 月 29 日，标准普尔下调了安格鲁–爱尔兰银行的三个等级，也就是说，安格鲁–爱尔兰银行的信用等级到了 CCC 级，这是"非投资（non-investment）"级别的最低等级。标准普尔还警告说，安格鲁–爱尔兰银行的债券重构有着"清晰而明显的风险"。

品，现在都有很大的问题。由于单一客户政策①以及一系列赌博式的做法，造成了银行财政的大量亏损，总量已经占到了爱尔兰经济体量的一半。无论对经济体还是公民，这一体量的影响都是爆炸性的。当债务越来越多时，政府就不得不接盘了，不过这项任务看起来好像一个无底洞，增加了国家银行领域的税务成本，并且抬高了2010年的国家财政赤字，这一数字已经创纪录地占到了GDP的32%。

这些描绘危机的数字不仅大，而且很模糊。2010年9月29日，CNBC曾经报道了爱尔兰财长莱尼汉（Brian Lenihan）的看法。他说，在前所未有的救助计划的影响下，国家的财政缺口会占到GDP的30%，银行自己就会占据救助计划中的295亿欧元（约合408亿美元）。

爱尔兰的财长也意识到了事情的严重性。然而，专家不认同他的观点，他们认为，爱尔兰必须要拿出行动，因为"安格鲁—爱尔兰银行如果破产，国家也会被殃及。安格鲁—爱尔兰银行的重要性并不在于银行本身，而在于其与国家财政相当的体量"。②爱尔兰财长没有解释的是为什么爱尔兰监管者能让银行做到这么大。

安格鲁—爱尔兰银行的损失约占其资产的两倍。《经济学人》曾经这么评价安格鲁—爱尔兰银行的短期和长期债务："国家的监管者简直无能透顶。在问题出现的开始，政府就把解决银行债务问题的包袱揽在了自己怀里。"③即便身处欧元区是一个利好，可纳税人现在需要承担国家银行巨额的风险，贷款的偿还一定会增加纳税人的压力。

爱尔兰银行的赌博以及政府的无能不是天灾而是人祸。这纯粹是政府层面失职导致的。政府对银行面临的风险视而不见。此外，爱尔兰的大型银行还一直要求政府给予更大的自由，以在国际竞争中展现优势。这样的话，它们一旦走错一步，就会步步走错，直至满盘皆输。

---

① 据说，爱尔兰银行前十位的客户占据了超过一半的贷款业务，这种情况是任何一个CEO都不会允许发生的。
② 资料来源：《金融时报》，2010年9月30日。
③ 资料来源：《经济学人》，2010年11月20日。

此外，银行业不是爱尔兰经济的唯一拖累。根据经济学家的观点，即便银行没有出现问题，爱尔兰的经济也将出现问题。政府决定在 2014 年将赤字缩减到 3% 的行为将会使国家出现一定的困难，当然这个问题也困扰着很多其他的国家。

冰岛和爱尔兰的问题很相似，都被亏损的银行所困扰。2009 年 11 月，冰岛的主权信用评级已经被穆迪砍了两个等级，达到了投资的最低级别 BBB，银行业与此同时也在持续困扰着冰岛经济。

冰岛政府已经从北欧同盟以及 IMF 那里筹集了 100 亿美元重建经济，但重建计划却面临着重重挑战。之前，三大冰岛银行的存款主要来自英国、荷兰、瑞士和其他国家，冰岛的银行曾许诺给储户丰厚的利率。破产之后，储蓄保险补贴了部分储户的损失，但是英国和荷兰政府坚持要求冰岛政府对储户进行补偿。

冰岛新政府曾许诺补偿，但在 2010 年 1 月 5 日，冰岛总统格雷姆松（Olafur Regnar Grimsson）拒绝了国会 5 天前批准的 39 亿欧元补贴英国和荷兰政府的议案。这笔钱原本是用来赔偿冰岛国家银行（Landsbanki）以及冰岛网路储蓄银行（Icesave）储户的。

冰岛的危机正是一小撮金融服务人员带来的。人们将不得不解决债务、高税务以及财政削减带来的重重问题。此外，英国现在还冻结了冰岛银行的资本，使得问题雪上加霜。

冰岛的困境和拉脱维亚的债务危机很像。2009 年，拉脱维亚为了减少政府赤字，大量削减开支，使得 GDP 直接下降了 18.4%。

冰岛的危机给了我们很多的教训。《经济学人》的文章曾经指出，首先，如果不救助银行，政府的开支会大大减少。虽然冰岛不救助银行的举动使得冰岛的 GDP 下降了 15%，可爱尔兰动用了大量开支救助银行，经济还是下降了 15%，此时爱尔兰却陷入了更大的危机中，不得不靠 IMF 和欧元区的支持过日。

"第二个教训，"《经济学人》说，"单一货币体系中的小国经济并没有想象中的那么好。"[①] 希腊、爱尔兰、葡萄牙、西班牙等国即便有欧元区的救助，也没有走出危机的阴影。

---

① 资料来源：《经济学人》，2010 年 12 月 18 日。

和希腊、爱尔兰一样，欧元区以及地中海俱乐部国家葡萄牙也面临着相似的危机。2011 年 1 月 12 日，欧盟官员表扬了葡萄牙的努力，因为葡萄牙成功以较低的利率售出了 12 亿欧元的长期国债。可是，1 个月之后，事情又出现了转变，由于买家的缺少，葡萄牙国债的利率再次上升。

在葡萄牙和西班牙危机的当口，德国和法国政府决定引导葡萄牙向 IMF 索要贷款以防止国家破产。欧洲央行主席特里切则说，如果政府不能有效行动的话，银行对政府债券也是爱莫能助的。即便如此，ECB 还是购买了很多葡萄牙的债券。

爱尔兰、冰岛、拉脱维亚、葡萄牙除了经济和财政危机以外，还有一个共同点，那就是它们缺少一个土豪的支持，而迪拜则有阿布扎比的财政支持。读者可能还有印象，那就是迪拜的债务危机在 2008~2009 年达到了最高峰的 1000 亿美元，这还不算上政府的控制。

投资者都认为，迪拜世界会向债权人寻求宽容政策，要求延期支付，但很多专家都认为，阿联酋会很好地处理金融工具交易的问题。

2009 年 2 月，迪拜从阿布扎比处募集了 100 亿美元，紧接着，又从两大阿布扎比银行借得了 50 亿美元。这大大缓解了用来重构迪拜债务公司的迪拜危机基金的压力。所以在债务达到 1000 亿美元的时候，有一个土豪哥哥是多么重要的事情。

在救市政策推出之前，迪拜的 CDS 已经超过了 600 税点①。当时除了拉脱维亚的税点快到 600，希腊只有 200（虽然之后希腊的税点马上上升了），有了钱撑腰，迪拜的债务风险大大收窄了。

2009 年 11 月 25 日，迪拜还威胁要暂停支付棕榈岛集团（Nakheel）的 40 亿美元债券②，但在 2010 年末，这场危机已经彻底消失了。曾经，债务违约的消息使得阿联酋以及国际信用市场风声鹤唳，但现在阿布扎比已经使得债务得以及时还清。

---

① 2008 年 2 月，迪拜的信用违约掉期（CDS）已经达到了 1000 基点（bp），但是随之又恢复到了 300 点。
② 棕榈岛集团是迪拜政府控股管理的三大集团之一。

当然，阿布扎比没有解决迪拜的所有问题。房产空置、房价下跌、房地产项目停工还在威胁着迪拜。但由于阿联酋最富有国家阿布扎比的介入，迪拜的危机被大大缓解。2010 年末，迪拜在迪拜世界（Dubai World）危机后第一次重回市场，成功投放了 12.5 亿美元债券，购买率超出了预期。

迪拜也意识到了，不能践踏投资者的信心，同时也不能逃离他们，因为外部投资是迪拜的未来所在。这是国家政府应当学会的第一课，因为国际化市场中这些都是不可缺少的。第二课就是，和冰岛、爱尔兰、拉脱维亚一样，迪拜也是国际化的产物，而且必将长期依赖开放的国家市场，所以迪拜必须要把握好自己的信用，把信用当作珍贵的资产。

第六节　地中海俱乐部

本章的前五个小节已经证明国家债务和财政赤字会对经济的复苏起到反作用。由于金融服务业的国际化以及跨银行市场的自身问题，如果主权债务继续堆积，对经济将产生跨国境的影响。

20 世纪 80 年代，花旗 CEO 瓦特·威斯顿（Walter Wriston）说过，政府绝不会倒台。但是，现在事实已经不是这样了（也有可能过去也不是这样）。美国的银行已经购买了 225 亿美元地中海俱乐部国家的债券。这样体量的债券会对银行的未来产生阴影。

不过现在还是有好消息的。首先，意大利（地中海俱乐部和法国体量相当的较大国家）在金融危机中的情况比预期得要好，由于经济的衰退和救助政策的到期，意大利财政赤字占 GDP 的比例从 2008 年的 2.7%上升到了 2009 年的 5.3%，不过这一比例已经比英法好很多了。2011 年，政府的财政赤字会下降到 3.9%，2012 年会继续下降到 2.7%。

可是坏消息是，意大利的公共债务已经超过了 GDP 的 100%。另外，意大利的贸易逆差虽然比葡萄牙、希腊、西班牙、法国要小，但也是十分明显的。但好消息是调整后的逆差会在 2008~2010 年占到 GDP 的 3%左右，分析师估计到 2011 年意大利将会实现顺差。

意大利已经采取了一系列政策如通过削减支出，增加税率来解决政府债务问题。在支出方面，政府会在 2009 年削减公务员数量，2008 年末将有 10%的公务员不再续约。这一比例在 2010 年和 2011 年会达到 20%，2012 年则会达到 50%。

2010 年，公务员薪水的缩减会省下占国家 GDP 0.2%的钱，这一比率在 2011~2012 年会增加到 0.3%，而且意大利还规定，现在合同工制的公务员将不能转正。2009~2011 年，意大利在支出方面一共减少了 140 亿欧元，这一比例在 2010 年以及 2011 年产生了很大的影响（分别占到 GDP 的 0.2%以及 0.5%）。

此外，意大利政府还致力于简化政府结构，促进决策的去中心化，推进财政的联邦主义，这样的话，国家财政可以在 2010~2012 年节省 19 亿欧元。此外，公务领域女性工作者的退休年龄也被推迟，政府还设定了医保报销的上限。政府认为，改进政府房地产的管理可以使部分房屋出租，这样可以减轻财政成本，对财政整顿计划也有帮助。

和其他国家一样，意大利在税务领域也将从严管理，对逃税避税等行为进行更严厉的处罚。此外，意大利还对返还的非法离岸资产征收 5%的税，米兰等城市也在对大型国外银行和政府官员收取罚金①。

现在看，一切都还不错，但意大利的国债还是在高位运行。2001 年，债务已经达到了 GDP 的 108%，2005 年涨到了 113%，2007 年缩减到了 103%，2009 年猛增到了 117.5%。这只比 2010 年的数字稍低一点，未来几年内，债务也很难减到 106%以下。

和其他欧盟国家一样，公共领域的去杠杆化已经成为意大利最大的挑战。此外，国家面临的结构改革压力以及经济增长压力也一样很大。GDP 在 2010 年增加了 1.1%，私人消费仅仅增长了 0.5%，投资增长了 1.2%（2008 年增长率是 −12.5%），政府支出则有小幅的下降。

---

① 米兰政府曾经向摩根大通、瑞银集团、德意志银行、戴发（Depfa）等银行提出指控，要求对误导官员做出 17 亿欧元（约合 23 亿美元）错误交易进行解释。但是这些银行都否认了这一指控。

相比之下，西班牙的经济数据就没有这么好了。即便西班牙的经济问题也很突出，社会主义首相萨帕特罗（Jose Rodriguez Zapatero）也没有意向进行改革。西班牙的房地产泡沫很大，这个泡沫曾经掩盖了很多结构上的问题，现在泡沫破裂了，经济立刻就下降了。

从失业率到问题储蓄银行，从房地产泡沫到公共财政，西班牙的问题越来越多。根据中央银行统计，地产公司和建筑公司的债务在 2009 年末达到了 4450 亿欧元①。这一数据是 420 亿欧元特别储备的 10 倍以及 160 亿通用储备的 20 多倍。西班牙储蓄银行（Cajas）的问题要比正常银行严重许多（见本书第十二章）。

在希腊主权危机爆发之后的 2010 年中旬，西班牙政府推行了温和的紧缩计划以稳定市场对西班牙债务问题的忧虑。但是，这些计划来得太迟了。这一计划既没有改革劳动市场，降低劳动成本，也没有增加西班牙的竞争力，使得 1/3 的人口处在非正常就业的状态。

可是，市场却没有买紧缩计划的账。在计划推出之后，由于担忧希腊式的救市计划会带来财政健康和国家银行的问题，西班牙的 10 年期政府债券利率竟然有上涨。2010 年末，西班牙已经处在爱尔兰和葡萄牙一样的信用级别。

在房产泡沫破裂之后，西班牙还有预算的盈余。但在 2009 年，财政赤字已经占到了 GDP 的 11.2%。西班牙政府希望在 2011 年将赤字减少到占 GDP 的 6%，但是和葡萄牙一样，真正拿到执行层面上的计划并不多。对西班牙高净值人群（年收入大于 12 万欧元，约合 16.8 万美元）的增税对经济没什么帮助。政府由于害怕输掉选举，不敢对低收入人群开刀。

由于同样的原因，紧缩政策也仅仅是停留在纸面上。2010 年 9 月末推出的 2011 年西班牙预算预计在 2010 年的基础上削减 3%（2010 年主要是冻结公共服务支出以及一些养老基金），批评家认为，这些做得还远远不够，如果西班牙真的有一天要靠欧元区救助扶持，那情况对于西班牙真是大大的不好了。

西班牙也是拥有欧元区最多的房屋债券的国家之一。从积极角度看，2010 年第一季度，经济由于库存的变化，已经停止了衰退迹象，工业产出也已经开始

---

① 但是其中的 1660 亿美元没有可靠的消息来源。

上涨，但有经济学家指出，由于房产泡沫破裂，20%的失业率带来的消费者信心下降，国内需求会在2010年左右再次下降。在金融分析师的眼中，消费者支出会持续被消极的财政、财政紧缩计划、家庭重建财政平衡的预防性储蓄（Precautionary Saving）所拖累。

和意大利、希腊、葡萄牙、爱尔兰一样，西班牙不能靠贬值救自己。这样做的风险是，西班牙可能像日本一样会有消失的10年。现在，公共财政十分脆弱，萨帕特罗留下的大坑也很难填补。萨帕特罗缺乏财政知识，也不愿为西班牙的经济危机采取决断性的政策。

第十一章　欧美的相似性比我们想象得要高①

第一节　想象不到的故事

我们在第三章曾经具体讲过欧债危机，其实北太平洋地区的相似性要比我们想象的要高。虽然原因不尽相同，但欧盟和美国面对的挑战是一样的。对欧美相似性的研究比对欧美差别性的研究更有价值一些。和欧盟相比，美国有两大优势：第一，美国本身是世界上最大的流动资本市场；第二，美元既是储备货币②，也是国际市场的通用货币。

但是，这两个"优势"现在还有多大的优势呢？布什和奥巴马政府的政策及做法已经表明，美元的优势已经不足以带动国家的金融独立了。一部分的原因是由于中国和其他发展中国家经济快速发展，更重要的原因则是房产泡沫破裂和经济衰退带来的美国主权债务的上涨。

所以，美国的状况现在不能被轻视。如果亚洲央行以及其他发展中国家的主权基金大量抛弃美元储备基金，转而储备其他货币的话，美国就会有大麻烦。虽然这种情况可能性比较低，但却经常被讨论到（尤其是被中国人），这是因为：

（1）美国的巨额财政赤字每年都在增长；

---

① 有批评者指出，在美元成为国际储备货币的背景下，美国可以把国内的经济问题通过货币贬值转移到国外去。（资料来源：《金融时报》，2010 年 11 月 10 日版。）
② 这种做法仅仅在理论上可以降低失业率。

（2）美国的国债迅速增长；

（3）美国的通胀货币政策；

（4）美国持续的（且不可逆转的）经常账户亏空。

根据国会预算办公室（CBO）的调查，联邦政府在 2020 年的财政赤字会达到 10 万亿美元。这个估计还是基于对经济增长乐观的假设，实际结果可能要更糟一些。虽然经济的基本面仍然是乐观的（正如现在欧盟政府那样），但政府的政策总是朝令夕改，没有人知道最后会是什么样子。

2007 年从美国开始的金融危机迅速引发了经济下滑，引发了对财政货币监管的大讨论。在国际上，政府和央行必须要有速度和魄力，可现在还没有出现能够一次性稳定经济的大政方针，甚至连挽救大银行的方针也还没有成行①。

在美国，如何恢复经济已经成为财政部和美联储的共同难题，它们现在都不知道应该着力恢复实体经济还是虚拟经济。现在虚拟经济大行其道，可有专家表示这并不是个好现象。布什政府曾经用大笔纳税人的钱来保障银行和抵押公司的需求，美联储则巨幅降低利率，进行了非常规的量化宽松财政政策（见下文）。

但这些举动并不能保证经济的长效发展，也不能保证家庭、工业、商业的信用不受损害。由于退出机制的缺乏，控股人也不知道这些特殊政策什么时候结束，经济什么时候能够恢复常态。

对欧洲来说也是一样的。事实上，英美和欧洲的政府做了很多相似的决定。另外，欧美相似的决定也互相促进了支出习惯的形成。虽然很长时间内，保姆式政府体制风靡欧洲，但这种政策是无法支付、不可持续的，所以欧美一定要防止复制对方债务堆积的问题。

虽然浪费税务收入也没有阻止雷曼兄弟破产，美国推出的问题资产救助计划（TARP）仍然筹集了超过 7000 亿美元。2009 财年，再投资法案（ARRA）则募集了 8000 亿美元，因为美联储购买了美国国债，美联储的财政从 2008 年的

---

① 资料来源：D. N. Chorafas, Globalization's Limits: Conflicting National Interests in Trade and Finance, Gower, London，2009.

9400 亿美元扩充到了 2010 年中旬的 23700 亿美元。

批评者认为，制定政策人往往是理论的巨人，行动的矮子，他们往往缺乏实战的经验。政府的政策制定团队人才太少，而且他们往往受制于财政上的要求，不能给小布什和奥巴马政府提出积极的建议，因此间接害了经济。

所以，这两届政府都没有稳定市场，建立健全的货币制度。美国的税务收入占到 GDP 的 15%，但财政部和有关机构却把它当作"救火梯"，而且美国政府现在入不敷出，其实欧洲也有相似的债务问题。

更糟的是，由于缺少财政纪律，财政赤字很难被消除。在欧美两地，西方政府都还没有拿自己的财政开刀。从外部看，这些国家没想进行商务谈判，从内部看，也没想改革臃肿的福利制度。

"二战"后，世界主要国家制订了《关贸总协定》，其后，WTO 成为协定的替代品，用来帮助相对不那么发达的发达国家发展经济[1]。但是现在，那些协议中的条款已经不适应时代了。现在，发展中国家成为经济发展的新星，美国在 2010 年经济增长的贡献率只有 13%[2]。

因此，现在值得讨论的已经不只是华盛顿财政政策的可持续性了。即便美国的情况没有希腊那么糟（第九章），由于缺乏财政纪律，美国的日子也将一样不好过。很多经济学家证明，债权人对国债拍卖竞投的兴趣只会越来越低。

这恐怕也就是为什么欧元区政府会在最近加强财政纪律的原因。虽然政策比较温和，但是紧缩政策已经为债务的稳定和减少做好了样本。现在政府都在寻找信用和刺激的平衡（因为公众抗议的影响），关注点已经从增税转向了削减开支。此外，赤字的削减必须要和供给侧改革相结合，这样才能给经济内在的增长提供动力。

只有大胆地进行预算改革，政策才能有显著的效果。有人预计，美国的国防军费是世界上其他国家加起来的总和。这是"二战"获胜带来的格局，但这种军事集权已经不适用于当今社会。批评家认为，现在国防预算仍然受到艾森豪威尔

---

[1] 资料来源：Bank of America Merrill Lynch，September 14，2010.
[2] 盖茨想要关闭的是美国联合军队司令部。盖茨认为，现在美国的各类军事力量的融合性已经很高了，这个司令部的存在已经显得十分多余了。

的工业/军事政治思想所左右，这种思想造成了经济上极大的浪费。

美国前国防部长盖茨（Robert Gates）也深谙此道，所以他打算把"浪费金钱"的政策调整为"量入为出"的政策。因此，他打算通过削减过时武器以及精简机构的方式减少开销[①]。即便会遭到反对，可能在国际社会掀起波澜，但盖茨的深层改革想法是当今经济社会所需要的。

除了战场上的僵持以及伤亡[②]，阿富汗的行动每年会花去纳税人 1000 亿美元。所以在近 10 年的作战计划中，美国将会消耗 10000 亿美元。伊拉克战争也已经花去了美国 10000 亿美元，却没有达成"实现民主"的目标。这样的浪费正是我们不愿意看到的。

如果想要实现稳定，国家政府应当意识到，福利和战争绝不算是好的投资。这两项的投资与基建、设施更新、科研创新、市场化不同，不会造成很强的带动效应。此外，当政府出现赤字时，支出的成本也会随之增加。如果经济增长是解决危机的最好方案的话，美国和欧盟及它们的支出计划应该以增长为基础，而不是依靠短期消费来饮鸩止渴。

所以，政府必须要做出艰难的选择，即便有一些做法不受公众欢迎。要知道，我们要实现经济的 U 形反弹，必须要革除现在系统中的时弊。现在，经济也没有像政客预期的那样复苏，所以说西方陷入了增长式的衰退。最近美国的就业数据也很低迷，住房重新拥有（Repossession）的情况有所增加。有 60% 的美国人都在思考为什么国家走在错误的道路上，这一现象绝对是事出有因的[③]。

---

① 来自美国、英国以及其他国家的联合作战部队已经尽到了自己战场上的责任。这些置顶作战任务的官员却没有为这些士兵的生命负责。

② 资料来源：《经济学人》，2010 年 6 月 12 日版。

③ 即希腊语 Τύχη，意为财富。

第二节　巨额赤字像一部希腊悲剧

无论是在国家政府还是地方政府层面，现在西方世界普遍患上了一种病，那就是超出能力的支出。一位金融专家在 2010 年 7 月 2 日接受彭博社采访时，就曾把美国联邦和地方政府称作败家的最好典型。他说，如果要消除这一部分赤字，政府需要减员将近 100 万人。

美国和美国人民曾经习惯于自救以及自我改进。这就是为什么在"二战"后美国会在科技以及运用科技方面引领世界的原因。美国敢为人先，敢于大量投资，这创造了社会前进的动力，使得人们对自己，对社会都充满信心。

不幸的是，正如金融专家所说，情况已经彻底地改变了。虽然改变的原因还不清楚，但最重要的是，和欧洲尤其是法国的情况一样，人们已经习惯了从摇篮到坟墓的国家超级市场福利保障。

这一切都像是一部希腊经典悲剧的重演。在伊斯克勒斯（Aeschuylus）、索福克勒斯（Sophocles）、欧里庇得斯（Euripides）等悲剧作家的笔下，我们能看到理念的冲突以及人性的迷茫。一般来说，悲剧的经典剧情一般以英雄的成长作铺垫，最后以英雄悲壮的死亡结束。而这场美国的经济悲剧的主角正是美国的自由企业。在古代，英雄的死亡通常都伴随着缇基（Tichi）[1]，它代表着神预示的危险、命运。

但是，现实中，缇基却是人为的。领导人经常自掘坟墓，拉起绳子绊了自己的脚。领导人通常受无政府主义禁锢，再加上解决问题能力上的缺乏，只能采取短期行动，最终使问题越来越大。欧里庇得斯就曾经很好地在《安提戈涅》中展现了这种悲剧性：

阿伽门农，米几耐国王：力量的幻影啊……只能远观而不能亵玩。一旦得到

---

① 援引自美国财政部公布的"2009 年美国政府财务报告"。

它，人生将变得虚幻，变得痛苦。

墨涅拉俄斯，斯巴达国王，阿伽门农的兄弟：你身上的遭遇很多人都有过，很多人都幻想得到无上的荣耀，但是他们却没有能力领导这个国家。

接着，墨涅拉俄斯描绘了领导者是如何准备迎接自己的失败的："他们的思路经常一天一个样，甚至一个小时一个样。这也是人之常情，阿伽门农。但是，人们必须要思考这样做的后果。"其实，这样的话值得现在国家首脑、央行行长以及公众好好思考。

阿伽门农：我看也没有必要告诫地球上的国王们了。他们已经成为自大和权力的奴隶。

我们可以看到，阿伽门农比现在的领导人更有自知之明。虽然他说没有必要告诫国王们，但是现在我们必须要提醒那些忽视金融债务危机的领导人们。现在联邦政府的净值为–63万亿美元[①]。其中净借记余额约为–11万亿美元[②]，支出以及未来福利项目开销约为–52万亿美元。

正如墨涅拉俄斯所说的那样，不关注数字的领导不是好领导。如果比较一下家庭净价值以及非营利组织的数据的话，领导必然会对未来有更多的担忧。

美联储2009年12月的Z1报告显示，家庭和非营利组织的净值约为53万亿美元。也就是说，即便美国把这一部分"资产"都变现，还有10万亿美元的赤字无法填补。

如果欧里庇得斯还活着，他悲剧的主题就不会是特洛伊战争或者阿尔戈斯和斯巴达的两位国王。他可能会聚焦赤字巨坑，以及造成巨坑的两位国王：奥巴马和伯南克。虽然他们的前任也有一定的问题，但他们才是这场危机的关键人物。奥巴马几乎没怎么做出过正确的金融决定，他做的决定往往不被人喜欢，把烂摊子留给了下一任，甚至是永远流传下去。伯南克大量印钞，使得美国陷入了前所未有的风险，经济也遭遇了前所未有的危机[③]。

---

① 资产减去债务。

② 因此，美国公共债务会在2015年上升到12万亿美元，这一数字与奥巴马政府刚上台时相比增长了两倍多。

③ 伯南克的这番言论就是想说服那些支持限制央行权力的国会议员。

在 2010 年 1 月上旬召开的美国经济协会年会上，伯南克在演讲中批评了经济危机下的监管失位（也就是批评了证券交易委员会没能阻止宽松借贷以及房产泡沫）。可是，他自己没有意识到，正是他和格林斯潘的宽松货币政策使得泡沫越来越大①。

当然了，小布什和奥巴马的宽松经常账户政策也难辞其咎。最新数据显示（《金融时报》，2010 年 11 月 10 日），美国的经常账户赤字占到了 GDP 的 3.2%，比英国（2.2%）以及澳大利亚（2.4%）都要严重，和日本以及德国的盈余状况更是没法比。

不只是联邦、各州、各市、各级行政机构的赤字，在近几年内，美国的金融系统债务已经达到了 4.2 万亿美元。这占到了美国 GDP 的 30%，这会对房地产以及非投资债务市场产生很大的影响。最好的情况是，债务会显示信用能力；如果处在最糟的情况，债务就会限制经济增长，使信用断崖式下跌。

奥巴马也知道债务违约的后果会像泰坦尼克号撞冰山一样惨烈。但他并没有推出紧缩政策削减政府预算。这种举动再加上其他不确定性因素使得商业信心持续下降，人们都开始意识到未来美国经济的预期将会受到债务的拖累。

比如说，美联储除了量化宽松还推行了货币市场投资者融资计划（MMIFF），这项计划会融资 6000 亿美元用来购买存款证券以及其他信用机构的产品；此外，还有货币市场共同基金流动性工具（AMLF）帮助市场融资、商业证券融资计划（CPFF）帮助公司卖出商业债券。这些都加重了联邦政府的压力，比如：

（1）500 亿美元的金融市场保险计划；

（2）问题资产救助计划（TARP）允许财政部购买最高 7000 亿美元的救市产品②；

（3）救助房地美、房利美的计划（由财政部以及联邦房产金融监管委员会负责）；

（4）救助 AIG 的巨额投资计划；

---

① 此条款被国会通过。问题资产救助计划（TARP）实际上就是从商业证券融资计划（CPFF）里面分离出来的。

② 资料来源：Bank of America Merrill Lynch，RIC-Monthly Investment Review，September 14，2010。

（5）救助花旗银行以及其他大银行，强行要求问题银行与健康银行兼并重组的计划。

这些都使得赤字越来越高，使得私人领域的债务转移到了政府头上。这样的转换已经不是笔者所知道的美利坚了。笔者熟悉的美利坚精神是20世纪50年代基于所有权以及责任心的。而现在，经济的功能已经变成了产出债务以及扩大杠杆化。正如美林的报告指出的那样，美国经济的霸权被拆分成两个层面，一层是消极的"3D"层面［债务（debt）、去杠杆化（deleveraging）、通缩（deflation）］，另一层是积极的"3P"层面［政策（policy）、定位（positioning）、产出（pro-duction）］。①

不幸的是，现在市场上3D大行其道，3P却销声匿迹。所幸的是，现在央行的政策仍有3P的余温，它们可以证明美国不会走日本的老路（另外，美联储决定在2011~2012年提升利率也是一大利好）。

第三节　QE2：毒药还是解药

根据彭博财经网2010年11月5日的报道，现在市场都在批评美联储的6000亿美元刺激计划（又称为第二轮量化宽松，QE2），不只是市场，反对的声音还来自前央行官员、部分经济学家、投资分析师以及参议院议员。

前纽约联储主席杰拉德·柯里根（Gerald Corrigan）就批评了伯南克的量化宽松政策。支持QE1的专家也认为QE2对美国经济有副作用。央行官员则认为QE2会使新型市场国家的人民生活更困难，因为从美国转移的现金流会使通货膨胀，从而使经济系统更加脆弱。在2010年11月8日接受彭博社采访时，华盛顿的美国智库加图研究所（Cato Institute）高官德勒斯科尔（Gerald O'Driscoll）曾经说，本·伯南克的做法没有一点理性可言。量化宽松根本不能作为货币政策，

---

① 截至2010年9月30日，美国上一财年的财政赤字已经达到了1.3万亿美元，约占GDP的9%。

会使美国陷入通胀的大风险里。

QE2 还和奥巴马所称的削减赤字计划相矛盾，据称，现在减少赤字才是奥巴马的头等大事。2010 年 11 月 10 日，总统赤字委员会的联合主席鲍尔斯（Erskine Bowles）和辛普森（Alan Simpson）推出了税务改革和支出减免计划，金额占到了赤字的 2.2%[1]。这项计划还可以稳定占美国 GDP 69%的主权债务[2]。

所以人们不禁要疑问，奥巴马政府和美联储的大规模救市计划究竟有用吗？有些专家甚至问："美国究竟需不需要大规模借债以刺激经济？"

威格林银行的第 273 号投资评论也曾谈到这个问题，威格林认为刺激计划会增加未来边界税务的负面预期。威格林认为，创新和投资可能是解决问题的关键，现在的赤字只会对解决问题起到反作用。

无论是出于衰退还是科技进步，通缩还是被视作经济重建不可缺少的部分。威格林认为，"如果在通缩时期再出现大规模的债务将会产生严重的后果"。[3]这是因为债务的成本是固定的，因此政府不能随心所欲地调整支出。

273 号投资评论还指出，很多刺激计划根本就是南辕北辙。美国的工业收入曾经在 2008 年遭受重创，但由于刺激计划，2010 年增长了 50%。威格林就此问道："这像是通缩中经济体的正常表现吗？"

格兰松（Jeremy Grantham）也持有相似的意见。格兰松是美国成功的投资家以及投资顾问，他曾经成功预测了 1987 年、1998 年、2000 年、2007 年的经济危机，2010 年 11 月 11 日，格兰松接受了 CNBC 的巴蒂罗摩（Maria Bartiromo）的采访。在采访中，他解释了为什么现在美国和国际经济正处在危机的边缘。格兰松批评了美联储的 QE2 计划，他认为央行最后的武器应该是财富影响，但这个武器已经失去了效力。QE2 对市场不仅无益，还会对美国债务以及新兴市场产生消极的影响。

事实上，很多美国经济学家、投资人、商人都认为量化宽松是美国长期通胀

---

① 国会预算办公室预计，在在奥巴马的预算影响下，赤字会在 2015 年达到 4.3%，债务则会在 2020 年达到 90%。（资料来源：《经济学人》，2010 年 11 月 13 日。）如果算上各州和地市的赤字，美国的公共债务则已经达到了 110%。

② 资料来源：Wegelin & Co., Investment Commentary No. 273, St Gallen, October 4, 2010.

③ 资料来源：《经济学人》，2010 年 11 月 6 日版。

的标志之一。巨型基金管理集团，太平洋投资管理公司的格罗斯认为："万亿级的债务并不是证券持有人的朋友。相反，它会带来通胀和新一轮的庞氏骗局。"①

虽然遭到了很多反对，美联储还是宣布将会在 2010 年 6 月购买 6000 亿美元的证券，每月约持续购买 750 亿美元（这样的话，有专家认为总金额将会超过 6000 亿美元的限额，达到 1.2 万亿~1.5 万亿美元）。

即便政客知道公民会反对税务上涨，这样巨额的金钱供应仍然没有对应的退出机制。在 2010 年 11 月的选举中，华盛顿州就拒绝了微软之父比尔·盖茨对富人增收所得税的建议。②

所以，由于美联储的零利率政策，美国民众都非常愤怒。毕竟，现在很难靠降低利率的把戏恢复经济了。现在，美联储还会在短期将利率维持在通胀水平以下，如果通胀在两年内保持在 2.0%，美联储将利率下隆至 0.5%或者更低的话，国家真正的利率就会是−1.5%。储户会因为实际利率的负值而渐渐失去资产。

普通公民的痛苦表明，奥巴马政府和美联储并没有注意零利率、QE2 等政策对社会的影响。他们没有注意这些政策的不良后果可能会影响到每个人。所以，现在经济和政治层面一定出现了很大的问题。

德国财长舒伯（Wolfgang Shauble）曾经把美国增长模型称为"债务模型"，他认为"美国对中国操纵利率的指控是没有依据的，美国自己也在推低美元汇率，打开了洪水的闸门"。③大家可以想一想是什么结束了 20 世纪 70 年代及 80 年代的通胀，就会明白舒伯的话了。

加印货币，使货币贬值，提升国际竞争力的方法现在已经不是什么秘密了。巴西财长就曾经把其比作一场"国际货币战争"。IMF 主席丝罗斯−卡恩（Dominique Strauss-Kahn）就警告不要把货币当作政治武器④。但是，这样的警告仿佛并没有什么效力。

---

① 政治分析师指出，现在民众的恐慌情绪已经大面积蔓延，人们都担心面向富人的税务最终会变成普通人的税务，所以对任何税务的上涨都持拒绝的态度。
② 资料来源：《金融时报》，2010 年 11 月 10 日版。
③ 资料来源：《经济学人》，2010 年 10 月 9 日版。
④ 资料来源：Bank of America Merrill Lynch，September 10，2010.

美林银行的报告指出了这样做的危险：

"我们认为经济会保持一定时间的增长，但这种增长不一定能够保持失业率的下跌。我们预计未来 4 个季度美国经济会保持低增长，失业率同时将会维持在 10% 以上。"[1]

所以，现在留给 QE2 转型的时间已经不多了。

第四节　货币政策以及救助银行的问题出在哪里

2010 年 8 月 30 日，经济专家在接受彭博网采访时表示，美联储正面临新一轮的经济问题，同时，市场也开始怀疑美联储货币政策的作用。同一天，太平洋投资管理公司 CEO 爱兰在另一专访中表示，美国和美国经济可能会迎来消失的 10 年。

除了对美国政府数万亿美元支出的悲观预期，公民还对美国的债务持悲观态度。美国 2010 年中期的大选已经表明，人民正在失去对其领导人的信心。这是美国政客自作自受，欧盟其实也在经历相似的问题。即便在一些支持国家管控经济的北欧、地中海国家中，也存在关于政府接管经济的等级、成本、效用的讨论。

在美国，公共的不满始于 2009 年末。那时，刺激政策的失效、普遍的丧失抵押品赎回权以及失业率的高企正席卷全国。2010 年 1 月 6 日，太平洋投资管理公司的格罗斯在接受彭博金融网采访时说："美国正在集团化和特殊利益的泥潭中无法自拔。"

政客其实在次贷危机爆发之前就已经看到了次贷的风险。2001 年 2 月 23 日，EIR 的文章说："格林斯潘已经在 10 年内在美国政府、企业、家庭层面创造了超过 30 万亿美元的债务泡沫。其中，20 万亿美元的泡沫出现在华尔街以及

---

[1] 资料来源：Lothar Komp and Nancy Spannaus，"Alan Greenspan Has Lost It"，Executive Intelligence Review（EIR），February 23，2001.

美国银行。"①

在这篇文章之前，EIR 的主编辑拉罗什（Lyndon LaRouche）也表达了他的担忧。他认为，美联储削减利率的做法给市场的恢复蒙上了阴影，而且格林斯潘增加流通性的做法只是另一场投机游戏罢了。这是不是让我们想到了量化宽松呢？拉罗什已经预测了格林斯潘的魔力会最终消失。虽然伯南克没有格林斯潘的魔法，但他恢复经济的思路也一样是有问题的。

所以，过去的失败并没有给我们什么深刻的教训。今天，很多经济学家都认为金融机构的零利率政策会带来像 2007 年那样的泡沫。美联储现在的政策很有可能引发 2014 年的新一轮泡沫（见本书第十三章）。

现在，很多人都把 QE 中用新发货币买证券的方法比作 18 世纪早期给英国经济造成重创的南海公司泡沫。经济史已经证明，南海公司的泡沫问题是多么愚蠢，看起来，QE 现在会走南海公司的老路。

19 世纪，白哲特（Walter Bagehot）在《隆巴德街》中指出，央行应当建立适当的黄金准则。在危机之中，则应进行借贷活动，防止公众的信心下滑。然而，白哲特也认为，给这种借贷设立上限很有必要，央行不能把钱借给没有偿还能力的银行（也就是这场危机中的大型银行），而且这种借贷应只用来帮助银行解决暂时的流通性问题。这就是为什么时任纽约联储主席柯里根（Gerry Corrigan）会在 1987 年告诫格林斯潘等后辈要区别流通性和可解决性之间的区别。第一次大萧条也能证明柯里根的观点。

可是格林斯潘和伯南克没有听取白哲特限制借贷的建议，反而依靠低利率以及无限制的高流通性救市。

华尔街有一条建议非常中肯，那就是格林斯潘方案会使银行陷入通胀风险，这将会是银行业最糟的情况之一。由于没有加以适当的限制，用纳税人的钱进行的赌博基本上都以失败而告终。

在众多经济学家中，斯拉兹（Anna Scharz）和斯提格里茨（Josef Stiglitz）是

---

① 有些经济学家认为，对于贝尔斯登来说，是有比破产更好的解决方案的。不过持这种说法的经济学家是明显的"事后诸葛亮"。

在危机早期就公开批评美联储救市政策的敢言者之一。其他经济学家也在 2007 年贝尔斯登出现问题之后加入了讨伐美联储的阵营。由于赌博式的商业操纵、透明度的缺乏以及财政赤字的出现，投行的问题开始在 2008 年 3 月中旬变得复杂化，解决问题的可能性在直线下降。① 此外，央行、政府以及竞争者都在思考合适的救助机制。彼时，在美联储的作用下，贝尔斯登被 JP 摩根收购，这一做法使得金融系统渡过了 2008 年夏天的难关。但是 9 月，AIG、房地美、房利美、雷曼兄弟的更严重危机就爆发了。

雷曼兄弟破产了，花旗和其他金融机构幸存了下来。随着美联储主席的变更，格林斯潘方案变成了伯南克方案。伯南克方案承诺会对问题资产进行救助，这使得人们进一步加剧了投机心理。理论上来说，政府和央行的承诺没什么成本，但这些救助会使得债务赤字问题越来越严重，使得国家处在债务危机的状态中。

2009 年 9 月 11 日，雷曼兄弟破产一年之后，很多专家在 CNBC 上分析了美联储以及英格兰银行的干预措施的效果。他们一致认为，如果救市计划的目标是救助大银行，实现银行的财政平衡的话，中央银行在 2008 年及 2009 年的做法是成功的。

相比较而言，如果政府的目标是改善经济、改善借贷条件、走出衰退及失业率高企的阴影的话，中央银行的政策就是彻头彻尾的失败。如果花同样的钱，其他政策可能会取得更好的效果，比如：

（1）防止经济雪崩；

（2）帮助房屋拥有者住在自己的房屋内（即便这些房主也是危机的始作俑者）；

（3）防止出现通胀和货币失稳的情况；

（4）重构养老金系统，防止养老金破产；

（5）将经济危机的幕后黑手绳之以法。

其实，政府不应该只考虑救助银行业，它们的养老金系统也处在崩溃的边缘。比如说，罗切斯特大学凯洛格管理学院的研究人员发现，在美国，国家养老

---

① 资料来源：《经济学人》，2010 年 10 月 16 日版。

金的缺口在 3.4 万亿美元左右，公共财政系统的缺口则高达 574 万亿美元[1]。

面对 4 万亿美元的养老金缺口，很多专家都认为养老金系统无法用股市的投资弥补，因为未来股市的走势并不明朗。因此，养老金现在只能坐吃山空。此外，如果没有获得合适的回报的话，养老金也会产生一些债务问题。

公共养老金使得国家主权债务上升，而私人养老金则使得企业的债务上升。专家认为，如果联邦养老金的风险比率降低的话，债务会达到 5.3 万亿美元（资产只有 1.9 万亿美元）。国家的养老金赤字就会达到 3.4 万亿美元，这基本是美国 GDP 的 1/4[2]。

所以这就是为什么奥巴马在委员会的联合主席上书后立刻着手改善美国的财政状况，进行税务改革，并削减政府开支，将退休年龄最终提升至 69 岁。

读者可能已经意识到了，政府在处理福利问题上的办法确实不多。现在已经到了处理医保巨额开支以及老龄化问题的时候了。

如果以上问题没有解决，在美国境内可能引发新一轮的债务悲剧。在美国，政府越来越被住房抵押贷款问题所困扰。自 2008 年政府接管房地美、房利美、联邦房产局以来，政府已经向这三家机构贷款超过 6.1 万亿美元，这一数字已经达到了美国 GDP 的 50%[3]。

因此，买单的最后很有可能是广大老百姓。这项救市政策是奥巴马和小布什政府的主要错误之一，将会持续给美国经济带来负面影响（详见本章其余小节）。

第五节　美国中产阶级以及丢失的就业机会

美国以及其他西方国家的依靠就是中产阶级。然而和欧洲不同的是，美国的

---

① 这一数字也近似等于美国的总体联邦债务。

② 国际货币基金组织预计，中等发达国家的担保项目资金约占到 GDP 的 16.4%。算上所有银行债务的话，这一数字在爱尔兰达到了 200%，在英国达到了 50%，在荷兰达到了 34%。

③ 在密歇根州，家庭收入的中位数缩水了 21%，这一数字在印第安纳州为 15%，在俄亥俄州为 14%。美国的平均水平则是 7%。（资料来源：《经济学人》，2010 年 11 月 20 日。）

中产阶级受杠杆化、重税、次优级贷款以及次贷的拖累，就业也很不稳定。这种情况不由得引发人们的思考。由于国家财政的问题，美国的中产阶级已经大大被影响。此外，在这几十年间，由于贸易协定的影响，美国人的工作机会已经逐渐减少。

美国人的生活质量在"二战"后保持了稳定的提高，不过这种提高在 20 世纪后半段有所减缓，现在甚至有停滞的迹象。这具体表现在：

（1）失业率稳定在两位数；

（2）收入的中位数以及家庭净资产持续下降[①]；

（3）银行收回住房的比例有所上升，次贷持有人的损失不断上升。

2009~2010 年，美国失业率的高企有很多原因，中产阶级的走低是其中的一个重要原因。由于经济的全球化，劳动力市场也出现了全球化的态势。绝大多数劳动力受雇于中小企业，这些企业对于国家的债务问题带来的税务上涨更为敏感。更糟的是，现如今的衰退潮抹杀了中小企业的信心，增加了美国劳动市场的极化情况。也就是说，现在美国市场高技术工作和低技术工作都不缺乏，但缺乏的是两者之间的工作，这部分工作涵盖的恰好是中产阶级人群。

因此，有的人认为现在 9.6% 的失业率是结构性造成的，这不是短期问题而是长期问题，这意味着 1982~2003 年的繁荣时期已经过去，现在我们可能陷入的是更长期的萧条。

事实上，人们常说的 9.6% 失业率不完全对。如果不算上兼职人群，美国的失业率可能会达到 20%，而且预期的失业率可能会继续上涨。哈佛大学的马丁·费尔德斯坦（Matin Feldstein）在接受彭博金融网采访时说，美国的真正失业率可能达到 20%。这包括：

（1）1500 万失业人口[②]；

（2）900 万未充分就业（兼职）人口；

---

① 已经有超过 35% 的失业人群已经至少 27 周没有找到过新工作，这一比率是自 1948 年有记录以来最高的。

② 无党派团队"政治响应中心"（Center for Responsive Politics）的 2010 年 2 月 12 日的报告显示，大型公司和组织 2009 在游说上的花销已经达到了 35 亿美元，这其中绝大多数的钱于医疗和能源法案相关。其他组织则预计，各大公司的游说费用加起来每年可能达到约 90 亿美元。

（3）600万彻底放弃找工作的人口。

所以，现在美国家庭确实陷入了财政危机之中。在了解管理层的投资方向之后，很多中产家庭开始抵押房产进行投资，这使他们陷入更深的危机之中。

现在，约250万套的美国房屋被银行收走，约1100万套房屋处在被收走的边缘。根据彭博社2010年11月15日的报道，花旗集团认为美国的房产借贷还会再维持4年左右。与之相对的是，147只养老基金已经宣布破产。

美国政府救助这一市场的能力十分有限。由于政客领导力的缺乏以及长期债务赤字的风险，市场的未来并不十分光明：

（1）西方社会的工资普遍要比发展中国家高，因此西方的贸易成本要比发展中国家高；

（2）西方在高科技领域的垄断地位被打破，发展中国家依靠山寨以及科研已经在某些领域领先西方国家；

（3）由于金融业在首都的游说力很强[1]，政府将90%的国际贸易协定聚焦在了银行以及金融业，忽视了其他行业的需求。

以上的信息对于中产阶级来说是个灾难，由于税务和社会成本的增加，他们的活力将会被大大降低。如果这些灾难还不足以说明问题的话，新富裕阶级（投行雇员、交易员）对以资产为基调的民主也有腐蚀作用（见本书第二章）。

当西方的资产阶级陷入衰退的时候，发展中国家的中产阶级却在增长。OECD在调查了发展中国家的新兴中产阶级后发现，西方社会的前景并不乐观。2009年，西方国家的中产阶级约为10亿人，发展中国家约为8.4亿人[2]。但是，在2020年，西方社会的中产阶级只会增加3600万人，但发展中国家会迎来220%的中产阶级人数增长，达到22亿人。根据OECD的预计，到2030年，西方中产阶级的数量会缩减到10亿人，而发展中国家的中产人数将会达到39亿人[3]。

西方社会的另一个问题则是"新贫穷阶级"的增加。最近总部设在华盛顿的

---

① 资料来源：《经济学人》，2010年2月20日版。
② 由于只是粗略的估计，在这里我们只取两位有效数字。
③ 资料来源：OECD Development Centre，Working Paper No. 265.

211

布鲁克研究院（Brookings Institution）指出，过去 10 年间，美国郊区的贫穷人口已经上涨了 37.4%，达到了 1370 万人，在城市中，贫困人口也达到了 1210 万人[①]。

这些数据都证明了贫困率的上升。2007~2011 年经济危机也波及了一些慈善机构。由于资金来源减少，1/3 的机构都裁减了人员，1/5 的机构减少了慈善服务。

很多经济学家认为，受到大经济环境、生产能力、劳动力市场低迷的影响，中产阶级的日子可能并不会好过。数据表明，一个新工作机会有 6 个失业人口竞争，由于医保产业和教育产业输入人口有限，对工作的竞争只能越来越激烈。

此外，一些专家认为，由于受到房地产及金融危机的影响，劳动市场在供应方面的能力已经开始显得不足。由于很多家庭忙于还房贷，他们不愿意在新的地点开始新的工作。如果事实真是如此的话，会对国际形势造成长期负面的影响。

《经济学人》曾有一篇讲经济瘫痪的文章形容得很准确："美国'难以管理'的猜想正在被奥巴马失败的管理所证实。这确实很有问题。毕竟，他只赢得了53%的选票[②]。随着支持率的下降，他在 2010 年 11 月大选中的表现可能让他成为最臭名昭著的总统之一。"

第六节　多德—弗兰克华尔街改革及消费者保护法案

在 2010 年瑞士达沃斯世界经济论坛上，美国众议院财政服务委员会主席弗兰克（Barney Frank）就曾表明自己支持沃克银行监管的态度，认为沃克的做法可以使储蓄银行远离自营交易的困扰（见本书第五章）。他在演讲中还提到了花旗的 CEO 普林茨（Chuck Prinz）。

---

① 资料来源：《经济学人》，2010 年 10 月 16 日版。
② 资料来源：《经济学人》，2010 年 2 月 20 日版。

他问普林茨为什么他没有把花旗的 SIV 写入预算当中，普林茨则回答说，如果他把 SIV 写进去，那么花旗将在与高盛的竞争中处在不利地位，而且高盛也没有将 SIV 写入预算。我们可以看到，现在银行们好像都在比着掩藏自己的数据，然而这类做法是多德—弗兰克华尔街改革以及消费者保护法案（又称作多德-弗兰克法案，FINREG）所不允许的。

但是，多德—弗兰克法案真的有效力吗？这一法案的确填补了衍生品交易以及问题银行的空白，但是它的效用却被说客以及说客背后的特殊利益所裹挟。此外，如果法律不能真正落地，也没有任何的效力。2002 年小布什治下的萨班斯法案（Sabanes-Oxley）就是最好的例子。

2009 年 11 月，参议院银行委员会主席多德（Chris Dodd）起草了一份法案，意在增强财政监管，加强美联储的管控能力。他的草案为大型金融集团的监管提出了解决方案，推动了衍生品领域中央清算以及交易的监管，使得股东可以对实际支出有发言权。

在加强美联储监管方面，多德认为，中央银行应回到制定货币政策，做市场最后把关人的核心职能上。但由于说客的作用，多德法案的一些概念被篡改了。

批评者认为，即便财政部依据该法案建立了监管委员会处理经济风险，多德—弗兰克法案还是不能减少美国监管体系的自身的问题。多德—弗兰克法案并不能从根本上解决全新、复杂、难懂的金融衍生品工具带来的风险[1]。这些工具还是会被银行的投机者利用，制造新的金融风险。停止银行自营衍生品交易，也就是银行对银行的衍生品交易的提案最终被驳回了。如果这一提案没被驳回的话，沃克本可以限制银行自营账户的交易能力，但是"3%特例"制度的建立大大增加了自营交易的机会。此外，国会最终通过的多德—弗兰克法案和格拉斯—斯蒂格尔（Glass-Steagall）法案[2] 不同，没有强制要求大型银行破产的规定。这

---

① 不是所有的衍生品都没有价值，有一些衍生品还是有自己的功能的。

② 格拉斯–斯蒂格尔（Glass-Steagall Act）的废除就是一个很好的例子，由于没有法律能再区别商业银行以及投资银行，贪婪的风气开始盛行金融市场，这最终导致了 2007–2011 年的深层经济、金融、银行业危机。

些都可能引发新一轮的泡沫。

　　大家不会忘记，自从 20 世纪 80 年代（投行国际化，风险跃升）以来，美国以及国际经济危机变得越来越频繁了。新潮且难懂的衍生品交易大行其道，可多德—弗兰克法案却被一砍再砍，并没有根本解决高杠杆带来的高风险。宽松的银行监管会使得银行行为更加不规范，造成国际金融公司的不稳定现象。这些公司在支出等领域会有很多利益的纷争，会造成领导层面的短视，最终会引发下一轮经济衰退。

　　对于经过游说后的多德—弗兰克法案，奥巴马是这么说的，他认为法案会保障 2007 年开始的这场危机永不重演。其实，这种说法并不准确。萨默斯（Larry Summers）的说法可能更为客观。她说，多德—弗兰克法案会减小银行业危机再次出现的可能。看米，只有时间会证明风险究竟有没有被解除。

　　我们知道的是，银行业的道德水准并没有因此法案而提升。我们可以从 2010 年 4 月 27 日彭博社转播的美国参议院质询来看出这一点。一位参议员问前高盛抵押贷款主管斯帕克斯（Daniel Sparks）："你怎么解释贵公司把 BBB 级贷款变成 AAA 产品的行为？"

　　斯帕克斯：评级机构有它们自己的评级模型。

　　参议员：你认为这些模型科学吗？

　　斯帕克斯：科学。

　　参议员：你认为这些模型正确吗？

　　斯帕克斯：我没有掌握模型的具体细节。

　　我们可以看到，虽然斯帕克斯不知道模型的具体细节，但是他还是在陈述中说自己认为模型是"科学"的。可是，不知道细节是怎么得出"科学"的结论呢？这就是缺乏道德的很好例子。

　　参议员：你是否为评级买单？

　　斯帕克斯：通常来说，买单的都是发行方。

　　斯帕克斯这一举动其实是招认了，因为发行方恰恰就是高盛。正是由于高盛的打点才能使废铁贷款变成黄金产品。

　　参议员：你是否认为这一举动引发了利益的冲突？

斯帕克斯：（无语）

此外，参议员还问了斯帕克斯是否告诉过顾客所谓 AAA 产品其实是 BBB 产品包装而来的。斯帕克斯再一次沉默了，这引发了下一个问题，即是不是银行监管者的松懈导致了斯帕克斯及高盛的所作所为，答案很明显，是。

不过，有一些机构还是在监管方面做得很好的，其中不得不提的就是联邦存款保险公司（FDIC）。但 FDIC 其实也面临了很大的政治压力。20 世纪 90 年代，FDIC 的主席曾想要控制快速增长的衍生品风险，可是却被克林顿政府解雇。政治家总是想方设法保护他们的商界朋友。

美国证交会（SEC）也有相似的遭遇。当主席决定设立对冲基金的时候，他立刻遭到了布什政府的解雇，而且新上任的主席则是布什的政治朋友，代表了布什政府的利益①。这就是小布什"治理失败"的经典例子之一。

此外，政府更不应该受到说客影响，大肆削减多德—弗兰克华尔街改革及消费者保护法案的条款以及内容。支持者认为多德—弗兰克华尔街改革及消费者保护法案建立了金融稳定监管协会（FSOC）来监管的基本结构，其职责包括：

（1）监管金融系统活动；

（2）涉及金融机构构架；

（3）建立对大型经济实体的管控模型。

金融研究办公室（OFR）会为金融稳定监管协会提供信息上的支持，美联储则会专注于建立强力的监管标准（包括资本、流动性上的要求、风险管理、解决计划）作为新的监管大纲。

然而，实际上，一些批评者指出，由于奥巴马政府接受华尔街的游说，砍掉了很多条款，多德—弗兰克法案并不能限制市场上的贪婪之风，也不能根除市场的系统风险。然而，法案对脆弱的美国银行业是个好消息，对欧洲银行也是一个利好。

———————

① 这件事情有个有趣的地方色彩。艾伦·格林斯潘正在向参议院汇报，参议员萨班斯问他是不是真的给布什政府写信声称他反对注册对冲基金。美联储主席回答说他不记得了，萨班斯惊讶地说："你不记得吗？"（咨询他的顾问后，格林斯潘想起来他签过那封信）。

欧洲中央银行在 2010 年 9 月 29 日声明表示将会加快对信用机构的立法。"银行业的整体经营状态还不明朗"，欧洲央行在金融业稳定性年报中这样表示①。央行指出，现在欧洲银行收入的增加很有可能和美国银行一样，只是暂时性的。

---

① 由欧洲央行系统下的银行监管委员会（Banking Supervision Committee）谋划，最终由欧洲央行签署。

第十二章　欧盟银行业及银行业的压力测试

第一节　大型银行集团面面观

当经济增长越来越依靠杠杆化的时候，经济危机极有可能发生。和其他行业相比，银行业和金融业是最有可能站在危机中心的行业。

为了充分理解这一观点，我们有必要简单了解一下大型欧洲银行的信息。它们又被叫作大型复杂银行集团（Large and Complex Banking Groups，LCBGs），每一个都是富可敌国的角色。此外，它们还和政府在债务方面保持着密切的合作，大银行不带条件地把大笔金钱借给国家政府，国家政府则在银行出现风险以及管理问题时出手救助，这种协作关系使得双方都掉进了财政的大坑中。

我们可以看到，20 世纪 90 年代的日本和韩国，以及 2007~2011 年经济危机中的英美，政府都对银行进行了大量的救助。欧元区也是如此。在这场危机中，欧洲央行为银行提供了 8000 万亿欧元（约合 1.12 万亿美元）的贷款，其中一大部分转化成了政府债券及其他问题资产。

那么，这些问题银行究竟来自哪里呢？根据私有银行会议中的分类，世界十大银行中前三名都来自美国，分别是美利坚银行[1]、摩根大通、花旗。其次是两

---

① 美国银行在 2009 年危机中收购了美林银行之后，一跃成为世界最大银行。

个英国银行：苏格兰皇家银行、汇丰银行。最后是美国富国银行、中国工商银行、法国巴黎银行、西班牙桑坦德银行、英国巴克莱银行。

我们可以看到，前十位的银行只有一个来自欧元区，那就是法国巴黎银行。但是，欧盟的大型银行绝不止法国巴黎银行一家。欧元区的大型银行还包括法国兴业银行、法国农业信贷银行、德意志银行、德国商业银行、西德意志银行、意大利联合信贷银行、意大利联合圣保罗银行、荷兰国际集团（ING）、荷兰银行集团、西班牙对外银行（BBVA），等等。①

可是，大型银行却未必有强大的财政收入保障。事实可能恰恰相反，也就是说，世界上第一大银行并不是最赚钱的银行。国际银行必须要面对长期的融资风险，它们的管理不可能一帆风顺，而资产也会随时间的变化而变化。

理论上说，由于西方银行的零利率政策，市场上债务的价格应该很低廉才对。但经济实体必须要有良好的信用才能借到贷款，而这部分信用正是现在很多银行缺乏的。现在，很多专注实体经济的制造商的信用比传统银行要好，长期看，企业也会倾向于绕过银行，从证券等资本市场里获取资金。

当然，不参与就意味着没有风险。可是，银行业已经一而再再而三地采取愚蠢政策，运用结构性金融工具牟取巨额利润，这对银行远期的发展十分不利。

现在，大型银行（LCBGs）在重走过去的错误道路，监管者和央行也对其视而不见。他们知道应当加强资本监管，保护一级资本（Tier 1）不受其他不良资本的侵蚀，可是由于受到自身问题的困扰，大型银行往往无法增加自己的信用。

由于大型银行会动用说客说服政府放松监管，大型银行面临的问题已经不仅仅是经济问题，更是一个政治问题。巴塞尔银行监管委员会（BCBS）正准备起草第三轮巴塞尔协定②以增加银行资本的质量、数量、透明度，并且减少新国际金融危机出现的风险。

2010年9月12日，27国央行首脑决定依托巴塞尔银行监管委员会，出台更严格的监管标准，保证国际金融系统的稳定性。但在政治的压力之下，决定的出

---

① 这些银行都是欧元区的信用机构，都在2010年经历了压力测试。
②《巴塞尔协议》第二版不再本书讨论范围之内。

台被一拖再拖。这一决定在 2019 年 1 月 1 日后才会生效。所以，过渡时间的长度已经可以证明国际银行的问题是多么严重。甚至是流动性覆盖率（Liquidity Coverage Ratio，LCR）的实施也被拖到了 2015 年 1 月 1 日。然而，流动性恰恰是这场危机的根源之一。

大型银行的问题在于，危机已经破坏了它们的协商机制。在危机之前，银行可以用资本诱惑监管方。在危机之后，它们的资本问题越来越多，这样的话，政府必须要出面救助这些问题银行。政府拿纳税人的钱救助这些大银行，可是监管者却没有加强监管，这样的话钱就不能花在刀刃上。在政府层面以及大银行层面，管理的错误是造成救市计划失败的主要元凶。重建计划很有可能因为大银行的破产而破产，这对整个银行业会造成非常负面的影响。

受影响的企业并不仅仅限于银行业，由于自身的管理问题，大型汽车公司（通用、丰田）很有可能是下一个倒台的企业。在 2007~2011 年金融危机之前，就有消息说要限制大银行的活动，使它们的活动范围保持在经济体的控制能力之内。但由于说客的影响，这部分政策并没有落地。反之，大型银行现在在没有监管的条件下利用黑池交易（Dark Pool）吸纳了大量纳税人的钱款，举个例子来说，在 2009 年欧洲黑池交易就增长了 500%[①]。

第二节　最终经济体会因为金融机构的强势而获益

20 世纪 50 年代早期，笔者在加州大学洛杉矶分校求学时，老师就告诉我们，总有一天经济体会因为金融机构的强势而获益。我们在第一章提到过，现在西方"大"型金融机构其实并不"强"，由于管理上的混乱，它们还没能从危机中修正，自身业务也没有走向正轨。

读者也应该注意到，银行未能走上正轨的原因有很多。此外，市场现在也缺

---

① 资料来源：《金融时报》，2009 年 11 月 2 日版。

乏有效的风险管理机制。和"大型银行至上"的说法恰恰相反，如果银行想要长期稳定存活下去，其金融力量必须被限制，这样才能从文化、策略、执行等角度更好地把控风险。

和其他组织一样，信用机构不能完全逃离风险，因为毕竟有风险才有利润。但是，机构必须要建立超前的、强力的风险管控系统以使人们能够自如地监管自身行为，从而应对各种风险，实现银行利益的长期化。有一些风险管理体系广为人知，但却没有被切实地使用，比如：

（1）给风险定价，把风险视作成本之一[①]；

（2）建立数据质量控制机制，追踪风险，使风险可控；

（3）运用科技即时收集数据，用电脑分析风险性和解决方案。

为了增加工作的效率，银行的风险主管应向理事会风险委员会的主席做定期报告，或者至少应该向首席执行官汇报（前者要比后者好一些）。我们知道，风险管控应该有独立性，所以理事会风险委员会应该相对独立于理事会，而雷曼兄弟恰恰没有做到这一点（可见下文对衍生品风险的讨论）。

雷曼兄弟在出现财政问题时，CEO以及管理团队竟然通过操纵账户的手段隐藏问题达数月之久。安永的审计表明，银行私自篡改了500亿美元的财政数字。当篡改大行其道的时候，国家经济也就患上了慢性病。在2010年4月13日接受彭博金融频道采访时，查诺（James Chanos）告诉观众，在短短10年内，安然骗了600亿美元，麦道夫骗了650亿美元，雷曼兄弟大概骗了1500亿美元。雷曼兄弟的问题其实是华尔街的通病，只不过问题更突出一些而已。雷曼曾经有一大堆不能流通的衍生品，雷曼将它们随意定价，并评级为AAA，把这些问题产品卖到了全球各地，并许诺以巨额利润。

以上是出现管理问题银行的所作所为。投行和储蓄银行对资产混乱的管理对经济的恢复没有任何帮助。所以，一些管理良好的公司现在并不愿意和银行合作，它们直接进入资本市场寻求资源。美国公司的债券融资占到了资本来源的

---

① 资料来源：D. N. Chorafas, Risk Pricing, Harriman House, London, 2010.

60%，在欧洲，这一数字却只有 24%①。

管理的混乱还导致了丑闻的发生。这对银行业的发展继续蒙上了一层阴影。在 2010 年 4 月 16 日，高盛爆发了丑闻：其 80%的证券化次贷逃避了监管②。当丑闻越来越多的时候，银行业的损失越来越大。根据联邦存款保险公司的统计，在小银行中，问题机构的数量比 2007 年增长了 9 倍，2009 年银行的问题资本则比 2007 年增长了 18 倍③。

在西方，金融机构的力量正在被贪婪的欲望所冲散。由于银行决断的失误，几乎没有人注意到风险的成因和特征已经在变化，也就是说，银行面临危机的可能性越来越大，可抵御风险的方法却还没有跟得上脚步。

在监管层面，欧元区政府也和银行犯着相似的错误，主权国家对债务问题企业太过宽容，导致国家在处理债务赤字上的办法显得捉襟见肘。虽然欧盟委员会在 2010 年 9 月公布了惩罚债务成员国的方案，但却没有出台具体细则以指导如何通过惩罚解除欧元区的威胁，增强欧元区的竞争力。其实欧元区政府和大银行犯的错误差不多，它们在行动上太慢、太缩手缩脚，再加上内部的分歧，它们很难做出有利于财政健康的决定，这会导致它们发行的债券的短期利率高企。

更糟的是，欧盟现在还自废武功，不断削弱监管，对市场上的失误做法以及报复态度没有及时地阻止。虽然委员会在协调各方对监管和纪律问题达成一致，但欧盟内部还是没有对深层次的问题达成一致。

比如，欧盟竟然在 2010 年 10 月再次允许西班牙进行杠杆化的融资。可是，欧洲应该注意到了，在融资难度上，西班牙应该比希腊还高才对。算上各种债务，希腊的负债也不过 2000 亿欧元（约合 2800 亿美元）。可是西班牙的债务却高达 6000 亿欧元（约合 8400 亿美元），债务服务和主权债务双双陷入赤字之中④。

大型银行获得的好处和西班牙相似。政府和央行为了帮助大型银行，甚至会增加国家的货币基础。1994 年国际货币储备刚刚才 1 万亿美元，只比 1984 年增

---

① 资料来源：European Central Bank，Monthly Bulletin，October 2010.
②③ 资料来源：《经济学人》，2010 年 2 月 27 日版。
④ 资料来源：EFG International，Quarterly Review，Summer 2010.

长了不到 3000 美元。但到了 2003 年，储备达到了 2 万亿美元，据悉储备在 2010 年会达到 8 万亿美元①。

政府有了上万亿美元的新印货币后，立刻就将它们投入了救助大银行的事业中。此时，政府良好监管的名望已经荡然无存了。在 2004~2007 年的繁荣时期，很多"首席风险官"都变成了荣誉称号，实际上对风险的控制已经不复存在，迫于政治的压力，欧美很多监管者无法顺利开展监管作业。

在这样的大环境下，对金融领域的监管越来越少。举个例子，大型银行的非线性债务变得越来越多。虽然身处危机之中，但大型银行并不愿意就此收手，反之，它们利用说客的影响，继续怂恿政府、市场、监管者保持信心并坚持救助方案，可实际上，它们本身正处在破产边缘。

从 2007~2010 年的大型经济危机中我们可以意识到，数量金融绝不是科学，它自身有非常多的限制性，对经济的影响十分有限。利用金融模型，人们打开了潘多拉的魔盒。所以从经验上看，模型的运用必须要结合更多主管的风险管控方法。此外，压力测试和模拟场景也是检验大银行系统流动性健康程度的方法。

迄今为止，还几乎没有机构开展对此次危机的压力测试。这种测试需要 CEO、董事会、对银行业和数学都很了解的"火箭科学界"的支持②。这种压力可以给市场传递公司的强力信号。

第三节　银行不知道 IT 不能解决衍生品风险

2010 年 6 月上旬，美国参众两院正处在制定新金融监管条例的关键时期。有消息表示，市场现存的衍生品合同高达 1200 万亿美元，而且还在持续不断上

---

① 资料来源：Credit Suisse, Research Monthly, November 2010.
② 许多大学里培养定性分析师的政策从根本上来说就是错误的。定性分析师的培养院系主要是理论数学系，这些系的老师和学生基本上不懂金融和银行业的规律。

涨。在经济危机的当口，每年衍生品交易额会增长 20%，风险金融工具的运用证实了之前的猜想，那就是没人能真正控制住大银行。

1200 万亿美元衍生品的体量已经大到超越逻辑，可真实的数字却有可能比这还要大，因为银行可能存在"暗箱操作"的可能性，这样的话，银行都无法解释如此体量的衍生品对它们来说意味着什么。

通过使用科技，银行家可以设计出更新颖的金融衍生品进行利益上的赌博。这样的工具越多，衍生品的复杂性越大，设计者和使用者越捉摸不透衍生品。此外，购买结构性产品的银行通常会重复进行产品购买，也大大增强了贸易活动杠杆化，几乎没有人意识到现阶段的资产基础太模糊、太小了，这给交易活动以及结构性工具的换手提供了必须的条件。

此外，现在证券市场的普遍质量也并不高。次贷（Subprime）和次优级贷款（Alt-A）就是最好的例子。现在很多投资者的信心都被以下三点所伤害：

（1）西方债务问题的不稳定性在逐渐增强；

（2）金融衍生品工具风险管理的复杂性和不透明性正越来越高；

（3）跨银行贸易的赌博成分在不断加深。只有约 5% 的交易是银行对客户的。

就第一点而言，CNBC 2010 年 6 月 25 日的金融报道显示，美国银行的衍生品交易额已经达到了 GDP 的 90 倍。如果 95% 的衍生品交易是银行间进行的话，那么美国高风险的衍生品交易额就是 GDP 的 85.5 倍，也就是 8550%。

如此高体量的交易必须要被限制，这样才能防止出现新一轮的经济危机。新英格兰银行的破产以及韩国银行的困境已经表明，衍生品的除数（Divisor）大概在 5~6 的 12 次方[①]。这就是说美国银行已经抵押了约占美国 15~18 年 GDP 总和的金钱数额，英国和欧洲的体量虽然没有美国这么大，但英欧的大银行给经济带来的问题肯定是相似的。

这么大的体量不仅对银行业有影响，整个经济体也逃不了干系。由于银行间业务的上升，银行业越来越网络化，这一轮经济危机之所以会带来这么大的冲

---

① 资料来源：D. N. Chorafas, Internet Supply Chain: Its Impact on Accounting and Logistics, Palgrave Macmillan, Basingstoke, 2001.

击，是因为：

（1）现今金融系统高度的关联性；

（2）复杂工具的相互融合，使得结果难以预期；

（3）大银行和政府的微妙关系给经济和金融系统都造成了影响。

图12-1简单给读者概括了其中的关系。如果系统内任意一个重要机构出现了金融问题（当然了，系统内每一个机构都很重要），很多互相联系的机构和政府都会被牵连。几乎同时，经济问题的余波还会袭击互相连接的国际经济系统。

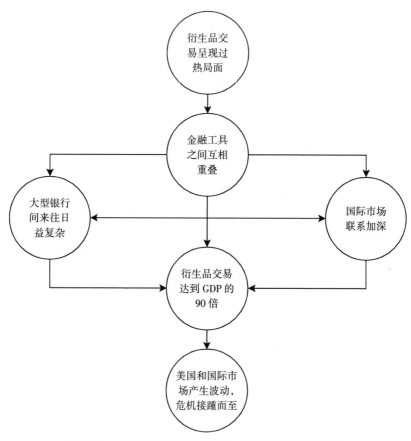

图12-1 金融衍生品工具是怎样一步步引发经济危机的

所以，市场上必须建立起成熟的监管、分析、评估机制以预防系统风险在体制内部的蔓延。现有的方法一是没有时效性，二是监督不了大银行的行动。所以，已有的理论恐怕不能解决现存的问题。

想要解决问题，必须拥有准确、及时的数据。高度可靠的数据流是可靠监管的支撑。不过值得注意的是，相对数据的可靠性和及时性都没有直接数据高。

此外，对于很多经济实体（包括政府部门、金融机构和其他商业实体）来说，数据数量的繁杂可掩盖自己的真实情况，降低风险被发现的可能。大量不相关的信息会使得核心信息的发现变得极为困难。经济学家西蒙（Herbert Simon）在 1971 年发现，信息越多，关注点就越分散。

在笔者上课的时候，很多 MBA 学员都会说，信息技术使得数据变得更及时、更形象。可是，笔者一直在和他们解释，虽然 IT 是金融业的主导，但它本身的力量并没有那么强，很多时候带来的都是垃圾信息。

这里面也存在着组织问题。即便最先进的信息技术也无法更正不及时、不透明、不可信的数据。在 20 世纪 90 年代早期，花旗银行放弃了花费数亿美元研发的执行信息系统（EIS），因为其中 1/3 的信息都是错误信息（或无用信息）。其实和大银行有强大 IT 的谣言相反，有的时候大公司的信息技术是相当落后的。

阿比国民银行（Abbey National）的前经理哈桑（John Hasson）就曾说过：

"似乎银行业都想让自己的传统业务系统更灵活，更能赚钱。可是如果它们裹足不前的话，就会发现开销大幅上升（利润会随之下跌），竞争压力会不断上升，使它们的效率大大降低。如果没有效率，哪怕挣 1 美元都会变得很困难。"[1]

西蒙和笔者的结论并不是只有我们两个人知道。2010 年中期，《经济学人》发表了一篇很优秀的文章——《大银行不仅需要监管改革，还需要 IT 革新》。[2] 这篇文章指出，很多银行到现在还只是使用大型主机[3]，而且它们还认为换掉这些老旧主机会带来很大的风险。

与之相比，贸易者的 IT 设备不论是从硬件上还是软件上都要先进得多。这样的话，他们的风险预测将远远领先于那些受制于"大块头"主机的高级经

---

[1] 援引自近期来往信件。
[2] 资料来源：《经济学人》，2010 年 7 月 24 日。
[3] 不过这些主机的效率成本的就很低了。他们传递消息的质量也很差。

理们①。

因此,《经济学人》总结道:

"银行的数据库经常会制造出完全矛盾的数字。引用前苏格兰皇家银行高管的话来说'事实上,我们永远不知道哪一个数字是正确的'。虽然银行每年会有10亿计的资金错误流动,但找到错误的来源却很难很难。"②

这样的现状并不反常,毕竟,银行并没有真正关注过自己和顾客的风险,也就不能对事实有客观的评判。更糟的是,由于 IT 程序自身的问题,银行还必须要雇用大批程序员对这些错误的程序进行维护③。

第四节　压力测试可以让银行摸到石头再过河

在工程和管理领域,人们已经普遍意识到了测试的重要性。根据墨菲定律,"害怕发生的就会真的发生",所以测试从这一角度说非常有必要。很多测试都是在模拟正常情况,但这还远远不够,当新产品或者大型项目问世之前,必须要尽可能多地考虑到会出现的问题④。

从工程角度看,几年前巴塞尔银行监管委员会在《巴塞尔协定Ⅱ》中提到了压力测试的必要性。⑤压力测试可以被视作检验的通常方法,可以发现工程领域技术、设备、条件等中可能存在的问题。压力测试要求:

(1)在测试时将条件扩大化,也就是给系统提供比日常更大的压力;

---

① 《经济学人》的文章表明,汇丰银行在 2008 年曾经开启了"一个汇丰"的整顿计划。他将 55 个小系统,24 个信用卡部门以及 41 个网络银行部门进行了整顿。

② 资料来源:《经济学人》,2010 年 7 月 28 日。

③ 资料来源: D. N. Chorafas, Cloud Computing Strategies, Auerbach/CRC, New York, 2010.

④ 比如说,以前电压会不稳,电阻时大时小,电灯的寿命就会减少,因此电灯公司就会对样品进行相关测试,对生产线上的产品进行毁灭测验。

⑤ 资料来源: D. N. Chorafas, Stress Testing: Risk Management Strategies for Extreme Events, Euromoney, London, 2003, and D. N. Chorafas, Stress Testing for Risk Control Under Basel II, Elsevier, Oxford and Boston, 2007.

（2）通过数据模拟整合结果，比如通过蒙特卡洛法来获取系统信息；

（3）检验系统在压力条件下的表现，建立真实可靠的结构；

（4）比较模仿后产生的 B 结果以及 C 结果，增加产品的可信度。

在工程科学领域，检验信度最好的方法是威布尔算法（Weibull Algorithm）[1]。从词源学角度说，信度并不是一种能力。它是用来衡量系统在给定的操作环境下成功运行可能性的一种数量概念。总之，压力测试的图像应该有着长长的延伸。在正常的测试中，曲线会呈钟形分布，99.7%的数据会分布在值 3 个标准差以内。而在压力测试中，数据会和平均值有 n 个标准差的差距，n 值可能是 5 个，也可能是 10 个、15 个、20 个甚至 25 个，这通常取决于压力的强度（之后会继续讨论这一话题）。

5 个标准差通常是压力测试的最低等级。成功的压力测试一般会有 15 个标准差的差距。但读者应当意识到，仅凭标准差考察压力测试是不够的。考察的过程应有先决条件。第一个条件是能在考察中看出风险的源头，并且能够预测：

（1）根本原因；

（2）直接原因；

（3）背景条件；

（4）联系性以及波动性；

（5）预期频率以及饱和度；

（6）对未来的影响。

此外，压力测试还应当在至少 99%或者 99.9%的契合度下完成。我们有必要提醒读者，即便囊括了 99%的案例，还有 1%的事件是我们考虑不到的。如果囊括了 99.9%的可能性那我们考虑不到的事情就下降到了 1‰。

不是所有的压力测试都能观测到这些要求，因此，不是所有的测试都能提供有用的信息。有些时候，压力测试的结果可能仅仅和正常测试的结果差不多。这种情况下，组织者可能会挑出比较好的信息，然后将它们投放到市场中收取好的

---

[1] 资料来源：D. N. Chorofas, Statistical Processes and Reliability Engineering, D. Van Nostrand, Princeton, NJ, 1960.

市场效应。

在 2010 年欧洲银行监管委员会进行的测验中[1]，一些分析师质疑了压力测试的统计方法，认为其没有能够模拟真正恶劣的压力环境。可是这些恶劣的压力环境却真切地出现在了欧元区外围国家之中。爱尔兰和葡萄牙的债务危机证明，这类"超级压力"的模仿还是非常有必要的。

抛去市场效应不谈，压力测试的目的也在于发现未知的风险以及不确定性，及其带来的影响。因此，我们要着重分析那些带来 5 个、10 个、15 个、20 个甚至 25 个标准差偏移的事件。1987 年 10 月美股的大跌就是一个 14.5 个标准差偏移的事件，雷曼兄弟倒台后的 2008 年 9 月中旬，市场出现了 20~25 倍的标准差位移。

由于可以很好地总结市场压力及压力产生的后果，压力测试使得数据分析上升了一个层面。压力测试关注的是意想不到的种种条件。可我们要注意的是，包括压力测试在内的所有测试都要依靠模型，但模型本身有不确定性，再加上数据的不确定性，结果会和实际有所出入。在这里我们要着重强调一下审计风险。模型和数据必须在技术上加以审计，而这部分审计正是 2009 年 2 月财政部以及 2010 年欧元区欧洲银行监管委员会审计所缺乏的。在这方面做得最好的是 2010 年 7 月末英国上议院的调研。

上议院调研的成功离不开世界四大审计机构普华永道、安永、德勤、毕马威的市场化战略。2010 年英国上议院经济事务委员会正是由于以上四所机构"缺乏质疑心"才启动调查的。正如《金融时报》所说的那样，这些审计机构的官员表示，由于市场竞争激烈，审计机构也不得不在市场的压力下加助危机的蔓延[2]。

这就是我们为什么强调压力测试前要有现行调查的原因。欧洲银行监管委员会的下一步压力实验会将这一部分纳入测试范围。这一轮测试将囊括 91 个欧元区银行。看起来，测试的标准越严格，结果就会越清晰。

此外，信用机构的信用也需要被检测。经济危机中的欧美已经证明了，一旦

---

① 欧元区各国监管者协调压力测试的委员会。
② 资料来源：《金融时报》，2010 年 7 月 28 日。

经济发生问题，银行业是首当其冲的，其他行业受到的影响则没有那么大。我们可以看到，风险的累加和经济增长的缓慢直到 2008 年才使得主要股指下跌，然而此过程中证券市场的流动投资其实并没有那么危险。所以，银行业才是压力的主要受害方。与此同时，我们由于杠杆化的因素，每个银行面对的压力也是不同的。

随着 2008 年秋天开始的经济金融危机的深入，一些专注于国内业务的小银行（比如催大房地产泡沫的储蓄银行）也开始受到打击。因此，没人知道欧洲银行系统什么时候会恢复，如果没能恢复会对实体经济产生什么样的影响。

所以，监管机构的目标之一应该是恢复市场的信心。对于压力测试来说，也是如此。即便政府、央行、监管机构没能从压力测试中获取被测试银行核心资本、流通性等方面的弱点，压力测试也是至关重要的。

我们需要注意的是，欧元区范围内的压力测试对了解复苏过程中的风险很有帮助。但如果想要得到可信的结果，各国必须要对压力测试进行统一管理，不应当为压力测试设限（见下文）。在跨国境压力测试不断增长的背景下，欧洲央行可以进行"金融网络分析"，这样就可以了解金融稳定性、金融系统的感染渠道以及金融业的系统风险。

测试应当广泛收集以下三个领域的信息：银行间领域、跨市场领域、跨货币领域（国内跨货币领域以及国际跨货币领域），此外，也要了解市场投机者在正常和压力情况下的不同表现。这样的调查有利于欧洲中央银行的政策制定者建立更安全的金融机制[①]。

第五节　欧洲银行监管委员会专家评估压力测试的不同方法

2009 年 2 月，也就是雷曼兄弟破产 5 个月之后，美国财政部决定对美国大

---

① 资料来源：European Central Bank，Financial Stability Review，June 2010.

型银行进行压力测试，以确认它们健全的财政状况。官方结果表明，测试达到了预期目标。虽然很多人都不买财政部的账，但这不意味着这场压力测试一文不值。虽然这场测试的政治性很强，可还是给市场以积极的信号。

我们可以看到，欧洲银行监管委员会专家在美国财政部压力测试的一年后也推行了压力测试，旨在了解欧盟银行如何在低 GDP 增长、信用危机、市场风险的基础上存活。银行如果想通过测验，一级资本率必须要在 6% 以上。

其实，6% 的数字已经打了折扣了，根据 1988 年的《巴塞尔协定 I》，国际银行一级资本率必须在 8% 以上，可现在已经基本没有欧洲银行可以做到这一点了。此外，这次测试也是单边的，因为此次测试只记录了银行明面上的部分资产。

虽然长期资本是引发主权政府风险的一个重要因素（见下文），可长期持有资本没有列入此次考核范围内。一位金融分析师就此评论到，监管者对财产属类的限制可能会造成整个考核的失败。

另外一个问题是，对于 2010 年以来的外围欧洲证券市场来说（希腊、葡萄牙、爱尔兰），由于缺少足够的压力[1]，压力测试的结果可能没有那么大的指导意义。细心的观察家就此指出，为了让结果可信，压力测试中必须要有银行最后破产。如果所有银行都通过了测试，要么就是压力不够大，要么就是有人篡改了数据。事实上，政府确实给了测试很大的压力。政府违约的风险和银行业产生的后效还没有弄清楚。根据专家观点，这些问题必须要处理干净，也就是说，经济体必须要充分了解银行在破产边缘时能不能顶住压力。

此外，以上的不同考量反映了政府和银行在财政平衡方面的冲突。政府违约的风险没有被考虑到测试中，因为人们普遍认为政客不会允许国家破产。然而批评观点认为，压力测试就是要包括各种可能，如果没有加上政府破产这一项的话测试就没有意义了。

我们现在看，这些批评者的观点是完全正确的。在 2010 年 9 月的第一周，很多专家批评 7 月出炉的针对 91 个欧洲信贷方的压力测试报告。他们认为，很多银行都没有披露自己所持的政府债券，所以测试是不客观的。

---

[1] 用来掩盖不良贷款的风险。

另一些批评观点则直指这次压力测试的本质。凯（John Key）在《金融时报》中指出，这场压力测试是以自己为参照的。测试的目的，凯说，就是证明虽然银行还没有那么健全，但已经符合了各项监管的指标。他还说，此次测试的目的不在于证明储户的存款或者纳税人的钱是安全的；反之，它给银行传递了"不需要再提供大量额外资本"的信号。而且，政府也可能故意通过测试给自己和市场释放"银行的可信度是安全的"信息（这样的想法不无道理，如果结果是相反的，那么就会在市场内产生恐慌心理，使人们加重对金融系统的担忧，就会对市场产生反作用）。

另外，不像美国的测试目标只有一个国家，欧元区在测试的时候足足有16个成员国。压力测试本应该给出一个统一的揭露模式，但批评家认为欧元区在测试的时候并没有做到这一点；反之，欧盟并没有处理好私有银行和外围国家的关系。这引发了以下问题："谁在掩盖税务？"、"什么监管者允许掩盖税务的行为？"另外，有批评观点指出这次测试把银行资本定义得太宽泛了。此次主要考量的是一级资本（Tier 1）而不是《巴塞尔协定Ⅲ》支持的核心股本（Core Equity）。因此，很多专家把这次测试叫作"轻压力测试"。

另外，不同国家的不同国情也在左右着这场测试。比如，奥地利的商品价格会在2011年继续下跌；希腊的房产价格只会略跌2%，而其他国家可能会有10%的下跌，西班牙的房产泡沫问题最为严重，房价下跌估计会达到30%[①]。

虽然有以上的缺点，但这场测试对提振市场信心还是有好处的，即便此次测试在这两方面做得不好。第一，这场测试的压力还不够大；第二，参与测试的银行用了纳税人的钱扩充它们的资本率。[②]在自由经济中，政府必须要在资本市场中寻找资本。因为涉及银行弹性的核心风险，所以一级资本只能是股本资本；毕竟，分红可以推迟，但除了在破产条件下，银行必须偿还贷款的利率。虽然一些银行在故意隐藏问题，但对于金融系统来说，当银行运用风险商业模型的时候，储备资本和流通性是非常必要的。

---

① 当房地产市场陷入停滞时标签价格和实际成交价格总会有一定的出入。
② 此外，压力测试不应该包括德国的超级银行，因为德国的超级银行早就在测试不及格，而且已经被国有化了。

此外，即便是少数银行暂时性的信用下降也会使整个市场的信心下降。因此压力测试必须要检测信用机构的弹性，确保其能够经受比较大型的冲击。此外，测试还应注意跨银行市场的再融资能力以及面对市场风险的能力。

另外，此次测试还没提供这 91 个银行哪些是不得不救的，哪些是救不了的。比如说，在测试进行后数月的 2010 年 11 月，市场就有传言说由于西德意志银行问题太过严重，德国政府已决定令其破产。

毕竟，像日本那样，给巨型银行无限制的支持并且无视银行高管的罪行对解决危机没有任何帮助。日本的政策使得银行高管继续进行投机行为，甚至形成了一个政府和银行高管的双赢局面，高管们根本不用担心道德谴责、罚金或者坐牢。

事实上，欧美政府效仿日本进行大规模援助计划的决定是非常可悲的。2009 年 10 月 20 日，英格兰银行行长金（Mervyn King）大规模的救助不一定会阻止银行破产。反之，银行应被区别对待[①]，公共财政只会救助对宏观经济有利且行为规范的银行。那种仍旧沉迷于自营以及衍生品交易游戏的"赌场银行"不应该得到公共财政的援助。

金所言非虚。我们确实不应该用纳税人的钱来养活一群仍不知悔改的白眼狼。现在，银行业的困难已经不仅仅在于恢复大型银行的资产等级了，现在必须要有人以强硬的手腕监管银行业，立法层面也要给予足够的支持。

第六节　2010 年 11 月：压力测试的四个月之后

在协调欧洲央行以及欧元区各财长意见后，2010 年 7 月 23 日，欧洲银行监管委员会公布了欧元区 91 个成员国压力测试的结果。在等待结果公布的时候，人们也在估计银行所需要的资本。比较乐观的预计是银行的缺口大概在 300 亿欧

---

① 资料来源：《经济学人》，2009 年 10 月 24 日。

元，这一数字是银行在长期内可以承受的。

令人惊奇的是，最终 91 家银行中只有 7 家没能通过测试。这一结果表明在资产层面，银行的处境甚至比 300 亿欧元的预计还要乐观[①]。但事实真的如此吗？如果测试的目标是稳定市场信心，促进金融健康的话，其实这个目标并没有达成，因为金融市场的问题并没有减少，甚至有的还没有被发现。

很多分析师和经济学家都认为，这场压力测试并没有达到预期的效果。如果测试结果是好的，那么应该可以帮助恢复市场信心，但正如摩根斯坦利高层所说的那样，市场信心的恢复并不显著。在摩根大通高级经理看来，"欧洲银行监管委员会的压力测试给我们的帮助非常有限"。[②]

从各大金融机构的反馈看，由于没有得到足够多的数据，市场上对这一次压力测试的最终结果并不看好。如果银行业没能管理好收支平衡以及资产的质量，那么它们就会继续寻求援助，或者直接导致跨银行系统的崩盘。

问题来源于低等级的要求。我们提到过，6%的第一等级资产率是衡量参与压力测试的最基本的要求。但 6%并不是资产等级的红线，我们看到有 7 家银行第一等级资产率没有超过 6%，但还是通过了测试。

我们不能忘记，欧洲银行业已经从纳税人和政府吸取了 2220 亿欧元的财政支持。所以这部分钱也自然被纳入了 2009 年末至 2010 年 7 月 1 日的压力测试里，增加了银行通过测试的可能性。

另外，这些数据的模型也有一些问题。没有证据能表明监管者的算法一直是一致的，每个银行都在用自己压力测试的模型在运算。[③]虽然宏观上它们都处在中央欧洲银行的系统之内，但微观上它们自己都保留着自己的运算模式。

所以，经常会有一些惊人的发现。比如说，葡萄牙央行的数据表明，2010 年 5 月，由于银行在经济危机中从资本市场获取资金的难度不断加大，欧洲央行给葡萄牙的借贷达到了 338 亿欧元（约合 500 亿美元），这一数字是 4 月的 2 倍。

---

① 这七家银行的赤字加起来有 35 亿欧元（约合 46.5 亿美元），但是即便是通过测试的银行也存在赤字，这些资本缺口大概是乐观估计赤字值的一半。

② 资料来源：《经济学人》，2010 年 7 月 27 日。

③ 资料来源：美国全国广播公司财经频道（CNBC），2010 年 7 月 23 日版。

但是，这样用"垃圾债券"套取现金的银行竟然也通过了欧盟的压力测试。

此外，花旗银行也运用自己的模型模仿了欧盟的压力测试数据[①]。在加强了压力之后，91 个银行中有 24 个没有通过测试。花旗测试中的破产银行包括爱尔兰联合银行（2010 年 10 月差点使爱尔兰财政破产，见本书第十章）、意大利锡耶纳银行（Monte dei Paschi），还有 4 个希腊银行、5 个西班牙银行以及 2 个德国银行。即便如此，数据也没有那么悲观。24 个银行的缺口大概在 152 亿欧元，其他 67 个银行的缺口总和加起来也并不多。

如果欧洲银行监管委员会能够自己指出这部分缺口，他们的报告可能会更有说服力。有声音指出，其实欧盟还应当对各国央行进行审计，因为各国央行在 2007~2011 年危机中也深受杠杆化的影响。

虽然欧洲央行因为可以自由印钞的关系不会破产，但它们也可能会承担很大的损失。如果出现最坏的情况，纳税人必须要花数万亿的资本才能拯救国家的信用。这就是所谓央行和政府的"社会化风险"。量化宽松、外汇干预等央行政策都使得央行的债务越来越多。根据预计，这些政策加起来会占到全球 GDP 的 20%~25%，这将是很大一笔钱。

非官方证据显示，欧洲央行系统持有希腊债券的 40%，西班牙债券的 20%，如果两个国家破产，欧洲央行可能会有数十亿欧元的损失。

美联储也不例外。现在美联储拥有约 1 万亿美元的美国债券，如果美国利率提升 1%，市场间的损失就会达到 500 亿美元。如果利率超出了美联储的控制范围，将会给央行留下巨大的财政亏空。

现在很多在经济领域活跃的企业和个人都对金融系统及操作方法的可信度产生了质疑。从以上证据看，他们的怀疑并不是没有道理的。

在 2010 年 11 月的第一周，也就是欧盟公布压力测试结果 4 个月后，欧洲央行再次购买了大量欧元区（主要是爱尔兰）政府债券。爱尔兰政府准备用这些钱救助本该破产的安格鲁—爱尔兰银行。

不过，现在欧洲央行购买债券的行为正在被德国央行行长韦伯（Axel

[①] 不仅是那些所谓的交易账户中根据市场计算的价值。

Weber）的反对所限制。这对纳税人来说是个利好。韦伯担心欧洲央行的救火战术会对财政产生负面影响①。爱尔兰不是需要银行救助的唯一国家。2010 年 11 月 5 日，德国之声（DW-TW）就曾报道欧洲各银行总共欠了欧洲央行 8090 亿欧元（约合 1.53 万亿美元）的债务。

不管欧洲银行监管委员会对 2010 年 7 月压力测试的结果如何解释，欧洲在 11 月还是需要超过 1 万亿欧元（约合 1.4 万亿美元）进行资本重构。这解释了为什么《巴塞尔协定 Ⅲ》会被一拖再拖，从 2014 年推到 2015 年再拖到 2018 年。

所以说，现在每个国家、每个金融机构、每个国家金融系统甚至整个国际金融秩序都需要一场真正的、透明的压力测试。这场测试不应该在发布前受到政治的干扰。如果国际化真实存在的话，透明的金融信息应该可以反映统一的国际金融标准。所以，压力测试不仅应该停留在金融层面，还应该包括：

（1）工业中的政府存在；

（2）银行的"生前遗嘱"；

（3）大型银行救助机制（Too-Big-to-Fail Rules）；

（4）风险管控指导；

（5）国际集团的持续监管；

（6）对破坏经济道德行为的惩罚。

在压力条件下，我们必须意识到银行的监管和金融报告必须有自己的独立性。这意味着，在压力市场上不能绝对信任市场信息以及纪律。即便透明的市场中，监管者也应当减少对市场的干预，市场参与者也应当多要求对方规范自身的行为。

所以请允许笔者将观点总结一下。成功的市场监管以及金融纪律离不开单一的监管标准、透明度、道德体系以及影响因子的强度。这四方面必须要协同行动，共同改善金融系统的总体质量。

---

① 资料来源：《金融时报》，2010 年 11 月 10 日版。

第十三章　2014 年的国际系统风险

第一节　不仅是经济，民主现在已经走到了十字路口

罗马参议员卡托（Cato）曾经说过："我们不该感激独裁。"但他没有说出独裁的威力是巨大的，甚至是不可抗拒的。在罗马长老院解体后，罗马迅速结束了共和国时代。为什么民主的力量会逐渐下降呢？原因恐怕在于，民主在那时变得越来越被动，不能很好地收集民意，对游离于民主结构之外的人视而不见。马勒（Nelson Mohler）博士在和笔者闲谈时，谈到了罗马，他认为，美国现在就在走罗马的老路。

在金融危机之后，美国和美国民众已经走到了十字路口，国家究竟能不能维持自由经济的模式？还是说美国因为债务问题转变成社会民主的体制呢？现在，未来还不明确，但是三四年之后，时间会给我们一个充分的答案，因为那时候经济很有可能会二次触底。

美国和西方民主国家的经济救助方式已经充分展现了西方社会领导力短缺的问题。在现行制度下，"2+2"往往不能达到应当达到的 4 的效果，往往效果可能只有 3 点多。西方社会的救助方案不仅缩手缩脚，而且还想通过债务解决经济问题。西方社会现在正走向一个死胡同，正如叶利钦时期俄罗斯总理切尔诺梅尔津（Victor Chernomyrdin）所说的："不论我们想建立什么组织，结果都还是变成了

共产党的组织结构。"[1]

我们已经在第十二章深入探讨了欧洲和美国的国家超级市场政策，我们认为这部分政策非常像穿上了西方民主外衣的苏联共产党的行为。然而，国家超级市场和苏共还是有区别的，苏共垮台，国家经济一片混乱的时候，银行系统还在正常运转[2]。俄罗斯国家经济虽处在弱势，但还没有大量的欠债。虽然政府军费开支很高，但总体政府开销还是很低的，经济也没有受到杠杆化的影响[3]。可西方就不同了，西方社会深受债务的影响，每个人还都在进行超额的开销。所以说，现在是一个债务时代并不过分，在这样的时代里，个人的积极性和改造社会的能力将大大缩小，不过这样的时期并不会永远持续下去。

历史将证明，21 世纪初经济和财政管理体制从根本上就是错误的。虽然表面上经济政策可以复杂到能欺骗很多经济学家以及分析师，但从根本上说，西方央行的政策基础还离不开债务，这样，经济每一个部分都将遭受非常大的影响。因此，债务的累加会越来越多，国家政府也就不能实现持续性发展国家的目标。

现在很多政府普遍都犯下了借贷这个错误，但错误的大小各不相同。错误最小的是德国，错误最大的是日本、英国、美国。根据意大利银行家拉各斯塔（Marco Ragosta）的说法，现在很多国家的经济都乘上了时速 300 码的法拉利跑车，但开到了断头路的各个国家只有两个选择：第一，西方经济可以实打实地撞上水泥墙。这样的结果可能会引发非常糟糕的结果。水泥墙通常意味着债务违约，这种违约正是大量增长的公共债务、福利待遇等带来的。如果车祸真的发生了的话，美国、英国、法国失去 AAA 的信用评级是迟早的事。第二，即便华盛顿、伦敦和巴黎决定采取更严格的紧缩政策（事实上并没有发生，见下文），美联储、英格兰银行和欧洲央行还是要花上好几年的时间控制流通量，增加利率。这是真实存在的风险，需要被好好监管。

而如果国家政府想实现软着陆的话，则应该对自身的财政政策尽快进行修正。由于 2007~2011 年经济危机的持续，西方政策的财政状况迅速恶化，在某些

---

① 资料来源：《经济学人》，2010 年 11 月 6 日版。
② 俄罗斯银行危机发生在苏联解体之后（1998 年），当时的俄罗斯总统是叶利钦（Yeltsin）。
③ 俄罗斯在东欧的卫星国也或多或少地执行者同样的低公共债务政策。

国家（如爱尔兰、葡萄牙、希腊等），经济体长期稳定性以及复苏动力甚至受到了影响。而在这样的经济环境中，增长的只有不断增加的公共支出。考虑到危机可能长期持续，这些国家必须要进行有决断性的财政改革。可是，经济危机已经从根本上改变了这些国家的经济生态，所以改革并不容易。比如，现行的财政体制并不能防止财政管理的意外状况，经济危机正式曝光了这些经济结构上的问题，增加了改革的必要性。现在，国家政府必须要设法控制政府债务，执行严格的财政政策，结束财政对经济无限制的支持。

此外，政府必须要加强对风险的监管，尤其是增强对企业和家庭债务层面的监督，因为这场危机的很大一部分问题都处在这两个层面。讽刺的是，现在国家、银行、家庭即是借方，它们正陷入财富再分配的无限循环之中。

所以，如果国家超级市场制度的福利不减少，国家的债务问题没有解决，收入和支出的再分配问题没有解决，民主制度就存在着很大的隐患。由于这一代选民选票的问题，国家政府很有可能倒台，或者陷入独裁之中。

西班牙/神圣罗马帝国国王查理五世/一世（1500~1558）的老师奇华世（Guillaume de Chievres）曾在他12岁起就开始带他看外交和军事方面的报告，学习治国理政的方法。所以查理国王在还是小王子的时候就已经有政治的洞察力和理解力了。

面对其他人对这种教育方式的批评，奇华世说："我是查理小时候的老师而已，我需要让他有独立自由的想法，如果他那时候还不知道治国理政的方法，就不得不再找一个老师，这样他就很有可能成为不会独立思考的人。"[1]事实的确如此，当每个有投票权的人都能够有自己清晰独立的想法的时候，民主才能发挥最大的效力。如果民主被电视上所谓的"民意"裹挟的话，这种民主制度很可能产生反作用。现在总统的战争宣传要耗费50亿美元，但当选的总统却把人民的权益当作儿戏。这可能和我们缺乏奇华世那样的教育方法有很大的关系。

---

[1] 资料来源：Jean-Pierre Soisson, Charles Quint, Grasset, Paris, 2000.

第二节　没人知道维持国际金融稳定性的方法

金融大鳄索罗斯曾说过，世界经济已经进入了危机的第二阶段，尤其是对于欧盟来说，问题和麻烦还将持续增加[①]。相反，伯南克则认为，他领导的量化宽松、零利率等政策正在使国家走上正轨。在2010年9月的一次演讲中，奥巴马也支持了伯南克的观点。很多观察家都认为，伯南克和奥巴马仅仅是理论上的巨人，真正道破天机的则恰恰是索罗斯。

现在经济学家在如何克服危机上正进行热烈的讨论，但很少有人能说明白究竟经济该如何走向正轨。根据官方的一些统计，美国经济已经在2009年7月走出了衰退。但事实的真相远没有这么简单。现在经济的结构性问题还没有解决，失业率还维持在高位，工业生产的过剩问题还普遍存在，西方国家的新贫穷问题（见本书第二章）还没有解决，经济增长的速度还非常非常的慢。现在2010年临近年末，可是欧元区的产能还有13%的过剩，日本的比率也差不多，而美国的制造业也陷入了相似的困境，美国2009年7月的制造业产值比上年同期低了15%。相比而言，中国和印度的生产值则实现了缓慢的增长。中国2010年8月的产值比2008年初增加了约1/3，这和西方社会形成了鲜明的对比。

对于西方政府来说，现在风险十分复杂。好的一面是，央行、监管者以及国家政府还没有处在混乱状态，系统的风险被渐渐地分散。坏的一面是，现在经济还面临着很多压力，这具体体现在：

（1）高波动性；

（2）低资产价值；

（3）经常账户的亏损；

（4）债务问题的长期持续性。

---

① 资料来源：彭博新闻社，2010年6月10日。

不仅如此，现在西方还面临着发展中国家货币摩擦的压力。IMF 在 2010 年 10 月 11 日的会议就没能对各国量化宽松等贬值货币措施的协调达成一致，甚至反倒加重了货币市场的紧张气氛。

事实上，参与 IMF 会议的国家自己也是自顾不暇，根本没有闲心和能力去考虑国际市场的统一协定。在经济危机的背景下，家家现在都有本难念的经，所以，达成国际统一经济政策的可能性微乎其微，在货币层面也是如此。

此外，基本每个国家的领导层都面临了或大或小的信任危机。现在的欧债危机已经证明了不同经济体面对的风险的持续性可能会超过预期。意大利银行行长、金融稳定协会主席德拉吉（Mario Draghi）撰文说："市场已经不需要复杂不透明的工具了。"① 事实上，很多央行首脑已经开始担忧国家政府会在以下方面对国际经济产生干扰：

（1）美国超额的外部债券以及财政赤字；

（2）欧元区外围国家的财政问题；

（3）缺乏监管的国家大型银行；

（4）部分央行宽松货币政策可能催生的下一个大泡沫。

虽然被央行用新印货币所救助，但大银行们并没有加快放贷的脚步，美国家庭的资产价值已经减少了 1.5 万亿美元。此外，欧洲的养老金问题也很大，它们在融资方面出现了很大的问题。

现在，无论是公共还是私营养老金都面临着资金的问题。由于社保制度在西方国家的濒临破产，公共养老金现在可能面临入不敷出的窘境。私人养老金不仅受到母公司财政状况的牵连，同时也受到零利率的影响。所以，要想填补这部分亏空，需要很大的投入。如果养老金只是简单削减收益的话，养老金持有人将会出现退出的情况，可能会造成更多的亏空。

由于利率很低，补充资本在市场上变得非常困难。如果想靠加印货币解决问题的话，很有可能带来新的问题，钱因为稀缺才变得有价值（所以，黄金标准一直是前几个世纪的核心货币标准）。威格林第 270 号投资评论显示，主权国家、

① 资料来源：《金融时报》，2010 年 9 月 17 日版。

央行、投资者和市场内部有两种相反的言论[1]。第一种言论认为，现在市场上的救市措施可以在银行破产前给予银行足够的帮助，从而防止银行破产状况的出现。第二种言论则质疑了西方央行的救市举动，这种观点认为央行只不过是在使问题越来越大，最终会威胁整个市场的健康发展。

这两点声音代表了西方政府、央行、监管者、经济学家、分析师、投资者以及公众的不同态度，也代表了现在西方社会的两难抉择。现在，货币政策的制定者比较倾向于前一个观点。但是，越来越多的专家认为前一种观点是有问题的，会对现金流和银行本身产生消极的影响（见下文）。

此外，经济和银行业危机已经证明，为了保持金融稳定，建立国际范围的系统风险防范机制必不可少。这种机制不仅涉及大银行系统，还包括快速萧条的金融创新机制。现在，新型的金融工具还没有被研究透彻，在很多情况下会引起银行和政府的利益冲突。

另外，国家对银行的态度不仅是导致危机的元凶之一，也加大了国际协同监管的难度。德拉吉在《金融时报》上说："这场危机的重要一点就是要建立系统级别的防范机制。"德拉吉的话确实所言非虚，现在需要的不是 G20 会议中纸面上的"协同合作"，现在国际必须联手应对：

（1）流通性风险；

（2）信用风险；

（3）市场风险；

（4）事件风险。

这些风险的成功解决必定离不开遏制投机行为、处罚投机官员及炒家、断绝官商勾结、维持金融机构独立性、停止大额印钞行为。可是，这些做法在一个国家都很难顺利开展，更何况在国际上开展呢？

何况，各国政府哪怕走向危机深渊，也不会允许一个强有力的国际监管者的出现。美国证券交易总检查委员会的 477 页报告表明，金融监管的示威正是造成麦道夫问题的原因。美国证交会早在 1992 年就注意到了麦道夫基金，但却没有

---

[1] 资料来源：Wegelin & Co., St Gallen, Switzerland, Investment Commentary No. 270.

采取任何行动，任凭它发展成为 650 美元的骗局。美国证交会尚且如此，一个国际金融管理者能管理好整个地球的大局吗？

所以，想让国际社会发出同样的声音难度不亚于上青天。欧盟外长阿什顿（Cathy Ashton）曾经和希拉里·克林顿开过这样的玩笑。她说，欧盟的外交事务只有一部统一的热线。但是如果美国国务卿打电话过去，就会发现里面的提示音是这样的："咨询法国外交事务请按 1，咨询英国外交事务请按 2……"对于成员国来说，国家利益永远至上，欧盟的总体利益只能排在第二名。

第三节　政府风险以及风险的传导效应

西方社会财富一直都是由探险家、殖民者、科学家、创业家等富有创新力的人一手缔造的。正是这些人的才干、胆识、汗水才构建了旧大陆以及新大陆的财富和繁荣。

但是，在最近 50 年内，财富被大量挥霍，资产逐渐被债务所替代，国家超级市场政策正使得国民的能动性不断降低，同时使得税率高企，债台高筑。由于大量官僚的存在，企业家们并没有在改善国家生活条件方面做出很大改善。

古希腊的特尔斐神庙里，有人写下了如何让思想转化成行动的方法。首先，人们要了解自己；其次，行事要"过犹不及、宁缺毋滥"。人们以前必须要为自己的生活添砖加瓦，不能总是期待政府解决一切的问题。现在呢，国家超级市场政策出台了，人们都想从市场里拿东西，却不想交钱，这使得这一制度走到了死胡同里面。

历史总是惊人的相似，在西方近代文明开端的 5 个世纪后，西方社会的价值观（歌德口中人的"内部宇宙"）陷入到了前所未有的威胁当中。由于利欲的驱使以及纪律的涣散，西方社会的价值观也受到了威胁。西方社会的男男女女都开始只为自己考虑了，他们都期待着别人而不是自己为自己负责。

现在，人们甚至连想都不想就要搭别人的便车，欧盟就是一个最好的例子。

由于缺乏足够的纪律，再加上受到左翼思潮的影响，整合欧元区成为一个统一经济实体的努力最终被经济和财政上的国家主义所打败了[1]。现在脚踏实地发展经济的国家已经不被当作救世主，反而被当作异类。

现在，已经几乎没人有勇气给大家点破思想上的问题。在 21 世纪初，欧盟，尤其是欧元区各国政府都在想方设法欺骗自己和自己的国民。对于这些共享货币的国家来说，自我欺骗的行为早在 1990 年末就开始了。随着《稳定与增长协定》条款（《马斯里赫特条约》升级版）的削减，欧元区政府已经在事实上把《稳定与增长协定》变成了一张废纸，里面的条款没有被成员国好好执行，由于监管的缺乏，各国都对《稳定与增长协定》视而不见，直到希腊危机的爆发政府才意识到事情的严重性。

仿佛顷刻间，欧元区开始关注起希腊破产可能带来的风险了。在犹豫了很久后，欧元区决定给希腊贷款。但爱尔兰、葡萄牙、西班牙也步了希腊的后尘，也从欧元区手中获得了总计 4400 亿欧元（约合 6160 亿美元）的稳定基金。

现在没有人能确定稳定基金是不是应对危机的最好办法，也不确定这部分钱能否真正稳定经济。2010 年 9 月 29 日，德国总理默克尔批评了这部分旨在帮助债务问题国家的救助基金："我们届时需要其他机制来应对危机。"她的话给德国"不会在 2013 年之后继续支持基金"的决定做出了合理的解释。届时，欧元区的规则可能会面临巨大的改变。[2]

默克尔的一番表态表明，《里斯本条约》和夭折的欧盟宪法、马斯里赫特、阿姆斯特丹、尼斯条约一样，已经不能限制住成员国的个人行为了。现在必须要对系统进行一系列的改革以使债务国家平安着陆。然而，欧盟委员会却持不同观点。委员会认为，规则的改变必须要基于现行规章，然而现行的规章很多只是纸老虎，比如：

（1）对成员国财政加强监管；

（2）注意财政平衡情况；

① 资料来源：D. N. Chorafas, Globalization's Limits: Conflicting National Interests in Trade and Finance, Gower, London, 2009.

② 资料来源：《金融时报》，2010 年 9 月 30 日版。

（3）增加警告和制裁系统的半自动性（虽然我也不知道半自动性是什么意思）。

先不用说《稳定与增长条约》没有实现加强监管的目标，现在欧盟"成员国财政加强监管"的具体实施细则肯定还远远不够。现在欧元区和欧盟都需要一个可执行的解决机制，这个机制需要私人借贷方和成员国共同承担某一国家债务重构的成本。

退出机制是预防政府风险最好的药物，现在我们也在逐渐建立这一类机制。此外，为了监督财政纪律，像欧盟这样的地区经济实体需要跨国境的权威机构来保证跨国境的金融稳定性，并防止各种"如果"、"但是"等反对的声音。

这种机构的建立十分重要，因为如果不对政策加以控制，对主权债务的担忧就会像野火一样在全世界蔓延开来，即便是好的政策也会产生事与愿违的后果。我们可以看到，美国在2008年末和2009年初的减税以及支出计划获得一片好评，但仅仅一年之后，超高的赤字以及债务问题就引发了很多讨伐之声，这使很多政府并不愿意增税或削减开支。

现在，市场普遍担忧的是危机的传导效应。从拉美到亚洲，很多人士都在猜测危机的传染效果究竟能有多远。为了防止自己被危机套牢，很多机构和其他投资者都会把国家绑在一起看待，比如我们曾经把20世纪90年代末深陷亚洲金融危机的"亚洲四小龙"绑定在一起，21世纪初我们则绑定了巴西以及阿根廷。

最近绑定在一起的是欧元区的地中海俱乐部以及爱尔兰。现在很多银行都持有爱尔兰的贷款。劳埃德银行（Lloyds）就持有了270亿英镑（约合430亿美元）的贷款[①]。这解释了为什么欧元区以及英国政府一直想要借钱的原因了。但是，它们忽视了地中海俱乐部和爱尔兰的情形并不一样。爱尔兰的错误在于，为私营银行提供了大笔救助，而地中海俱乐部的错误则在于公共支出领域。由于政府的软弱，公民往往过分开销。

第一点和第二点的区别也是在意料之中的。现在，欧盟不仅没有成为一个统一的经济体，而且成员国还普遍缺少应有的财政和经济纪律。现在欧盟已经不再是人们口中的世界最大经济体，而是27个各怀鬼胎的成员的乌合聚集。现在，

[①] 资料来源：《金融时报》，2010年11月24日版。

支出赤字已经给经济活动和公共财政带来了巨大的阻碍，它使得公民的商业信心降低而不是提升。

现在，欧盟应该认真考虑默克尔的提议，采取债务刹车以及惩罚方案。但是，这项政策必将受到部分成员国的反对。第一个反对的就是意大利，2011 年 2 月 11 日，希腊也宣布反对这一政策。无须解释，没有"刹车系统"的协定就像一辆不能制动的火车，必将面临脱轨或者撞车。

所以，我们已经能从以上段落看出各国政治决定的不良后果，这种后果包括欧元区新设立的应对此次危机的组织"欧洲稳定机制"（ESM）的悲观预期（和现在的救助方案不同，从 2013 年 7 月开始，欧洲稳定机制将会区分"流通性"以及"可解决性"，从而提高救助的效率）。

即便未来不可预期，我们猜测，欧洲稳定机制还是会紧跟 IMF 的步伐，通过贷款这种常见的方式增加流通性。政府还会依据国际法则来鼓励私营领域（在 IMF 规则允许范围内）继续进行借贷。此外，虽然集体行动条款（Collective Action Clauses）的名字很奇怪，但如果这一条款被标准化，将可以保护市场的流通性。

现在，欧洲稳定机制执行程度还不得而知，而这正是欧元区首脑在 2011 年 3 月的会议中重点讨论的议题。不过，我们多多少少知道的是，欧洲稳定机制将会基于欧洲金融稳定基金（EFSF）以及欧洲金融稳定机制（EFSM）[1]。机制所能担保的体量现在探讨余地还很大，预计最后会视欧元区的政客想保护欧元的决心的大小而决定。

很有可能德国最后还是会增加对欧元区救助基金的财政支持，用自己的慷慨换取其他国家对这一计划的支持。德国的这种想法可以理解。不过人们不能理解的是，为什么欧盟会在希腊、西班牙、意大利很有可能退出欧元区的当口再接纳爱沙尼亚进入欧元区，要知道，现在欧元区的财政纪律普遍不佳，而富裕国家能给予危机国家的帮助实际上并不多。

---

[1] 这正是发行证券的机构。在作者撰写此书之时，五年期证券的名义利率是 2.75%，证券已经低于了票面价值，只有票面价值的 99.3%。

现在，救助危机国家的基金池已经十分空虚，德国的救助意愿在国内面对重重阻力。现在柏林比较趋向于在有关国家建立债务紧缩重建计划后再进行救助，而这一决定很有可能在 2014 年左右生效①。

所以，对于债务国家来说，违约的风险还是存在的。只要这种风险继续存在，对希腊、爱尔兰等国的救助计划就不能停止，即便这样的计划在名义上会根据各国紧缩政策的执行情况进行修改。相比之下，其他外围国家则会在部分债务中违约，使得主权债务危机传导到银行，造成新一波的危机。

如果新一波的危机真的到来了，那么德国、英国、法国、美国政府也将受到牵连，继续用公共财政对银行进行再资本化。这样的话，经济领域可能会有新一轮的地震。国际秩序的失衡可能进一步加深，欧盟内部很有可能分化甚至分裂，贸易保护主义将会进一步抬头，货币和贸易战争将不可避免。

虽然首脑峰会一个接一个地召开，但有关国家并没有达成任何行之有效应对危机的方法。相反，这些峰会反而使经济进一步失衡。我们知道，世界经济最终会恢复的，但这次危机之后的恢复速率可能会非常慢，国际合作的意愿也会大大降低，这样的话，新一轮的经济危机很有可能接踵而至。

第四节　欧洲银行、美国银行以及长期融资战争

这场危机中，很多人都会问一个问题，那就是西方银行系统究竟能不能恢复应有的经济功能。我们可以看到，即便政府斥巨资救助银行，银行还是在危机中徘徊。现在国家政府以及大型银行的过度杠杆化已经在促成下一个泡沫的形成。事实上，这场危机的一切条件都已经具备了。

美国和欧洲在 2007~2008 年银行业危机以来重建银行业的失败可能会产生灾难性的后果。有人曾说欧元区的银行危机是可控的，只需要 1.3 万亿欧元（约合

---

① 详见下文关于"银行偿还债务难度"以及"国家政府债务再融资难度"的表述。

1.82 万亿美元）的财政支持就可以控制，而且三至四年内这些债务就可以还清。但现在看，这个说法完全错误，认为危机"可控"的人忽略了危机的以下几个特征：

（1）所有欧美大型银行都在面临长期债务融资的竞争；

（2）国家和企业债券可能会在市场上增加发行债券的行为；

（3）欧元区银行获得的投资性融资不及预期，仍然依靠欧洲央行的帮助；

（4）欧洲央行在不能确定抵押的情况下，仍然给银行提供了 8090 亿欧元（约合 1.13 万亿美元）的贷款。

很多非官方数据表明，很多银行甚至会编造"特殊证券"以尽可能多地从欧洲央行那里捞钱。美联储和欧盟救助垃圾银行的政策已经被证明是最糟糕的救助政策之一（垃圾银行可能有点夸张，但确实可以用来形容政府救助大银行的政策是多么欠考虑）。

2010 年 10 月 31 日，欧洲央行再次给爱尔兰银行提供了新一轮贷款。至此，欧洲央行对爱尔兰的贷款在 1 个月内上涨了 9.2%，从 9 月 30 日的 1190 亿欧元迅速上升到了 1300 亿欧元（约合 1820 亿美元）。爱尔兰政府已经注资 500 亿美元，防止银行的直接破产。

除国家政府以及央行的巨额救助之外，美国、英国、欧元区的大银行还得向资本市场寻求大量资金以填补贸易投机行为（用贷款给消费者发放贷款）的后果。2010 年 11 月中旬，爱尔兰银行宣布该银行的贷款/存款率已经达到了 160%。这样的借贷计划可能产生两种后果：第一，它会加重西方银行的债务问题（后文会具体讨论）；第二，如此高的比例将会影响紧缩支出计划的实施。

从数据中，我们能看到一个很有趣的现象。在对比最近 12 年的数据后，我们发现，自 2005~2006 年以来，西方银行的贷款/存款率普遍超过了 100%。到了 2008 年，银行的存款赤字已经达到了近 2 万亿美元。相比之下，新兴市场银行的存款则普遍大于贷款，这种存款/贷款顺差在 2009 年达到了 2 万亿美元。

在比较了以上两个"2 万亿美元"之后，我们也不能说新兴市场 2 万亿美元的存款/贷款顺差会抵消西方世界 2 万亿美元的存款/贷款逆差。之所以说这样的想法不现实，是因为这种顺逆差实际上增大了西方大型银行跨银行贷款所产生的债务，这些债务：

（1）使得西方银行市场更加脆弱；

（2）使得西方政府继续用纳税人的钱去拯救表现不良的银行；

（3）增加银行的赤字，使银行不堪重负。

经济学家以及很多金融分析师也开始对银行即将到期的债务表示了自己的担忧。现在，由于对银行偿还能力的担忧，很多投资者宁愿购买制造商的债券也不愿购买银行的债券，如果私人投资减少，公共财政也入不敷出的话，银行的问题真不可谓不严重了。

所以，从第一次大萧条开始形成的银行业和社会的关系正在逐渐改变。在20世纪30年代早期，银行和政府都很支持储蓄保险，不过渐渐地，银行开始染上了"借贷"的毒。这使得它们可以放宽利率借贷，银行业缓冲的余地随之更小，银行证券的资本和流通性则大大增加，和实体经济渐行渐远①。

银行再融资的巨大需求毫无疑问地会增加政府的债券数量。公共支出将会大幅攀升。此外，我们在下文中看到，在最近几年，大量的政府债券会到期，政府的再融资难度会进一步加大，很有可能要进行新一轮的贷款。

德意志银行的《金融稳定性述评》②表明："在市场情绪不佳的情况下，来自政府层面的竞争会迅速伤害到银行，造成证券市场流通性的短缺。"市场可能不愿无休止地资助国家政府以及管理不善银行的再融资计划。

因此，毫不意外的是，国家政府、监管者、投资者会对欧洲银行的救助计划持普遍长期的观望态度。这些人认为，政府会不会一直继续救助政策这点是存疑的。如果现在的经济状况没有改变，市场的恐慌情绪可能会进一步加重。

西方政府想要继续做私有银行破产的接盘人，但是，由于要削减公共赤字，政府发现手中可用的钱越来越少，它们已经无力应对银行业不确定性的增加以及债务、利率的高企。

---

① 相对与国家经济的体量来说，英国的银行的规模是 1970 年时的十倍左右。

② 资料来源：Deutsche Bundesbank, Financial Stability Review, Frankfurt, November 2010.

实际上，国家政府的利率成本也在节节攀升。2010 年 11 月 23 日，西班牙政府为了发行 32.6 亿欧元（约合 45.6 亿美元）的 3 个月债券以及 6 个月债券就不得不支付了高额的利息。这种短期的借贷实际上助长了长期的危机。事实上，西班牙支付的利息几乎已经达到了之前的 2 倍左右。

不论银行和国家政府是出于什么目的进行的贷款，这一部分贷款是必须要还的。但是，没有人能够说明白这部分钱该怎么还。现在，需要稳定现金的银行可不止一两家，当银行债务到期的时候，欧元区的银行大概需要偿还：

（1）8500 亿美元（2010 年）；

（2）7500 亿美元（2011 年）[1]，再加上债务延期的利息；

（3）7000 亿美元（2011 年），再加上债务延期的利息；

（4）8000 亿美元（2013 年、2014 年），再加上前三年债务延期的利息[2]。

即便先不算债务延期的利息，欧元区银行也还是要还约 3.1 万亿美元的债务[3]。如果算上债务延期的利息的话，欧洲主要银行将会面临一个前所未有的债务危机。

与欧元区的债务问题相比，美国的状况要稍好一些，美国银行要在 2010 年偿还 3000 亿美元的债务，要在 2011~2012 年每年偿还 3500 亿美元，在 2013~2014 年每年偿还 2000 亿美元。这些加起来也要有 1.4 万亿美元了，如果算上延期债务的利息[4]，我们已经可以隐约感受到悬在美国人民头上的达摩克利斯之剑。

英国银行债务赤字额则要小一些，2010 年是 1200 亿美元，2011~2012 年每年是 2000 亿美元，2013~2014 年每年是 1000 亿美元，所以这几年英国的债务加起来在 7000 亿美元左右，虽然数量不大，但英国人的人均负担要比美国重很多。

所以，英、美、欧的银行赤字加起来是 5.2 万亿美元，这个数字还不包括被衍生品掩盖的数据，如果算上这部分隐形数据，西方的债务问题可能会更加严重

---

① 在今年和未来几年内，这一指标对于其他大银行来说也是如此。（资料来源：《经济学人》，2010 年 7 月 31 日版。）由于这些数字很大，所以我们只取了两位有效数字。

② 下一节会讨论国家政府偿还到期债务的难度。

③ 政府以及央行借贷约占其中的 1/3，其他银行和发展中国家的政府财富基金借贷约占其余的 2/3。

④ 债务延期偿还的风险绝不是空穴来风。银行业将会出现很多到期债务，即便他们能够对债务进行再融资的话，他们也还是要面对新的债务道济之后产生的种种问题。

（但是，隐形数据的量级究竟有多大还不得而知）。如果市场的悲观态度持续的话，很有可能会迎来第二波下挫，这样的话，贷方就会收紧贷款发放，市场很有可能在 2014 年前陷入第二次大萧条。即便市场因为缓慢的增长转向乐观，增长率也不足以抵消掉银行业的巨额债务，第二次大萧条也很有可能在 2015 年或 2015 年后到来。

此外，市场上还存在着延期支付的危险。一个债务工具的成熟期越短，再融资频率就越大，投资者的不确定也就越高，他们甚至有上街游行的风险①。如果这一切发生的话，金融稳定性会越来越低，信用风险则越来越高。

第五节　穷国不再穷，富国不再富②

20 世纪 90 年代的繁荣时期随着股市的泡沫破裂而结束，2004~2007 年的疯狂年代则被更大的次贷泡沫所击溃。这两次危机都是从美国开始的，进而迅速传导到欧洲。接二连三的经济危机已经证明了国际化经济社会的动荡性以及世界经济中的种种问题。现在，银行系统亟须新的国际规则建构借贷纪律，加强系统内的监管。现在国际金融机构太大而且太复杂。大型国家也是如此，而且这些国家还受到领导力缺失的困扰。这样的话，西方国家很难建立真正合适的经济政策，世界经济的重心正在逐渐倒向新兴市场国家。

这种重心的转换速率超过预期，如果老牌工业国家没有切实改革经济和货币政策，这种趋势几乎没有办法得到逆转。事实上，影响老牌经济国家统治力的不仅仅是重构经济以及减少债务的失败。如果债务/GDP 比例真的是国家经济管理好坏的依据的话，那么：

（1）津巴布韦的管理最糟，达到了 304%；

---

① 爱尔兰在 2010 年 11 月的窘境可以证明这一点。
② 可参见第二章关于"富裕国家走向新贫困原因"的讨论。

（2）紧接着是日本，达到了 204%；

（3）冰岛是 146%；

（4）牙买加是 132%；

（5）意大利和希腊约是 130%；

（6）美国各级政府债务加起来约是 110%[①]；

（7）比利时是 108%；

（8）苏丹是 105%。

如果我们把外部债务/GEP 比率作为指标的话，最糟的经济体则是爱尔兰，接下来是英国。牙买加的债务/GDP 比例位列第 4，可是在这个指标中仅仅位列第 18，美国则位列第 19。[②] 这个评级其实也并不令人意外。

如果我们把经常账户赤字当作另一个指标的话，美国的经济则是最差的，其赤字已经超过了 3000 亿美元（IMF 2010 年末预计数字）[③]。紧随美国之后的是欧洲各国（德国除外），它们的赤字达到了 2000 亿美元。

相反，经常账户盈余的国家则来自世界的另一端。2010 年 IMF 预计亚洲（日本除外）的盈余为 800 亿美元，日本是 1000 亿美元，德国是 1200 亿美元，石油出口国是 1200 亿美元，中国则是 4500 亿美元。

这些数据表明，在经济纪律和生活水平方面，之前的"穷国"的处境已经比之前的"富国"要好了。即将到期债务/GDP 的比率则再次证明了这个观点，2010 年 10 月至 2011 年 12 月[④]：

（1）日本的比率最高，为 25%；

（2）意大利紧随其后，为 19%；

（3）美国位列第 3，为 18%；

（4）法国 15%；

（5）西班牙 12%；

---

① 数据援引自经济合作与发展组织（OECD），美国的数据援引自《经济学人》，2010 年 11 月 20 日版。
② 数据援引自经济合作与发展组织，美国的数据援引自《经济学人》，2010 年 11 月 20 日版。
③ 援引自彭博新闻社的研讨会。
④ 资料来源：《经济学人》，2010 年 10 月 16 日版。

（6）英国 8%。

这样的一个比率再次证明了西方经济的不利局面。它们的表现甚至不如牙买加这样的小型中等收入国家①。此外，西方世界家庭和银行业的杠杆化也在继续加重（见上文）。2010 年 11 月 15 日彭博新闻社的报道指出，现在西方的总杠杆率正处在上升态势之中，比如说，美国的房屋拥有者的杠杆率达到了 400%，银行业的杠杆率据说达到了 30（3000%）。

理论上和现实中，美国家庭的杠杆率确实在不断攀升。2010 年 11 月纽约联储的季报表明，很多家庭仍然在贷款压力下苦苦挣扎。现在，消费者的债务已经比最高点时减少了 9220 亿美元。这听起来确实是个好消息，但这样的减债也反映了违约和坏账，也就是不还账的风险②。要想知道这些数据对家庭、贷款发行方（银行）、政府意味着什么，读者就应该知道居民抵押物占到了美国消费者债务的 80%。因此，债务的减少意味着丧失赎取权（Foreclosure）的增加。所以，消费者应当变得更节俭，不能再依赖债务了。

虽然消费者债务的减少对市场是个利好，丧失赎取权确是利好中的不良信号。丧失赎取权对于银行来说，很有可能造成胸口的一记重击。有关数据表明，2007~2010 年末这段时间，丧失赎取权的数量等级：

（1）在美国为 8800 亿美元；

（2）在欧元区为 6200 亿美元；

（3）在英国为 4300 亿美元；

（4）在亚洲仅仅为 1200 亿美元。

然而，危险的可不止丧失赎取权一项。我们到现在还不知道衍生品中究竟掩盖了多少国家政府、地方政府、公司、对冲基金、养老基金、保险公司、其他投资者的债务。奥巴马政府取消逐日盯市（Marking-to-market）的举动就表明③，衍生品绝不是一场零和游戏。

---

① 有消息指出，美国联邦政府的总杠杆率已经达到了 7800%（资料来源：《彭博财经新闻》，2010 年 11 月 15 日版。）这个数字简直太可怕了！我希望是我对这个数据的解读出现了失误，因此我决定把这个数据放在注释里面。

② 资料来源：Bank of America Merrill Lynch, US Economics Top Ten, November 12, 2010.

③ 美国银行业的减记（write-down）以及银行账户中的垃圾已经呈爆炸式的增长了。

我们可以总结一下，西方国家的经济和社会处境现在并不好。更糟的是，国家公民对自己的生活水平仍然不满意。他们总想着索要更多，而这种索取使国家的债务越来越高。在发展中国家中，人民的态度就没有这么颐指气使。2009 年皮尤全球态度调查（Pew Global Attitude）数据显示，94%的印度人、87%的巴西人以及 85%的中国人认为他们对目前的生活基本满意。这种大范围的满意程度基本在西方是不可能存在的。西方公民如果没能获得预想中的福利，就会对社会产生不满，丝毫不考虑这样做可能会产生消极的后果。

这种态度上的差异在某些程度上造就了曾经的"富国"日渐衰微，曾经的穷国则逐渐崛起。新兴国家在国际舞台上的作用越来越显著，从购买力平价（PPP）来看，曾经的"第三世界"国家 PPP 已经从 1980 年的 36%上升到了近 50%。

我们应该注意到，美国经济在 19 世纪末 20 世纪初的增长是实体经济的增长，这些增长带来了真正的财富。而最近 30 年欧美日的增长则是由金融业等虚拟经济带来的，这些增长对真正财富的增加十分有限。

第六节　金融地震以及慢速撞车

罗马皇帝奥里留斯（Marcus Aurelius）曾经说过："请记住，快乐的人生需要的条件并不多。"罗马皇帝的一番话值得深思，在"二战"后，人们的双眼被不断上升的生活水平所蒙蔽，欧美公民（包括受过高等教育的公民）并没有意识到"虚拟经济"不真实的一面，也没有意识到，虚拟经济的根基其实并不牢靠。

现在，这些债务构成的虚拟金钱使得西方经济承受巨大的压力。一小部分经济学家认为，真正的金融海啸还没有到来，我们自 2007 年以来经历的只是大地震之前的小预兆。根据他们的判断，更大的危险还没有到来，很多经济上的问题还没有解决：5 年内到期的抵押贷款足足有 3 万亿美元①，另外 1.5 万亿美元杠杆

---

① 即便这一数字已经在 2011 年达到顶峰。

化财政债务也将在 2014 年达到顶峰。

整个世界中这样的事件并不陌生。欧美的政治、经济、社会历史已经经历过很多次金融地震，其中就包括 1920~1930 年的第一次大萧条。但正如杜鲁门政府时期国务卿阿奇松（Dean Acheson）所说的那样，资本主义绝对挺不过第二次大萧条了。

由于美国到期居住和商业房地产贷款以及杠杆化财政贷款最多，因此美国可能是首当其冲的国家。前共和党参议员以及赤字紧缩联合提案人多米尼奇（Pete Dominici）曾经说过，高企的公共赤字可能"让美国进入经济大萧条的状态"[1]。

美国如此，其他欧洲国家的日子也不会好过。我们在这本书中跟读者反复说过，西方政府的债务已经逼近了 GDP 的总和，这对西方来说绝对是个坏消息。

祸不单行的是，西方政府的净资产一直在减少，这使得国家财政平衡雪上加霜。流动资本（未来 3 个月内成熟的资本）正在枯竭，中期以及长期的资本价值也在逐渐缩水。对于政府如此，对于企业来讲亦然。现在，很多银行仍在用短期借来的钱发放长期贷款，在繁荣时期，这种做法还无可厚非，但是在危机时期，这样做无疑标高了自身的价值，对经济毫无好处。

比如说，葡萄牙的桑坦德托塔银行（Santander Totto）的贷款/存款比已经达到了 230%，葡萄牙圣灵银行（Banco Espirito Santo）则达到了 171%[2]。虽然比率已经这么高，但圣灵银行竟然还是对惠誉下调自己的信用等级表达了极度的不满（见本书第十章）。

此外，银行的财报本身就是存在疑问的。不管这种"创新会计手段"的始作俑者是银行还是政府，这种欺骗很有可能造成一场"金融地震"。这场金融地震正是源于 2007~2011 年的经济危机。西方政府一味地将债务比率提高到战时的最大层级，银行知道它们有很多问题，比如说再融资，政府也对未来持担忧态度。

自 2008 年以来，借贷的难度随着利率的减少而不断减小。但从经济学角度来说，接近 0% 的利率是不可能永远持续下去的。因此，2013~2015 年，或者说在 2014 年，零利率的泡沫很有可能破裂。

---

① 资料来源：《经济学人》，2010 年 11 月 20 日版。
② 资料来源：《金融时报》，2010 年 11 月 24 日版。

经济学家普遍担忧这种局势不会产生任何结果。他们指出，由于公共债务的持续增加，利率的上涨会使得财政的压力迅速增加，导致数十亿美元、欧元、英镑的欠债。这会使得公共财政和国家利率陷入到恶性循环之中。在 10 年前的 2000 年，美国需要支付的利息只占到 GDP 的 1.9%，如果这种情况持续的话，美国 2035 年需要支付的利息则达到了 8.7%[①]，也就是说 35 年内足足增长了 460%。

银行业之间的相互联系则可能增加这场危机的蔓延程度。美国、欧洲、日本的保险商是主要的机构投资者。人寿公司会占到市场净值的 10%~14%，会占到优秀证券的 8%~17%[②]。

美国人寿业则以很低的利率持有 17% 的优秀证券。如果人寿的证券开始通胀，公司开始破产，这对于人寿业会有非常可怕的影响。

此外，新型金融工具也对人寿业有着深刻的影响。现在，交易所交易基金（ETF）的市值已经达到 8000 亿美元（有人说是 1.2 万亿美元），大部分的交易所交易基金被私有公司持有，10% 则无人持有（有人说这一数字是 30%），如果新一轮经济危机爆发，将会对以下层面造成什么样的影响呢：

（1）EFT 的生存；

（2）投资者的信心；

（3）EFT 的市场。

这些问题对政府违约同样适用。市场对政府敷衍的整顿政策并不买账。它们想要的是决断力和政策的具体细节。比如说，要求欠债 4000 亿欧元（约合 5600 亿美元）的爱尔兰给欠款 3000 亿欧元（约 4200 亿美元）的希腊贷款就很不现实，反过来要求满是财政问题的希腊给爱尔兰贷款更是天方夜谭。

对于其他欧元区成员国来说也是如此。《金融时报》的一篇文章指出："公投中 53% 的法国人认为政府不能在 10 年内完成经济上的既定目标，只有 27% 的法国人认为能。"[③] 纽约大学的鲁比尼也评论道："在某些方面，法国做的不比欧元

---

① 资料来源：《经济学人》，2010 年 11 月 20 日版。

② 资料来源：Swiss Re，Sigma，No. 3，2010.

③ 美国人的担忧也不比法国人少多少，有 46% 的受访者认为能完成目标，33% 的受访者认为政府不能完成相关目标。（资料来源：《金融时报》，2010 年 5 月 17 日版。）

区外围国家好到哪里去。"①

鲁比尼的想法是正确的。2010 年 11 月 24 日,法国的参议员"法国委员会"批准了 9.3 亿欧元的紧急拨款,以支付国防部、内政部、教育部、财政部等 8 个政府部门员工的工资(这样的话,政府的融资赤字就达到了 13.9 亿美元,其中 9.3 亿美元将被用来支付工资)。与此同时,委员会也在质疑政府没有做出有效努力来控制公务员领域的工资支出。②

正如以上信息表明的那样,受到政府债务的影响,经济和金融危机现在已经变成了一场"信心危机",现在西方社会面对危机捉襟见肘的一大原因是可用的模型太少了。现在的模式模型已经不适新常态的经济了。

批评者认为,过去 50 年的宏观经济策略作用近乎为零,甚至对经济产生了副作用。这个观点的一个理论依据是"有效市场理论"(EMT)。此外,经济国家主义也在抬头,国家政府经常依据这个主义出台相应政策,可并没有带来预想中的经济复苏。

现在政府首脑基本拿不出应对危机的有效解决方案,G20 峰会也没有达到预期的成果。这不禁使人想起这样一句话。当幕僚向柯立芝总统介绍民航的优点时,柯立芝总统说:"如果在你达到之后没有想好要说什么,飞得快有什么用呢?"③

---

① 《世界》,2010 年 11 月 11 日。

② www.info.dfr.fr/france/articles/des-credits-en-urgence-payer-fonctionnaires-endecem,访问于 2010 年 11 月 25 日。

③ 欧文和德比·昂格尔:《古根海姆家族》,哈珀柯林斯出版社,纽约,2005 年。

译后记

《主权债务危机——经济新常态与新型贫困》原书作者为迪米特里斯·肖拉法（Dimitris N.Chorafas），他是纽约科学学会的会员，是国际知名管理咨询大师，同时在美国天主教大学担任教职，其经济学著作在世界范围内具有较为广泛的影响力。有机会翻译此书，我深感荣幸的同时也倍感压力，故而夙兴夜寐，不敢怠慢，望能将作者的所思所想得以忠实呈现。

本书研究的核心是主权债务危机。迪米特里斯从经典债务理论出发，阐述举债、生产、贸易与偿债之间的内在联系，进一步阐释债务危机的生成机制，对于全面认识欧债危机具有重要的理论意义。2009年希腊危机拉开了欧洲主权债务危机的序幕，这意味着主权债务危机从发展中国家蔓延到了发达地区。这种情况的发生表明任何经济体对于系统性风险均是不可避免的，我们必须认真分析全球经济受到的影响和冲击，为化解危机的不利影响与恢复经济中长期平衡获取有益启示。

在"新常态"下，我国经济增速趋缓是不争的事实，随之而来的地方政府债务问题这几年也被各方所关注，其中2014年《国务院关于加强地方政府性债务管理的意见》（国发〔2014〕43号）就明确提出了地方政府债务管控的办法，并要求政府平台公司关闭或转型。2017年，财政部等六部委联合印发了《关于进一步规范地方政府举债融资行为的通知》（财预〔2017〕50号），最近财政部又印发《财政部关于坚决制止地方以政府购买服务名义违法违规融资的通知》（财预〔2017〕87号），对地方政府的举债行为进行了严格规定，尤其对政府与社会资本方合作行为提出了明确要求，严防假PPP和兜底型政府投资基金等。政府债务问题的出现是我国经济增速放缓过程中必然出现的问题，是符合经济规律的。本书通过透视欧债危机与以往危机的共性之处，探究主权债务危机的成因与实质，这对于完善中国现有的债务理论，以及检验现有理论的适用性具有重要的指导价值，同时也为如何有效防范和化解金融风险，引导和稳定社会预期提供新的思路及视角。

事实上，根据 The Investment Clock 资产配置理论分析，经济数据短期的疲态也不应被过度解读。美林时钟将经济周期分为四个阶段，即衰退、复苏、过热和滞胀，经济在这四个象限中顺时针轮动，每个阶段都由经济增长趋势和通胀情况两个维度确定。综观中国历史经济周期的运行，其曾经历过四阶段顺时针的流转，更多时候衰退与过热是主流态势，滞胀期与复苏期则相对较短。当前增速的放缓即是前期高位增长后的合理回归，中国经济的强韧性不容小觑。未来，中国经济结构将进一步优化，其增长动力也将更为多元。

不可否认的是，中国宏观经济仍存在诸多阻碍其发展的问题，面对地方政府债务管控问题，这是需要大智慧去化解和应对的，改革开放以来的市场化发展思考不能倒退，"看不见的手"和"看得见的手"孰轻孰重，哪里轻哪里重应该尊重经济规律，不能一有问题就否定市场对经济的调节作用。全球金融危机之后，为应对外部冲击，政府意图通过加大杠杆为政府主导的投资项目融资，导致债务规模持续攀升，新债务用于还息的比例随之提高，且非生产部门负债快速增长，资金使用效率不断降低。在此过程中，地方政府融资平台定位不明确，中央政府对地方政府权、责、利不匹配，地方政府对经济高速增长的盲目追求等问题逐渐显现，这使得政府融资效率受到严重抑制，进而未能很好地发挥市场在资源配置中的决定性作用。

基于此，译者认为未来地方政府债务问题的管控可以从以下几个方面入手：一是推动政府平台公司转型发展，实现其市场化运营。政府平台公司要从为政府服务的专业投融资平台，转型为产融结合的综合性运营主体，结合区域产业特征进行多元业务发展。二是做好债务置换，优化债务结构。地方政府债券已经对2014年以前的存量债务进行了置换，地方政府所剩其他新增债务可通过"借新还旧"、"用长替短"、"引低替高"等方式减轻政府偿债负担和财政负担，同时充分、适当地运用企业债、公司债务等直接融资方式，实现债务结构的优化。三是通过股权融资，利用市场资源化解债务。例如通过培养区域企业 IPO、新三板等方式，并购整合区域资源，让历史债务借助资本市场逐步化解。四是借助 PPP，缓解政府支出压力。在财政部和发改委等部门推动下，我国 PPP 发展越来越成熟，PPP 专项债务、PPP 资产证券化等制度创新有利于其走得更远。

最后，感谢中央财经大学中国公共财政与政策研究院院长乔宝云教授、中国人民大学区域与城市经济研究所所长孙久文教授以及中央民族大学经济学院副院长李克强教授在翻译过程中所给予的指导与支持；感谢经济管理出版社申桂萍主任在本书的引进、出版过程中所付出的辛勤努力。笔者不才，本书的翻译工作肯定仍存在疏漏与不足，根据个人理解的不同，书中的个别表达与译法可能也会存有异议。如有不妥之处，望各位读者给予批评指正。

胡恒松

2017 年 6 月于北京